公益・一般法人の

法人運営Q&A

実践編 115

渋谷幸夫 ［著］

 全国公益法人協会

はじめに

　公益法人制度改革関連３法が平成20年12月１日に施行され、早いもので今年で満10年を迎えました。公益法人、一般法人へ移行した各法人は、それぞれ関係法令に従い適正な法人の管理・運営に努めているものと解されます。

　本書は、平成28年４月から平成30年３月までの２年間、全国公益法人協会の機関誌『公益・一般法人』に「公益法人・一般法人運営実務110番」として連載されたものにつき、今回の出版に当たり必要な加筆、補正等を行い、表題も新たに『公益・一般法人の法人運営Q&A実践編115』とし、本書もこれまでと同様に全国公益法人協会のご配慮の下に単行本として刊行する運びとなったものです。

　公益法人に対しては、公益法人の事業の適正な運営を確保するに必要な限度において、内閣府令で定めるところによりその運営組織及び事業活動の状況に関し求める報告（報告徴収）又は立入検査によって、一部公益法人において、法令・定款に違反して法人運営が行われている実態が明らかにされています。

　また、移行法人については、公益目的支出計画実施報告書に基づき、公益目的支出計画の実施の状況につき、行政庁のチェックが行われています。

　公益法人、一般法人の適正な管理・運営に当たっては、一般法人法、公益法人等の正しい理解が必要です。そのためには法人の役職員の方々の各種研修会への参加、関係機関誌の利用等による知識の修得が求められます。

　本書においては、既刊の『一般社団・財団法人、公益社団・財団法人の理事会Q&A精選100』、『公益法人・一般法人の理事・監事・会計監査人になったらまず初めに読む本Q&A100』において採り上げていない事項、すなわち社員・社員総会、評議員・評議員会についても必要限度においてこれを採り上げ、また理事・理事会に関してはさらに詳細に解説を行い、本書をご利用される方々への一層の便利を図ることといたしました。

解説すべき事項には際限がありませんが、本書がこれまでどおり法人関係役職員の方々に対し、少しでも法人関係の適正な知識の修得の一助となれば幸いです。

　最後に、本書の刊行についても快諾された全国公益法人協会理事長の宮内章氏に感謝申し上げるとともに、常務理事・編集局長の桑波田直人氏、本書の編集を担当された編集長代理の江川大祐氏並びに連載中の編集及び本書のデザインを担当された宗田瞳氏に深く感謝の意を表します。

平成30年10月吉日

渋 谷 幸 夫

Chapter1　社員（会員）・社員総会

1　社員（会員）

Q001　会員の種類 …………………………………………………… 2
Q002　社員（会員）資格 …………………………………………… 6
Q003　社員（会員）資格の一時停止処分 ………………………… 10
Q004　社員権 ………………………………………………………… 17
Q005　社員（会員）の入会・退会手続 …………………………… 20
Q006　会員等の会費等の支払義務 ………………………………… 28
Q007　除名 …………………………………………………………… 31
Q008　社員（会員）資格の喪失 …………………………………… 36
Q009　社員総会の招集と社員（会員）の入退会期日の制限 …… 41
Q010　代議員制の採用と必要な規則 ……………………………… 46
Q011　社員名簿の作成及び備置きと閲覧請求 …………………… 51
Q012　社員（会員）に対する通知・催告 ………………………… 57

2　社員総会

Q013　社員総会（評議員会）の招集に当たり
　　　理事会で決議すべき事項の留意点 ………………………… 62
Q014　災害等により、社員総会（評議員会）の開催が
　　　困難になった場合の対応の方法 …………………………… 66
Q015　大震災による被災地を住所とする
　　　社員（会員）への対応の仕方 ……………………………… 70
Q016　社員総会参考書類の作成方法 ……………………………… 73

Q017	議決権行使書面 ･･････････････････････････	81
Q018	電磁的方法による議決権行使 ･･････････････	90
Q019	社員総会の委任状 ････････････････････････	96
Q020	社員（会員）の議案要領通知請求権の「議案の要領」と記載内容の程度 ･･･････････	105
Q021	社員総会（評議員会）の招集手続等に関する検査役の制度 ････････････････････････････	109
Q022	社員（会員）によって議決権の数に差を設けることの可否 ････････････････････････	116
Q023	社員総会（評議員会）の権限と理事会への委任 ････････	120
Q024	社員総会と質問状 ････････････････････････	126
Q025	社員総会における常習質問者の取扱い ･･････	129
Q026	社員総会（評議員会）における延期又は続行の決議 ･･･	133
Q027	社員総会（評議員会）の決議の省略と理事会決議の要否 ･･･････････････････････････	137
Q028	社員総会（評議員会）への報告の省略 ･･･････	145
Q029	提供・提出の意味 ････････････････････････	150
Q030	定時社員総会（定時評議員会）の招集手続と計算書類等の備置きとの関係 ････････････････	153
Q031	議長資格のない者の決議の効力 ････････････	157
Q032	定時社員総会（定時評議員会）を開催せずに決算承認等を決議の省略で行うことの是非 ･････････	162

Chapter2　評議員・評議員会

1　評議員

- **Q033**　評議員の員数・任期 ………………………… 168
- **Q034**　評議員の選任方法 …………………………… 172
- **Q035**　評議員の欠員と増員 ………………………… 174
- **Q036**　評議員の資格制限 …………………………… 178
- **Q037**　評議員の権限と責任・義務 ………………… 182
- **Q038**　評議員の使用人との兼職禁止 ……………… 186
- **Q039**　評議員の報酬等の決定 ……………………… 188
- **Q040**　評議員の候補者の決定と理事会の決議 …… 191
- **Q041**　評議員の辞任・解任 ………………………… 194

2　評議員会

- **Q042**　評議員会の地位と権限・決議 ……………… 198
- **Q043**　評議員選定委員会による評議員の選解任 …… 203
- **Q044**　評議員会の決議の省略の方法により、
  複数の役員、評議員を選任する方法 ………… 208

Chapter3　理事・理事会

1　理事

Q045　理事の資格を定款で制限することができるか ……… 216
Q046　理事の選任決議に法令・定款の違反があった場合 …… 219
Q047　社員総会・評議員会の招集通知発送後に
　　　　理事候補者が死亡した場合の対応措置 …………… 223
Q048　理事に就任した者が登記前に死亡した場合の
　　　　必要な措置 ……………………………………… 226
Q049　社員総会・評議員会の定足数不足により
　　　　理事の選任ができない場合の理事の職務執行 ……… 229
Q050　補欠理事を選任するとき ………………………… 233
Q051　業務執行理事（役付理事）の設置 ……………… 236
Q052　社員（評議員）から理事の選任議案が
　　　　提案された場合の取扱い ………………………… 239
Q053　使用人兼務理事の設置について ………………… 243
Q054　理事の定年制 …………………………………… 247
Q055　現理事を代表理事（会長・理事長）に
　　　　予選することは可能か …………………………… 251
Q056　定時社員総会・定時評議員会を途中で一時中断し、
　　　　理事会を開催して代表理事（会長・理事長）等を
　　　　選定することの可否 ……………………………… 255
Q057　代表理事（会長・理事長）の急病による辞任で
　　　　欠員が生じた場合の対応方法 …………………… 257

- Q058　理事就任後、欠格事由に該当していることが
判明した場合の法人の対応 …………………… 260
- Q059　代表理事（会長・理事長）が職務に支障を来すような
事態（重病）に陥ったときの法人の対応 ……… 263
- Q060　代表理事（会長・理事長）の行方が分からなくなった
場合の法人の対応 ……………………………… 267
- Q061　代表理事（会長・理事長）の解職手続 ………… 271
- Q062　代表理事（会長・理事長）が理事会を無視して
独断専行を繰り返している場合の問題点は何か ……… 276
- Q063　ある理事が法人の秘密事項を口外した場合の責任 …… 281
- Q064　他の理事の不正行為の調査の実施方法 ………… 285
- Q065　理事会において発言をしなかった理事の責任 ……… 289
- Q066　法人葬の手続き …………………………………… 292
- Q067　理事全員が退任等した場合の対応方法 ………… 296
- Q068　死亡した理事の死亡退職金の支給手続 ………… 299
- Q069　一般法人法70条２項の「正当な理由」とは ………… 304
- Q070　「正当な理由」なく解任した理事に対する
法人が賠償すべき損害の範囲 ………………… 307
- Q071　理事からの辞任の申出を受ける者・辞任の形式 ……… 310
- Q072　理事が任期の途中で辞任し、欠員が生じた場合の
対応方法 ………………………………………… 318
- Q073　社員総会（評議員会）決議による理事の解任 ……… 321
- Q074　修正動議による理事の解任・選任 ……………… 325
- Q075　理事の義務 ………………………………………… 327
- Q076　理事の監視義務とは ……………………………… 332
- Q077　辞任登記をしないまま残存させていた理事の責任 …… 335

Q078	税務調査で追徴課税を受けた場合の理事の責任の有無 ···· 339
Q079	理事の職員に対するパワー・ハラスメント ············ 342
Q080	子法人に融資した貸付金が返済されなかった場合の 理事の責任 ··· 345
Q081	責任限定契約を締結している非業務執行理事によって 損害が発生した場合の取扱い ······················· 349
Q082	社員総会(評議員会)決議による理事の責任の一部免除 ···· 353
Q083	理事会決議による理事の責任の一部免除 ·············· 357
Q084	報酬を受給していない理事の最低責任限度額 ·········· 361
Q085	理事の競業避止義務違反による損害の額 ·············· 363
Q086	利益相反取引による理事の責任 ······················ 366
Q087	競業取引についての理事会の承認決議 ················ 369
Q088	競業取引を行う場合の理事会での 重要事実の開示と承認 ······························ 371
Q089	競業取引を行った理事の理事会への事後報告 ·········· 373
Q090	競業取引についての理事会の事後承認 ················ 377
Q091	同業の他法人の理事就任 ···························· 380
Q092	利益相反取引についての理事会の承認決議 ············ 383
Q093	利益相反取引についての理事会の事後承認 ············ 388

2 理事会

Q094	緊急理事会の招集 ·································· 391
Q095	理事会議事録の閲覧・謄写 ·························· 395
Q096	理事会での計算書類等の承認 ························ 398
Q097	理事会と社員総会(評議員会)の同日開催 ············ 401
Q098	外国語で作成された理事会議事録の扱い ·············· 404

- Q099　理事会での白票、棄権者の取扱い ･･････････････ 407
- Q100　コーポレート・ガバナンス・コードとは何か ････････ 409
- Q101　チェック・シートを用いた理事会の実効性評価の方法 ･･･ 416

Chapter4　監事・会計監査人

1　監事

- Q102　補欠監事選任の際の留意事項 ･･････････････････ 426
- Q103　監事の欠員時における対応 ････････････････････ 429
- Q104　監事の競業に関する問題 ････････････････････ 432
- Q105　顧問弁護士を監事に選任することの可否 ･･････････ 436
- Q106　理事の法令・定款違反行為を発見した場合の監事の対応 ･･･ 439
- Q107　理事が違法行為を行おうとしているときの監事の対応措置 ･･･ 442
- Q108　監事の連帯責任 ････････････････････････････ 446
- Q109　監事と理事会との意思疎通 ･･････････････････ 449
- Q110　監事と代表理事（会長・理事長）との定期会合 ･･････ 451
- Q111　監事の法人における重要会議への出席・他機関との連携 ･･･ 454

2　会計監査人

- Q112　監事監査と会計監査人監査との関係 ･･････････････ 457
- Q113　虚偽記載に気付かず、会計監査報告に適正意見を付した会計監査人の責任 ･･････････ 461
- Q114　会計監査人が意見を表明しない場合の法人の対応 ･････ 463
- Q115　一時会計監査人 ････････････････････････････ 468

≪参考：書式例目次≫

【入会申込書の書式例】･･････････････････････････････････ 22
【入会決定通知書の書式例】･･････････････････････････････ 24
【会員退会届の書式例】･･････････････････････････････････ 27
【代議員制を採用した場合の定款規定例】････････････････････ 48
【社員名簿（会員名簿）の様式例】････････････････････････ 53
【社員総会参考書類の書式例】････････････････････････････ 78
【議決権行使書面の書式例（社員提案議案がない場合）】･･････ 88
【包括委任状（白紙委任状）の書式例】････････････････････ 102
【議案ごとに賛否を明らかにした委任状の書式例】････････････ 103
【法人社員（会員）が職員を社員総会に出席させる場合の
　委任状の書式例】････････････････････････････････････ 103
【理事に対する提案書の書式例】
（社員総会〔評議員会〕の決議の省略の方法により、理事の辞任に
　伴う後任者の候補者の決定を行う場合で、これにつき理事会の
　決議も決議の省略の方法で行う場合の例）････････････････ 139
【監事に対する提案書の書式例】････････････････････････ 140
【理事の同意書の書式例】････････････････････････････････ 141
【監事の異議の有無の確認書の書式例】････････････････････ 142
【理事会の決議の省略に関する理事会議事録の書式例】･･････ 143
【評議員候補者に関する略歴等の書式例】･･････････････････ 192
【評議員選定委員会運営規則の例】････････････････････････ 205
【評議員に対する提案書の書式例】････････････････････････ 209
【評議員の同意書の書式例（個別同意方式）】････････････････ 211
【評議員の同意書の書式例（包括同意方式）】････････････････ 212
【理事の辞任届の書式例】････････････････････････････････ 312

【代表理事（会長・理事長）の退任・就任に伴う挨拶状例】……… 313
【役員の改選に伴う挨拶状例】………………………………… 315
【役員等の任期満了についてのお礼状例】………………… 317
【理事会の招集手続の省略についての同意書の書式例】………… 393
【公益法人等の理事会の実効性評価に関する規程】………… 417

【凡例】

本書での略称 （　）は条文引用表示の場合の略称	法　令　名　称　等
一般法人法（法）	一般社団法人及び一般財団法人に関する法律（平成18年6月2日法律第48号）
一般法人法施行令 （法施行令）	同法施行令（平成19年3月2日政令第38号）
一般法人法施行規則 （法施行規則）	同法施行規則（平成19年4月20日法務省令第28号）
公益法人認定法 （認定法）	公益社団法人及び公益財団法人の認定等に関する法律（平成18年6月2日法律第49号）
公益法人認定法施行令 （認定法施行令）	同法施行令（平成19年9月7日政令第276号）
公益法人認定法施行規則 （認定法施行規則）	同法施行規則（平成19年9月7日内閣府令第68号）
整備法	一般社団法人及び一般財団法人に関する法律及び公益社団法人及び公益財団法人の認定などに関する法律の施行に伴う関係法律の整備等に関する法律（平成18年6月2日法律第50号）
改正前民法	整備法によって改正される前の民法
指導監督基準	公益法人の設立認可及び指導監督基準（平成8年9月20日閣議決定）
指導監督基準運用指針	「公益法人の設立許可及び指導監督基準の運用指針」について（平成8年12月19日公益法人等の指導監督等に関する関係閣僚会議幹事会申合せ）
一般法人	一般社団法人及び一般財団法人
公益法人	公益社団法人及び公益財団法人
ガイドライン	公益認定等に関する運用について（公益認定等ガイドライン）（平成20年4月11日　内閣府公益認定等委員会）
FAQ	新しい公益法人制度に係る質問への回答（FAQ）（内閣府公益認定等委員会事務局）
商登法	商業登記法（昭和38年7月9日法律第125号）
商登規則	商業登記規則（昭和39年3月11日法務省令第23号）
法登規則	一般社団法人等登記規則（平成20年8月1日法務省令第48号）

Chapter1 社員(会員)・社員総会

1　社員（会員）……Q001〜Q012

2　社員総会…………Q013〜Q032

Q001 会員の種類

一般社団法人・公益社団法人においては、その実施している事業等との関連で社員（会員）につき、いろいろな呼称が付けられていますが、一般的にどのような呼称のものがありますか。

A001

I 社員（会員）の意義

社員とは、社団的団体の構成員を表す用語であり、一般社団法人においては、当該法人の存立の基礎をなす構成員を「社員」と呼称しています（法11条等）。社員は法律上の呼称ですが、多くの一般社団法人・公益社団法人において、定款ではこれを「会員」と称しているものです。

一般社団法人の設立に当たっては、社員（会員）になろうとする者が共同して定款を作成しなければならず（法10条1項）、また、社員（会員）は意思決定機関である社員総会を構成して議決権を行使する（法48条）など、非営利目的の一般社団法人の社員（会員）は、当該法人の運営についても重大な関心を持っているのが一般的です。したがって、この点において株式会社における株主のように経済的な利益（配当）をあてにしている者とは異なります。その意味において、一般社団法人における社員（会員）は、当該法人から経済的な利益を受けないのであるから（共益的な社団法人にあっては、社員（会員）が利益を享受しないわけではありませんが）、社員（会員）の関心は当該一般社団法人の運営そのものにあるといえます。

なお、一般法人法以外に、会社法上の合名会社、合資会社及び合同会社（会

社法575条)、保険業法上の相互会社（保険業法31条)、医療法上の社団たる医療法人（医療法44条）等の場合にも、その構成員を「社員（会員)」と称しています。

Ⅱ 社員と会員の名称の使い分け

　改正前民法34条の規定に基づく社団法人において、一般的に民法上の社員という名称については、定款上はこれを「会員」という名称で表記されていました。これは、一般法人法における一般社団法人にあっても同様と考えられます。

　一般社団法人・公益社団法人において、社員総会を「総会」、代表理事を「会長」あるいは「理事長」と、また社員を「会員」の名称とする場合には、一般法人法上の用語と定款上で使用する用語がどのような関係にあるかを、定款において明確にする必要があります。例えば、定款において正会員、特別会員、賛助会員等を設けている場合、「正会員をもって一般法人法上の社員とする」と定めるような場合が考えられます。

Ⅲ 社員（会員）の種類

　一般社団法人・公益社団法人の定款に定める会員の種類としては、多くの場合㋐正会員、㋑特別会員・名誉会員、㋒賛助会員が設けられていますが、これ以外には、当該法人の事業形態等により法人固有の会員名称が設けられています。

1 正会員

　正会員は、当該法人の設立目的に賛同して入会した個人又は団体をいいます。会員のうちその大宗を占めるのが、この正会員であり会費収入の基礎を占めるものです。

　したがって、当該法人が安定的な事業運営を確立するためには、正会員の占める役割が重要となります。

2 特別会員・名誉会員

　どういう者を特別会員・名誉会員とするかは、それぞれの法人の性格、事業

Q001 会員の種類

形態等により異なります。

特別会員・名誉会員については、一般的には、当該法人からの要請に基づき就任しますが、例えば、当該法人に功労のあった者（永年にわたり当該法人の役員であった者など）、または当該法人が行っている事業等との関連において学識経験等を有する者などがこれに該当することが多いと考えられます。

法人によっては、特別会員・名誉会員にも定款の定めにより議決権を付与している例がありますが、一般的には議決権は付与しない場合が多いと思われます。

なお、会費について納付義務の対象外としているのが一般的です。

3 賛助会員

賛助会員は、正会員のように当該法人の事業運営には直接関与しませんが、法人の設立目的に賛同して、資金面から援助・協力してくれる会員をいいます。したがって、一般法人法上の社員の対象とはなりません。

正会員からの会費収入だけでは資金面の安定確保が難しい場合には、賛助会員制度の導入は有意義な手段ですが、当該法人が実施している事業に対しての理解が得られないと、会員の確保の拡大につながらないことが多いと考えられます。

なお、正会員、賛助会員には法人だけではなく任意団体も含まれますが、会員として活動をしていくためには必要要件を満たしていることが必要とされます。その要件の内容は、個々の任意団体の実態により異なりますが、一般的に団体としての組織・財務等が客観的に確実なものであることが必要です。

4 その他の会員の種類

上記以外に、当該法人の性格、目的、実施事業等により様々な呼称の会員が存在します。例えば、次のような呼称の会員がその一例です。

① 学生会員

一般社団法人である大学同窓会で、大学又は大学院に在籍する者を会員とする場合、あるいは一般社団法人・公益社団法人である学会において、大学院に

在籍する学生を対象とする会員です。この場合、納入する会費については、一般の会員の会費よりは低くなっていることが多いようです。

② **教育会員**

学校教育を目的とする学会等において、現に学校教育に従事している者、またはこれに準ずる者を、教育会員と称している場合があります。

③ **公共会員**

当該法人の実施事業との関係において、特に公共機関との関連性が強い場合、学校、図書館又は研究機関の代表者が会員となる場合の呼称として使用されているのが一般的です。

④ **準会員**

正会員であった者が任意退会したり、あるいは会費未納のため会員資格を喪失した者等で、再度会員として資格取得を希望する者に対する呼称として一般に使用されている場合が多いようです。

⑤ **施設会員**

当該法人が実施している事業との関連において、施設を運営する団体を会員として扱い、当該法人の事業を側面から援助してもらうための会員制度です。

> **Q 002　社員（会員）資格**
> 1　社員（会員）となり得る資格については、法律上どのような構造となっているのですか。
> 2　法人の従たる事務所の性質を有する支店や営業所は、社員（会員）になることができますか。

A 002

Ⅰ　社員（会員）となり得る資格

1　社員（会員）の資格の得喪と定款の定め

「社員（会員）の資格の得喪に関する規定」は、定款の必要的記載事項であって、定款にその定めを欠くことはできません（法11条1項5号）。

社員（会員）となり得る資格を定款上の必要的記載事項とする理由は、一般社団法人にあっては、社員（会員）は当該法人の存立の基礎であり、法人の最高の意思決定機関である社員総会を構成するものであるからです。したがって、社員（会員）の資格の得喪は、法人にとって極めて重要な意義を有するものとなりますが、一般法人法はこれに関して何ら明規するところがなく、すべてこれを定款の規定に委ねることとしています。

これは、非営利法人である一般社団法人にあっては、民法上の組合（民法667条～688条）などの場合と異なり、法人債権者の地位を考慮する必要が少ないためであると解されますが、一般社団法人は、社員（会員）をもって構成される団体であることから、社員（会員）に関する定めは、後日、トラブルの起こることのないようはっきりとした規定を設けておくことが必要です。

定款の必要的記載事項としての社員（会員）の資格の得喪に関する規定とし

て定めるべき事項としては、㋐社員（会員）となり得る資格、㋑社員（会員）の種類、㋒社員（会員）の入会手続、㋓資格の喪失理由、㋔退会手続、㋕除名の要件及びその手続きなどが考えられます。

2　社員（会員）となり得る資格

　社員（会員）となり得る資格そのものについては、一般法人法に特に設けられていないので、定款に別段の定めがない限り、社員（会員）となり得る資格については、特段の制限はないことになります。

　社員（会員）となり得る資格は、それぞれの法人の目的とか、業務内容に応じ、それにふさわしいように定めるべきものと考えられます。

　社員（会員）は、自然人であるか、法人又は任意団体であるかを問いません。自然人は、性別、年令、信条などは関係ありません。

　社員（会員）となり得る資格について、例えば、一定の地域に住むこと、一定の職業又は業務を持つこと、一定の職歴を持つこと、男性か女性に限ること、一定の年齢層以上か以下に限ること、自然人に限り法人を認めないことなどは、定款に定めることができると解されています。

　問題は、合理的な理由もないのに社員（会員）を特定の者に限定したり、特定の人を排除するように定めるのは、憲法の「法の下の平等」（憲法14条1項）、「結社の自由」（憲法21条1項）に抵触することになるでしょうし、また民法90条（公序良俗）違反の問題となり得る場合もあります。

　いずれにしても、社員（会員）となり得る資格は、定款で定めておく必要がありますが、当該法人の目的からの自明の制限を除けば、一般的に誰でも社員（会員）となり得るような配慮がされるべきものと考えられます。

　なお、一般社団法人が公益性の認定を受けて公益社団法人になろうとする場合には、社員（会員）の資格の得喪に関して、「当該法人の目的に照らし、不当に差別的な取扱いをする条件その他の不当な条件を付していないものであること」が要件となっています（認定法5条14号イ）。

Q002 社員（会員）資格

　この場合において、「不当な条件」を付しているかどうかについては、社会通念に従い判断されます。当該法人の目的、事業内容に照らして当該条件に合理的な関連性及び必要性があれば、不当な条件には該当しません。例えば、専門性の高い事業活動を行っている法人において、その専門性の維持、向上を図ることが法人の目的に照らして必要であり、その必要性から合理的な範囲で社員資格を一定の有資格者等に限定したり、理事会の承認等一定の手続き的な要件を付したりすることは、不当な条件に該当しません（ガイドライン1－13　認定法5条14号イ関係〔社員の資格得喪に関する条件〕）。

Ⅱ　従たる事務所の性質を有する支店・営業所の社員（会員）資格の有無

1　支店・営業所と社員権の有無

　改正前民法の時代から、主たる事務所以外に当該法人の従たる事務所の性質を有する支店、支部、営業所について、これが各々独立して社員（会員）として法人に加入し、社員総会において議決権を行使している実態が現在も継続しています。そのため、1つの法人が複数の社員権を持っていることになっていますが、これは認められません。

2　社員権と議決権

　社員（会員）は、一般社団法人、公益社団法人の存立の基礎をなす構成員ですが、社員（会員）と当該法人との間には一定の法律関係が存在し、社員（会員）たる地位に基づいて社員（会員）は法人に対し、種々の権利を有し義務を負います。社員権というのは、これらの社員（会員）の権利義務を包括する1個の権利ないし法的地位をいいます。

　社員（会員）は、定款で別段定めをしない限り、各1個の議決権を有します（法48条1項）。議決権が1個というのは、社員（会員）1人につき議決権は1つという意味です。

　ただし、当該社員（会員）の法人活動に対する貢献度や社員（会員）等の経

済的な負担に応じて複数の議決権を付与すること等、定款において当該法人の個性に応じた定めを設けることは認められています(法48条1項ただし書)。

3　支店・営業所の社員権と議決権

　法人の場合、社員権は1つであるので、当該法人が有する支店、支部、営業所等は、その法人の従たる事務所の性質を有するものですから、それぞれが社員権を持つことは認められません。

　例えば、法人の本社が東京にあり、営業所が北海道にある場合、本社が「公益（一般）社団法人北海道協会」の社員（会員）となり、当該営業所長に社員権の行使に係る議決権を授与することは可能と解されています。

　したがって、本事例の場合にあっては、営業所等には社員権は存在しないので、社員（会員）としての議決権は行使できないことになります。

Q003 社員（会員）資格の一時停止処分

社員（会員）資格の一時停止処分は、定款に定めがなくても行うことは可能ですか。

A003

I 社員（会員）の資格の得喪と社員（会員）権の一時停止処分

「社員（会員）の資格の得喪に関する規定」（法11条1項5号）は、定款の必要的記載事項であって、定款にその定めを欠くことはできないとされています。

「社員（会員）の資格の得喪に関する規定」として定める事項としては、社員資格、社員（会員）の入会・退会の手続き、除名の要件及びその手続きなどにつき定めておかなければならないことになります。

社員資格そのものについては、一般法人法に特段の定めがないので、合理的な理由が存する場合を除き、特段の制限はないと解されています。

社員（会員）の資格喪失の類型にはいろいろありますが、例えばその一例として、会費未納者に対する取扱いの方法に、会費の未納が一定期間継続する場合の対応措置として、㋐会員の資格喪失要件とする方法、㋑「退会したものとみなす」とする、いわゆる「みなし退会」とする方法、㋒除名要件とする方法等が考えられます。

改正前民法における社団法人において、会費未納が一定期間（例えば、1年以上）継続している会員に対しては、会員としての権利行使の権限を一時停止させることとし、これを定款に定めている例があります。

なお、会費の未納者に対する会員権の一時停止に関する判例には、次のようなものがあります。

＜要旨＞

　社団法人が会費の滞納が長期にわたっている会員に対し会員権を停止する定款の規定は、会費負担の義務を残存させながら表決権を奪う趣旨であっても、憲法29条の精神に反しない。

> 　控訴人は、叙上会員権の停止は憲法第29条（財産権）の精神に違背し無効であると主張するけれども、（中略）、会費滞納久しきにわたる会員に対し会員権を停止する旨を定款に規定することは、法人内部の規律を維持する必要上当然の措置であって、しかも会員たるべき者は、右定款の規定を諒承の上、右会議所に入会したものと解すべきであるから、同会議所が前述の如く定款に定める手続に従って適法に会員権停止の処分をなしたものである以上、当該会員権の停止なるものが、控訴人主張の如く、会員たる資格は存続せしめ、会費負担の義務のみ残留されながら、その地位に当然随伴すべき表決権の行使のみを停止するものとしても、何等憲法第29条の精神に背馳する処置ではないといわなければならない。従って叙上の会員権の停止が憲法の条規に違反し、当然無効であるとの控訴人の主張は理由がないばかりでなく、その他右会員権の停止が法律上当然無効であるとの法令上の根拠を見出すこともできない。

出典：東京高等裁判所昭和26年12月22日判決

Ⅱ　社員（会員）権の一時停止処分は定款に規定がない場合でも可能か

　「社員（会員）の資格の得喪に関する規定」は、定款に定めておくことが必要であるとされていますが（法11条1項5号）、例えば、一定の要件に該当する場合に、社員（会員）の資格につき、定款に規定がないのに理事会の決議により定めた規程等により、社員（会員）の資格を一時停止処分とすることができ

Q003　社員（会員）資格の一時停止処分

るかという問題があります。

　これに関する事案として、公益社団法人「T」において、定款ではなく理事会の決議により制定された賞罰規程の中で「社員（会員）の資格停止処分」を定めているところ、当該賞罰規程に基づき「社員（会員）の資格停止処分」が行われ、当該処分を受けた社員（会員）は社員総会において、一切の議決権の行使ができないとされていたという内容のものがあります。以下、この事案をもとにこの問題につき検討することにします。

1　公益認定等委員会による報告徴収

　本事案について、公益認定等委員会（以下「委員会」という。）から公益法人認定法27条1項・59条1項の規定に基づき「T」法人に対し報告徴収（公益法人の事業の適正な運営を確保するために必要な限度において、内閣府令で定めるところにより、公益法人に対し、その運営組織及び事業活動の状況に関し必要な報告）が行われました（平成25年8月13日）。

　委員会が「T」法人に説明を求めた事項は、以下の内容のものです。

① 賞罰規程の制定機関

　当該規程は、どの機関がいつどのような手続きを経て制定されたものであるか。

② 資格停止処分に係る定款上の根拠

　一般法人法11条1項5号においては、「社員（会員）の資格の得喪に関する規定」を定款に記載しなければならないとされ、また、同法48条1項においては、定款で別段の定めをしない限り、社員（会員）は、各1個の議決権を有するとされているが、この点に関し、社員（会員）の資格停止処分に係る根拠規定は、「T」法人の定款のどこに置かれているのか。

③ 資格停止処分の効果

　仮に社員（会員）の資格停止処分に係る根拠規定が定款に置かれている場合であっても、一般法人法48条2項により、社員総会において決議をする事項の全部につき社員（会員）が議決権を行使することができない旨の定款の定めは、

その効力を有しないこととなる。

この点に関し、「Ｔ」法人における資格停止処分においては、社員（会員）の権利が具体的にどのように制限されることとなるのか。

言い換えれば、資格停止処分を受けてもなお社員総会の決議において議決権を行使できる事項としては具体的に何があるのか。またその内容については、社員（会員）に対し明確にされているか。

2　公益社団法人「Ｔ」から委員会への報告

公益社団法人「Ｔ」からは委員会に対し平成25年9月9日以下のような報告が行われています。

①　賞罰規程の制定機関

平成23年4月23日開催の理事会決議により制定された。

②　資格停止処分に係る定款上の根拠

ⅰ　結論

社員（会員）の資格停止処分に係る根拠規定は、当法人の定款には定められていない。

ⅱ　理由

一般法人法11条1項5号においては、「社員（会員）の資格の得喪に関する規定」を定款に記載しなければならないとされているが、資格停止処分は社員（会員）の資格を一時的に停止するものにすぎず、その資格を失わせるものではないからである。

③　資格停止処分の効果

資格停止処分を受けた場合、社員総会の決議において議決権を行使できる事項はない。このことは、賞罰規程によって、社員（会員）に対し明確にされている。

なお、一般法人法48条2項には、「社員総会において決議をする事項の全部につき社員（会員）が議決権を行使することができない旨の定款の定めは、そ

Q 003 社員（会員）資格の一時停止処分

の効力を有しない。」と定められているが、この規定の趣旨は株式会社と異なり、一般社団法人においては「完全無議決社員」を認めないというものであり、資格停止処分により一時的に議決権の行使を認めないことまでも禁止するものではないと解される。

3 本事案についての内閣総理大臣の勧告

本事案について、公益法人認定法46条1項の規定に基づく委員会からの勧告を受けて、内閣総理大臣から同法28条1項の規定による勧告が「Ｔ」法人に対して行われました（平成25年12月10日）。

① **勧告の内容**

当該「Ｔ」法人において、以下の事項に関して一般法人法の規定に基づく法人運営を確立するための措置を講ずること。

　ⅰ　一般法人法48条の規定に適合するよう、社員総会において全ての社員（会員）の議決権の行使を認めること。

　ⅱ　上記ⅰを踏まえ、当該法人の賞罰規程につき必要な措置を講じること。

　ⅲ　上記ⅰ及びⅱの措置を平成26年1月21日までに講じ、行政庁に報告すること。

② **理由**

委員会において、公益法人認定法46条1項の規定に基づき、当該「Ｔ」法人が同法29条1項2号若しくは3号又は2項各号のいずれかに該当するかどうかを審査したところ、以下の事実が認められた。

　ⅰ　当該「Ｔ」法人においては、定款の12条で「社員総会は、すべての正会員をもって構成する」とされているのみであり、社員（会員）の議決権について定款中に別段の定めは置かれておらず、当該「Ｔ」法人における「社員（会員）の資格停止処分」は、定款ではなく、理事会が制定した賞罰規程を根拠として行われていること。

　ⅱ　当該「Ｔ」法人の9月9日（平成25年）の報告書（「Ｔ」法人から委員会に

対する報告）によれば、当該社員（会員）の資格停止処分を受けた社員（会員）に社員総会の決議において議決権を行使できる事項はないこと。
このようなことから、以下のように勧告の理由が挙げられています。

> 　以上の事実を前提とすると、当該「T」法人においては、理事会決議で制定された賞罰規程に基づき社員（会員）の資格停止処分が行われ、当該処分を受けた社員（会員）による社員総会における議決権の行使が妨げられていることから、当該「T」法人の法人運営が一般法人法に基づいて適切に行われていない疑いがあると言わざるを得ない。
> 　当該「T」法人については、社員総会における議決権に関する一般法人法の規定（48条）に違反しているほか、理事の忠実義務（法令及び定款並びに社員総会の決議を遵守し、一般社団法人のため忠実にその職務を行う義務。83条）にも抵触している疑いがあることから、公益認定法29条2項3号に該当するに至ったと疑うに足りる相当な理由がある。

出典：平成25年12月10日公益認定等委員会勧告書

Ⅲ　社員（会員）権の一時停止処分の取扱い

　社員（会員）権の一時停止処分ができるためには、一般法人法11条1項5号（社員〔会員〕の資格の得喪に関する規定）との関係において、定款にその根拠が定められている必要があり、理事会の決議を経て制定される規程等において規定されていてもその効力はないものと解されます。また、社員（会員）の議決権に関しては、一般法人法48条は「社員（会員）は、各1個の議決権を有する。ただし、定款で別段の定めをすることを妨げない（1項）。前項ただし書の規定にかかわらず、社員総会において決議をする事項の全部につき社員（会員）が議決権を行使することができない旨の定款の定めは、その効力を有しない。」

Q003 社員（会員）資格の一時停止処分

（2項）と定められています。

一般社団法人においては、社員（会員）は、当該法人の存立の基礎をなす構成員であり、また社員総会は、一般社団法人の意思決定を行う最高意思決定機関であることから、定款によって、一定の事項について社員（会員）としての議決権の行使ができないこと、あるいは原則として社員（会員）1個の議決権に対して、一定の社員（会員）につきこれを2個とするようなことを定めることは可能とされています。しかし、社員（会員）としての資格を有しながら、社員総会において一切の意思決定に参加できないということは、一般法人法48条の趣旨に反するものと解されます。

公益社団法人「T」が、理事会の決議を経て制定された賞罰規程によって社員（会員）権の一時停止処分を行ったことは、一般法人法11条1項5号に違反し、また一般法人法48条にも違反していることにもなります。このことは、公益法人認定法29条2項3号に該当することになります。

以上のような法令違反と理事の忠実義務（法83条）との関係については、理事は法令、定款等を遵守し、法人の事業の適性な運営を確保するため忠実にその職務を行うべき義務を有することから、公益社団法人「T」の理事は、一般法人法83条の忠実義務に抵触していると解することができると考えられます。

いずれにしても、社員（会員）の資格制限に関しては、その根拠を定款に規定するとともに、厳格に解釈し運営することが必要であると考えます。

Q 004 社員権

社員権の本質・性質については、株式会社では「株主の権利」としていろいろと論議がされていますが、一般社団法人の社員権については、これをどのように理解したらよいでしょうか。

A 004

I 社員権の意義

　社員（会員）は、一般社団法人の存立の基礎をなす構成員ですが、その社員（会員）と当該法人との間には一定の法律関係が存在し、それに基づいていろいろな権利と義務が生じます。社員（会員）と当該一般社団法人との間に存するこの法律関係が、社員（会員）たる地位又は社員（会員）たる資格（法11条1項5号）です。この社員（会員）たる地位は、社員（会員）と当該一般社団法人との間の諸関係を全体として含む包括的な法律関係であり、また社員（会員）が社員（会員）としての資格において当該法人に対して有する権利義務は、その包括的法律関係から派生する支分機能にすぎないものと一般に解されています。この包括的法律関係を一般に「社員権」と呼んでいます。

　この意味における社員権については、物権・債権などの財産権・身分権（親族権）又は人格権のいずれにも属せず、全く特殊な権利です。しかし、社員（会員）たる地位の内容は、各種の法人によって著しく異なります。

　なお、会社法の株式会社も一般法人法上の一般社団法人・一般財団法人の区別（法1条）でいえば、一種の社団法人（会社法3条）ですが、この株式会社における社員権は、通常、株主権と言われ、会社法の上ではいろいろと論議の対

Q004 社員権

象となっている問題です。

　それは、株式会社は営利を目的とする資本的団体であり、その構成員である株主は、自分の利益獲得ないし財産増殖のための活動の一環として、応分の財産を出資して株主となるものであることから、その株主権の内容とか、権利主張の方法などについて切実な利害関係を有するので、そういうところから、株式会社においては、その構成員としての株主の権利・地位というものは、株主にとって強い関心を寄せるべき問題であるからです。

Ⅱ　社員権の内容

1　権利

　社員権から派生する権利は、大別して共益権と自益権とに分けられます。共益権は、法人の管理運営に参加する権利であって、一般社団法人の社員（会員）の共益権としては、㋐社員総会における議決権の行使（法48条）、㋑臨時社員総会の招集を請求しうる少数社員権（法37条1項）、㋒理事の定款違反行為等についてその差止めを請求する権利（法88条）、㋓一般社団法人に対して理事等の責任追及の訴えを提起するように求める権利（法278条）、一般社団法人の計算書類等の閲覧請求権（法129条3項）などがあります。

　次に、自益権は、社員個人の利益を保障する権利であって、例えば、法人の施設を利用する権利などがこれに属します。株式会社の場合には、利益配当請求権や残余財産分配請求権などがこれに属します。一般社団法人は、営利を目的としないものですから、社員（会員）に利益を分配することはできません。そのため、社員（会員）に剰余金又は残余財産の分配を受ける権利を与える旨の定款の定めはできません（法11条2項）。

　したがって、自益権は殆ど存在意義を有しないと解することができます。

2　義務

　社員（会員）が社員（会員）たる地位に基づいて負担する義務の主要なもの

に、経費負担義務があります（法27条）。ただし、この義務は、一般社団法人にあっては本質的なものではなく、定款に定められた場合にのみ社員はこれを負担するのであって、定款に別段の定めがなければ、社員（会員）は経費負担義務を負いません。

　この経費については、一般社団法人には積極的に収益を上げる活動をすることは予定されていないので、この法人の活動を推進していくためには、これに要する必要な経費を社員から徴収する必要が生じることが多いからです。

3　社員権の譲渡性・相続性

　一般法人法には、社員の地位の譲渡に関する規定はありません。社員権は、社員（会員）の個性が重視される高度に人的な法律関係です。そこで、ドイツ民法では「社員（会員）たる地位は譲渡又は相続することはできない」旨を規定しています（ドイツ民法38条）。その立法理由は、社員権の譲渡性を否定するのが非営利型社団法人の性質に最もよく適合するということにあります。

　社員権は原則として一身専属的であって、これを譲渡又は相続することはできませんが、定款においてこれを認めるときは、譲渡又は相続の対象となり得ると解されています。

　社員権の譲渡について定款において一定の制限、例えば入社（入会）後一定の期間を経過した後でなければ譲渡することができないとか、譲渡については理事会の承認を要するとかの制限を設けるのは可能ということになります。

Q005 社員（会員）の入会・退会手続

公益（一般）社団法人の社員（会員）として入会するには、どういう手続きが必要となりますか。また退会しようとする場合には、難しい手続きが必要なのでしょうか。入会と退会の手続きにつき説明して下さい。

A005

I 一般法人法11条1項5号と社員（会員）の入会・退会との関係

一般法人法11条1項5号は、「社員（会員）の資格の得喪に関する規定」を一般社団法人の定款の必要的記載事項としています。一般社団法人は、社員（会員）をもって構成される団体ですから、社員（会員）となるについて一定の資格が必要かどうか、新しい社員（会員）の入会（入社。以下「入会」という。）を認めるについてはどういう手続きによるのか、逆に社員（会員）を辞めたいと思うときには、どういう手続きを経なければならないのかについて、はっきりと定款にこれらに関する規定を定めておくことが必要です。

社員（会員）の入会・退会（退社。以下「退会」という。）等に関する具体的な手続きに関しては、社員総会の決議を経て定める「入会及び退会に関する規則」等において定めることになります。

II 社員（会員）としての入会手続

社員（会員）、あるいは賛助会員の入会に関する定款の定めとしては、一般的には次のような条項となっています。

> （入会）
> 第○条　この法人の社員（会員）又は賛助会員になろうとする者は、理事会が別に定める入会申込書により申し込まなければならない。
> 2　入会は、社員総会において定める「入会及び退会に関する規則」に定める基準により、理事会においてその可否を決定し、これを本人に通知するものとする。

　社員（会員）又は賛助会員（以下「社員等」という。）になろうとする者は、上記定款の規定に従い、以下の手続きを経て社員等になることになります。

1　入会の意思表示

　社員（会員）等になろうとする者は、入会を希望する旨の意思表示（申込み）を相手法人において定める「入会申込書」により行う必要があります。

　入会の法的性質については、社員（会員）たる資格の取得を目的として入会する者と法人との間の契約であると解されています

　当該法人においては、入会申込書を受理したときは、別に定める「資格審査基準」等に適合しているかどうかを理事会で審査し、その承認を経て入会を認める意思表示（承認）を行うことになります。

　なお、特別社員（会員）として社員総会の推薦に基づき社員（会員）となる者については、入会の手続きを必要とせず、本人の承諾を経て社員（会員）となります。

2　入会申込費・添付書類

　法人への入会の申込みに際しては、入会申込書に所定の事項を記載し、所要の書類を添付することになります。

①　入会申込書の記載事項

　入会申込書には、一般的には次のような事項を記載します。

Q005 社員（会員）の入会・退会手続

◇住所・氏名・生年月日（法人・団体の場合には、その名称、設立年月日、主たる事務所の所在地）
◇法人・団体の場合には、当該法人・団体の代表者として権利を行使する者1名の住所及び氏名
◇その他会員として入会を認めるかどうかの審査に必要な事項

② **添付資料**
◇定款又はこれに準ずる書類
◇その他法人において必要と認める書類（例えば、住民票、法人の登記簿謄本等）

③ **入会申込書の書式例**
　入会申込書の書式例としては、一般的には下記のようなものとなります。

入会申込書の書式例

公益（一般）社団法人○○協会入会申込書

　私（弊社）は、貴協会の会員（賛助会員）として入会したいので、下記書類を添えて申し込みます。

記

1　入会希望時期　平成○年度（平成○年○月）
2　法人（団体）設立年月日　平成○年○月○日
3　代表者として権利を行使する者（法人〔団体〕の場合）
　　　　住所・氏名
4　添付書類
　①　○○○○
　②　○○○○
　　平成○年○月○日

〒○○○-○○○
　住所
　氏名（法人〔団体〕名・代表者名）㊞
　（電話・FAX）

公益（一般）社団法人○○協会
　代表理事（会長）○○○○　殿

3　理事会における入会審査・入会の承認
①　入会審査

　会員として入会を希望する者に対する審査は、一般的には理事会において行います。審査に当たって何を基準にして行うのか、多くの場合、「入会及び退会に関する規則」に定める「資格審査基準」等により入会の可否を決定することになりますが、実務上の扱いとしては、法人事務局の担当者から資格審査基準に基づく適合要件との整合性につき説明を受け、これを基に審査し入会の可否を決定することになると考えられます。

　理事会での入会申込者についての審査において、入会の申込みの都度、そのために理事会を開催することは現実には不可能です。その対応措置として、理事会の決議の省略（法96条）の方法により、入会の可否を決めることも可能です。

　それでは、入会の可否の決定を理事会ではなく、代表理事の権限とすることができないかという問題があります。これについては、定款に定めるところにより、代表理事の権限とすることは可能と考えられます。

②　入会の決定（承認）

　理事会において入会の決定（承認）が得られた者に対しては、代表理事名（会長名）で入会決定の通知を発することになります。

　また、入会が認められなかった者についても、その結果を通知する必要があ

Q005 社員(会員)の入会・退会手続

ると考えられます。

なお、特別会員のように社員総会の推薦により会員となった者については、例えば、「平成○年○月○日開催の社員総会において、貴殿は当協会の特別会員に推薦されましたので御通知いたします。」というような文面の通知を出すのが一般的です。

入会決定(承認)の通知には、入会に伴う関係書類(例えば、定款、入会及び退会に関する規則、会費等に関する規則など)を添付することが必要です。

入会決定(承認)の通知書の書式例としては、下記のようなものとなります。

入会決定通知書の書式例

入会決定(承認)通知書

貴殿(貴社)は、平成○年○月○日開催の理事会において、本協会の会員(賛助会員)として入会が承認されましたので通知いたします。

平成○年○月○日

　　　　　　　　　　　公益(一般)社団法人○○協会

　　　　　　　　　　　　　代表理事(会長)　○○○○　㊞

○○○○(法人名)殿

㊟　入会が承認されなかった場合も本様式に準じて通知書を作成します。

Ⅲ　社員(会員)の退会手続

1　退会の自由

法人の設立目的に賛同し社員(会員)になった者であっても、諸般の事由により社員(会員)として継続していくことができない場合もあり得ます。この

ような状態に立ち至ったときには、所定の手続きに従い、法人と社員（会員）との関係を清算する必要があります。

一般法人法28条は、社員（会員）の任意退社につき「社員（会員）は、いつでも退社することができる。ただし、定款で別段の定めをすることを妨げない（1項）。前項ただし書の規定による定款の定めがある場合であっても、やむを得ない事由があるときは、社員（会員）は、いつでも退社することができる。」（2項）と規定しています。

また、定款においては、次のような条項を定めているのが一般的と解されます。

> **（任意退会）**
> **第○条** 社員（会員）は、理事会において別に定める退会届を提出することにより、任意にいつでも退会することができる。

「退会の自由」ということは、社員（会員）は、いつでも当該法人に対して一方的な意思表示によって、退会することができるという意味です。

例えば、ドイツ民法39条1項には、「社員（会員）は社団より脱退することができる。」と規定されています。その立法趣旨は、社員（会員）がいつでも無条件に社団からの拘束を受けることを排除しようとするものであると解されています。

社員（会員）の任意の意思による退会は、原則として自由ですから、退会を認めないとしたり、退会に当たり懲罰的金銭の納付その他の苛酷な条件を課したりすることは、憲法の定める「結社の自由」（憲法21条1項）の保障の精神からいって問題があると考えられます。

2　社員（会員）の退会についての制限

社員（会員）は、原則として自由に退会することができますが、定款において退会の条件を定め、退会の自由にある程度の制限を課すことは可能です（法

28条1項ただし書）。

　例えば、㋐退会の意思表示は書面によってすることを要する旨の定め、㋑退会しようとする日の一定期間前（例えば、1か月前）までに退会の予告をすること、㋒退会の意思表示をした後、一定期間を経過したときにはじめて退会の効力が生ずる旨を定款に定めること、などについては差し支えないと解されます。
　ただし、その期間が不当に長期間であることは許されません。
　ドイツ民法39条2項には、「定款の規定による脱退は、事業年度の終わりにおいてのみこれを為すべきこと、または告知期間の経過後に初めてこれを為すべきことを定めることができるが、その告知期間は2年を超えることができない」旨を定めています。しかし、この2年という告知期間については、余りにも長すぎるという批判があります。

3　「やむを得ない事由」とは何か

　一般法人法28条2項は、「やむを得ない事由があるときは、社員（会員）は、いつでも退社することができる」旨を定めています。ここでいう「やむを得ない事由」とは、社員（会員）が単に当初の意思を変更したというだけでは足りず、定款規定を定めたときや入社・設立時に前提としていた状況等が著しく変更され、もはや当初の合意どおりに社員（会員）を続けることができなくなった場合等がこれに当たるものと解するべきものとされています。しかし、「やむを得ない事由」の定義の枠組みとしてはそれでいいとしても、より具体的にはいかなる場合にそうした場合に該当するか、ということが問題となることがあります。
　考え方として、「やむを得ない事由」について、社員（会員）の一身上の事由をいい、法人の事業が不振で成功の見込みがないことなどは含まないとするものもあります。他方、他の社員（会員）の不誠実や事業の不振など法人自体についての事情なども含まれるとする有力な考え方もあります。

4　退会届の提出

　社員（会員）等の退会の意思表示は、入会の場合と同様に、法人において定めた所定の様式（退会届）により行うのが一般的です。

　口頭、電話等による意思表示の場合には、後日その確認が不明確となることがあり得ることから、文書による届出の方法が望ましいと解されます。

　なお、社員（会員）等が死亡したような場合にはその親族から、また法人（団体）会員が解散又は破産したような場合には、清算人等から退会の報告を受けることが必要と考えられます。

　退会届の様式例としては、一般的には下記のようなものとなります。

会員退会届の書式例

公益（一般）社団法人〇〇協会退会届

私（弊社）は、貴協会の会員（賛助会員）を退会したいので届け出ます。

記

1　退会予定期日　　平成〇年〇月〇日
2　〇〇〇〇〇〇　　〇〇〇〇〇

　　平成〇年〇月〇日

　　　　　　　〒〇〇〇－〇〇〇
　　　　　　　住所（法人〔団体〕の場合は主たる事務所の所在地）
　　　　　　　氏名（法人〔団体〕名・代表者名）　〇〇〇〇　㊞
　　　　　　　　　　　　　　（電話・FAX）

公益（一般）社団法人〇〇協会
　代表理事（会長）　〇〇〇〇　殿

（※1）　特別会員が退会する場合にも、退会届を提出してもらうようにします。
（※2）　会員等の死亡等の場合には、死亡届等として親族等から関係書類を添付して提出してもらうようにします。

Q006 会員等の会費等の支払義務

会員や賛助会員になった場合、当該法人に対し会費は支払わなければならない義務があるのでしょうか。支払義務がある場合、具体的な会費の額は何により決定されるのですか。

A006

Ⅰ 会費の支払義務

　一般法人法27条は、「社員（会員）は、定款で定めるところにより、一般社団法人に対し、経費を支払う義務を負う」と定めています。ここでいう「経費」とは、一般社団法人の事業活動において経常的に生じる「費用」をいいます。

　一般社団法人が目的事業を継続的に維持し、事業活動を実施していくために必要な費用は、原則として社員（会員）が支払う会費によって賄われることになります。社員（会員）が負担する経費を一般的に「会費」と呼んでいます。

　社員（会員）の経費の支払義務は、一般社団法人にあっては本質的なものではなく、定款において規定された場合にのみ社員（会員）はこれを負担するものであって、定款に別段の定めがなければ、社員（会員）は会費の支払義務を負いません。

　したがって、社員（会員）の会費の支払義務を定款で定めるかどうかは、個々の法人が必要に応じて判断すべき事項であり、一般社団法人の社員（会員）が常に会費（経費）の支払義務を負うわけではありません。

　なお、社員（会員）と法人との間の入会（入社）契約等において、定款で定める会費の支払義務以外の何らかの義務（例えば入会金）を負担させることは

可能です。個々の社員（会員）と法人との間の個別の合意に基づくものである以上、「経費」の範囲内という限定もないからです。

Ⅱ　会費等の額

会員等が支払義務を負う会費等に関する事項として、定款には次のような規定が設けられているのが一般的です。

> **（入会金及び会費）**
> 第〇条　会員は、この法人の事業活動に経常的に生じる費用に充てるため、社員総会において定める「会費等に関する規則」に基づき入会金及び会費を支払わなければならない。
> 2　賛助会員は、「会費等に関する規則」に定める賛助会費を支払わなければならない。

1　入会金

入会金は、社員（会員）という資格取得のための金品であり、社員（会員）として継続していくための必要な要件ではありません。入会に際し入会金の支払義務を課すかどうかは、定款等に定めるところによります。

入会金制度を設けている場合でも、会員には入会金の支払義務を負わせていても、賛助会員に対しては入会金の支払義務を負わせていない場合が多いと考えられます。

入会金の額については、個人会員と法人（団体）会員とでは、入会金の額に差を付けているのが一般的と思われます。

2　会費の額

会費の額については、「会費等に関する規則」により一般的に、㋐個人会員と法人（団体）会員の額、㋑個人賛助会員と法人（団体）賛助会員の額、に区

分して定めるのが一般的と考えられます。

　具体的な会費の額については、当該法人の事業規模等を勘案した上で決定することになります。

　また、事業年度の途中に入会した会員及び賛助会員の会費の額及び納期の取扱い、入会金及び会費の免除に関する取扱い、資格喪失に伴う会員及び賛助会員の会費の取扱い等に関しては、「会費等に関する規則」(参考：渋谷幸夫『増補改訂版　公益社団法人・公益財団法人・一般社団法人・一般財団法人の機関と運営』〔第5版〕〔全国公益法人協会〕「公益社団法人○○協会の会費等に関する規則」〔971頁〕)において定める必要があります。

Q007 除名

社員（会員）の除名事由にはどういうものがありますか。また除名を行うにはどういう手続きが必要とされますか。

A007

I　除名の意義

　除名は、法定退社の1つであり（法29条4号）、ある社員（会員）について、法人に対する重要な義務違反がある場合に、その社員（会員）から社員（会員）としての資格をその意思に反して剥奪するものであり、法人の社員（会員）に対する最も重い制裁です。

　改正前民法34条に基づく公益法人制度（社団法人）の下においては、社員（会員）の除名について全く規定を設けていませんでした。一般的には、定款において除名に関する規定を定め、殊に除名権限を有する機関、除名手続、理由に関する詳細な規定を設けて、除名処分を行っていたのが実態であったと考えられます。

　公益（一般）社団法人は人的集合体であり、社員（会員）間の信頼関係が重要視されることから、その人的信頼関係を損なうような社員（会員）については、強制的に組織（法人）から脱退させる必要が生じます。そのようなことから、一般法人法30条において、社員（会員）の除名に関する規定が設けられています。

II　除名事由

　一般法人法30条1項前段は、「社員（会員）の除名は、正当な事由がある

Q007 除名

きに限り、社員総会の決議によってすることができる」と規定しています。除名に相当する「正当な事由」とは如何なる場合を指すかについては、個々の場合について決する他はないと考えられます。

　例えば、組合員の除名についての民法680条に規定する「正当な事由」につき、組合内部では出資義務その他組合契約で定められた義務の不履行、組合の業務執行に不正の行為があること、他の組合員との著しい協調性の欠如など、その者を組合員としておいては、組合業務の円滑な運営が妨げられること、また外部に対しては組合の信用や名誉を傷つけるような行為が、「正当な事由」に該当すると解されています。除名に「正当な事由」が求められるのは、除名にありがちな濫用を防ぐために要求されているものです。

　公益（一般）社団法人の社員（会員）の除名についての「正当な事由」として、一般的に㋐定款その他の規則に違反したとき、㋑当該法人の名誉を傷つけ、または目的に反する行為をしたとき、㋒その他除名すべき正当な事由があるとき、などが挙げられます。以下、これらにつき解説します。

1　定款その他の規則に違反したとき

　社員（会員）は、当該法人の存立の基礎をなす構成員であり、当該法人の根本規則である定款に拘束され、これを遵守すべき義務を負っています。また、定款を補完し、当該法人の適正な管理運営を行うため、社員総会等の決議を経て制定された各種規程・規則を遵守すべきことも当然です。なお、定款等に違反する行為で軽微なものに関しては、除名事由には該当しないと解されます。したがって、定款等の違反については個々の違反の内容、程度等により判断することが必要です。

2　当該法人の名誉を傷つけ、または目的に反する行為をしたとき

　社員（会員）が当該法人の名誉を傷つけたり、当該法人の設立趣旨、目的に反する行為があったとき等社員（会員）としての適格性に欠けると認められる場合には、除名の対象となり得ると考えられます。

判例には、「会員及び役員に極端な悪罵と威圧を加えるようなことは、著しく会員相互の融和を妨げ、会の平和を破壊し、会の目的達成に障害を与えるものであり、平和と秩序を維持するため定款の規定に照らし、除名するのも止む得ない」(東京高裁昭和25年12月28日)と判示したものがあります。

また一方において、県歯科医師会が会員に対し、「会の体面を汚した者」及び「会の綱紀を乱した者」に該当するとして行った除名処分が無効とされた事例もあります(広島地裁昭和50年6月18日)。

3 その他除名すべき正当な事由があるとき

除名事由については、これをすべて定款に規定化することはできません。そのため、上記1及び2以外の事由で、除名すべきことにつき「正当な事由」があるときは、除名することができます。例えば、「社員(会員)としての重要な義務の不履行」は除名の「正当な事由」の1つに該当すると解されます。社員(会員)が履行すべき「重要な義務」の内容が何であるかは、個々の法人の定款の定め、事業形態等により判断することになります。

公益(一般)社団法人の構成員としてふさわしくない重要な義務違反があったような場合に、その社員(会員)を当該法人より排除することができなければ、当該法人の存立さえ危うくなるおそれがあります。

社員(会員)の最も重要な義務に、会費(経費)を支払う義務があります(法27条)。会費の長期未納者を除名処分とするか、社員(会員)の資格喪失の扱いとするかの問題がありますが、これについては、次の「Q008 社員(会員)資格の喪失」において説明します。

Ⅲ 除名手続

1 除名の要件

除名に当たっては、一方的、強制的に社員(会員)の資格の剥奪を正当化するだけの合理的理由のあることが必要とされます。したがって、その性質上、

Q007 除名

除名の手続きについては慎重にすることが求められます。

除名には、次の要件が必要とされています。

① 正当な事由があること（法30条1項）
② 社員総会の決議によってすること（法30条1項）
③ 当該社員（会員）に対し、当該社員総会の1週間前までにその旨を通知すること（法30条1項）
④ 当該社員総会において弁明の機会を与えること（法30条1項）
⑤ 除名した社員（会員）にその旨を通知すること（法30条2項）

2 社員総会における特別決議

社員（会員）の除名は、正当な事由があるときに限り、社員総会の決議によってすることができます（法30条1項前段）。この場合の除名決議は、頭数で総社員（会員）の半数以上の賛成があり、総社員（会員）の議決権の3分の2（これを上回る割合を定款で定めた場合にあっては、その割合）以上の賛成をもって行わなければなりません（特別決議。法49条2項1号）。

除名の手続きについては、法人による内部自治を尊重するという観点から、除名について裁判所による自前の審査を経ることを要せず、社員総会の決議によるものとしていますが、除名の決議の重大性に鑑み、当該社員（会員）には弁明の機会を与えた上、いわゆる特別決議によらなければならないものとされています（法30条1項）。

なお、この社員総会の特別決議については、理事会の決議のように利害関係を有する者を除外するような規定がない以上、除名の対象となる社員（会員）も、社員総会において議決権を有し、定足数に含まれると解されます。

3 社員総会での弁明と通知

法人は、社員（会員）を除名しようとするときは、当該社員（会員）に対し、当該社員総会の日から1週間前までにその旨を通知し、かつ、社員総会において弁明する機会を与えなければなりません（法30条1項後段）。

「弁明」とは、その不利益な処分に際し、自己の立場を明らかにするため説明することをいいます。

　また「弁明の機会」とは、その不利益処分に際し、当該不利益処分を受ける者に与えられる権利防御の機会のことをいいます。法人は社員総会の日から1週間前までに、当該除名しようとする社員（会員）に対して、除名理由及び社員総会において弁明すべき旨を通知することを要します。

　なお、その者が弁明の機会を放棄しても、除名決議の効力には影響がないと解されます。

4　除名の効力

　除名は、除名した社員（会員）にその旨を通知しなければ、これをもって当該社員（会員）に対抗することができません（法30条2項）。除名は、除名決議をもってその効力を生じます。除名された社員（会員）に対する通知は、その対抗要件にすぎず、除名社員（会員）を保護する趣旨です。

　なお、除名社員（会員）に対する通知は、後日の紛争を起こさないため、内容証明をもって郵送するのが適当と解されます。

Q008 社員（会員）資格の喪失

一般法人法29条は、社員（会員）の法定退社（退会）となる事由につき規定していますが、個々の退社（退会）事由について説明して下さい。

また、社員（会員）資格の喪失後の権利及び義務、納入済の会費等の返還はどういう扱いとなるのですか。

A008

Ⅰ　社員（会員）の資格喪失事由

1　一般法人法29条の意義

社員（会員）の資格の得喪に関する規定は、定款の必要的記載事項であり（法11条1項5号）、定款にその定めを欠くことはできません。社員（会員）たる資格の喪失は、法人の消滅によって生ずることはもちろんですが、法人が存続中においては、退社（退会）、社員（会員）の死亡、社員（会員）たる法人の解散、あるいは定款所定の社員（会員）資格の喪失事由等により生じます。

社員（会員）は、いつでも自由に退社（退会）することができますが（法28条）、法定退社（退会）の事由に該当するときは、社員（会員）の意思に関係なく退社（退会）することとなります。

一般社団法人の場合、社員（会員）相互の信頼関係が重要視されることから、その信頼関係が失われると客観的に見られる事項につき、一般法人法は法定退社（退会）事由として定めています。

2　社員（会員）の資格喪失の類型

一般法人法29条は、「前条（任意退社）の場合のほか、社員（会員）は、次に

掲げる事由によって退社する」として、㋐定款で定めた事由の発生、㋑総社員（総会員）の同意、㋒死亡又は解散、㋓除名、を規定しています。

したがって、㋑から㋓までの退社（退会）事由以外については、当該法人の判断に基づき個別に定款に定める必要があります。

① 定款で定めた事由の発生（法29条1号）

定款で定めた事由の発生の例としては、一般的に以下のような場合があります。

i 会費の支払義務を2年以上履行しなかったとき

社員（会員）の法人に対する最も重要な義務は、会費の支払義務です。

会費の未納期間がどの程度継続する場合に社員（会員）の資格喪失事由とするかは、それぞれの法人の実態により異なりますが、半年程度では短すぎると思われます。

判例（東京地裁昭和28年1月26日）は、「社団法人においては、一定期間以上会費の払込みを怠ったときは、会員（社員）たる地位を当然に喪失する旨を定款で定めることがあるが、このような定款の定めも除名の場合に準じて有効と認めて差し支えない」としています。

一般的には、会費の未納が一定期間継続することをもって社員（会員）資格の喪失事由とする場合には、少なくとも1年以上とすることが妥当であり、多くの法人はこれを2年として定款に定めているのが実態と考えられます。

会費未納者の扱いについては、除名処分とする方法もあります。除名処分とする場合には、その手続きにつき社員総会の決議（法30条1項）を行うため日時を要します。その意味において、会費未納者の具体的扱いとしては、除名処分とするよりは、社員（会員）資格の喪失原因とする扱いの方が効率的な方法であると解することができます。

なお、準社員（準会員）の会費未納者の扱いについては、社員（会員）に準じて扱うのが合理的と考えられます。

ii 後見開始若しくは保佐の審判を受けたこと
　ⅰ　後見開始の審判を受けた者
　　　後見開始の審判を受けた者は「成年被後見人」と呼ばれ（民法8条）、精神上の障害により事理を弁識する能力を欠く常況にある者であって、家庭裁判所によって「後見開始の審判を受けた者」です（民法7条）。
　　　「精神上の障害により事理を弁識する能力を欠く常況にある」とは、通常、痴呆、知的障害や精神上の障害などで、自分の行為の結果を理解することができない精神状態にあって、正常な判断力を持たない状態をいいます。ときどき普通の精神状態に戻ることがあっても、上記のような状態が続いていれば、判断能力を欠く常況に含まれると解されています。
　ⅱ　保佐開始の審判を受けた者
　　　保佐開始の審判を受けた者は、「被保佐人」と呼ばれ（民法12条）、精神上の障害により事理を弁識する能力が著しく不十分である者であって、家庭裁判所によって「保佐開始の審判を受けた者」です（民法11条）。
　　　「精神上の障害により事理を弁識する能力が著しく不十分である者」とは、意思能力はあるが、判断能力が著しく不十分で利害を判断できない者をいいます。
② 総社員（総会員）が同意したとき（法29条2号）
　「総社員（総会員）の同意」の「総社員（総会員）」には、数名の社員（会員）が同時に退社（退会）する場合、その社員（会員）ごとにその者を除く他のすべての社員（会員）をいうのか、それとも各退社社員（退会会員）を除く他のすべての社員（会員）をいうのかという解釈上の問題があります。
　旧商法下の判例は、合資会社の事案につき、各退社社員（退会会員）ごとにその者を除くすべての社員（会員）と解しています（最高裁昭和40年11月11日参照）。
　一般法人法29条2号の「総社員（総会員）の同意」の解釈については「総社員（総会員）の同意」は、数人の社員（会員）の退社の場合であっても、当該

社員（会員）を除く他のすべての社員（会員）の同意と解するのが一般的です。

なお、「総社員（総会員）の同意」の方法については、これは、残存社員（会員）全員一致の社員総会決議を要求しているわけではないので、残存社員（会員）から個別に同意を得る方法によることでも差し支えないと解されています。

③ 当該社員（会員）が死亡し、または社員（会員）が法人の場合には法人が解散したとき（法29条3号）

自然人が社員（会員）の場合は、その社員（会員）が死亡すれば社員（会員）たる地位は当然に消滅します。

法人が社員（会員）の場合は、その社員（会員）たる法人が解散すれば当然に退社します。法人たる社員（会員）は、解散後においては、清算中の法人であることを理由として社員（会員）にとどまることはできません。

④ 除名（法29条4号）

社員（会員）の除名は、正当な事由があるときに限り、社員総会の特別決議（法49条2項1号）により行うことができますが、除名処分を受けたときは、当該社員（会員）は社員（会員）としての資格を喪失します。

Ⅱ 社員（会員）資格の喪失と法人に対する権利義務

社員（会員）は、定款に定める「社員（会員）の資格喪失」の要件に該当し、社員（会員）としての資格を喪失したときは、当該法人との関係は消滅するので、それまで有していた法人に対する権利は喪失し、また義務も消滅します。

しかしながら、社員（会員）として資格を有していた期間に対する義務については、これを履行すべきことになります。その代表的なものが年会費等です。これについては、年会費の支払義務の履行との関係において、定款に「未履行の義務は、これを免れることができない」旨を規定化しておくのが一般的と考えられます。

なお、年会費の未履行額の具体的な取扱いについては、会費等に関する規則に定めることが必要となります。社員（会員）の退社（退会）等に伴うトラブル防止の観点から、社員（会員）の資格喪失に伴う権利義務に関しては、これを明確に会費等に関する規則に定めておくことが必要不可欠と解されます。

Ⅲ　納入済の年会費等の不返還の問題

　年度途中で退社（退会）する社員（会員）につき、年会費が法人に対して支払われていて全額納入済の場合、納入済の年会費につき㋐年会費を按分計算して算出された金額を退社（退会）した社員（会員）に返還する扱い、㋑納入済の年会費は、全額返還しないとする扱い等があります。一般的な扱いとしては、退社（退会）に伴う納入済の年会費については、これを返還しないとする扱いが多いようです。

　次に、入会金制度を設けている法人の場合には、入会金の性格が社員（会員）という資格取得のための金品であり、社員（会員）として継続していくための要件的なものではないことから、退社（退会）時に当然的に返還すべきものではないと解されています。

　そのほか、年会費、入会金以外の拠出金で、特に社員（会員）との契約等において返還することが義務付けられているものを除き、法人は社員（会員）に対して返還しないのが一般的と解されています。その場合、定款には「この法人は、社員（会員）がその資格を喪失しても、既に納入した会費及びその他の拠出金は、これを返還しない」旨を定めています。

Q 009 社員総会の招集と社員（会員）の入退会期日の制限

定時社員総会の招集に際し、招集通知を発送すべき社員（会員）につき、どの時点の社員（会員）に対し行うべきか毎年困っています。株式会社においては、一定の日（基準日）を定めて、基準日において株主名簿に記載されている株主を権利行使できる者と定めることができます（会社法124条1項）が、このような規定が設けられていない一般法人法の下で、社員（会員）の入退会の時期を定款等において一定の制限を設けること等により、社員総会の招集通知を発送すべき社員（会員）を限定することは可能でしょうか。

A 009

I 社員総会の招集通知を発送すべき社員（会員）

1 社員総会参加資格者

決算理事会において、「第○回定時社員総会招集の決定の件」が決議され、社員（会員）に対して招集通知を発送するときには（法39条1項）、社員（会員）資格を有する者であることが必要です。

社員（会員）資格の得喪に関する規定が定款の必要的記載事項であること（法11条1項5号）との関係において、定款上社員（会員）として位置付けされている者は、社員総会の構成員として全員に社員総会に出席する権利が認められます。

そのため、社員総会への出席の機会を確保するための招集通知も、原則とし

て社員総会当日に社員(会員)である者全員について発送すべきことになります。

2 社員(会員)資格の取得時期と社員総会への出席権並びに入社(入会)手続の抑制措置

① 社員総会の招集通知発送後に社員(会員)となった者の扱い

　社員総会の招集通知は、社員総会の日の1週間前までに原則として発送することが必要です(法39条1項本文)。書面又は電磁的方法による議決権行使を認める場合には、社員総会の日の2週間前までに社員総会の招集通知を発送しなければなりません(法39条1項ただし書)。

　社員総会の招集通知を社員総会の日より1週間又は2週間前までに発送しなければならないこととされているのは、社員(会員)に対する社員総会への参加の準備(参加の機会と議決権行使の機会)ができるようにするためのものです。

　したがって、社員総会の招集通知を発送した後、社員総会の直前に新規入社(入会)した社員(会員)に対しては、所定の期間(法39条1項)前までに招集通知を発送することができません。

　このような場合において、一般法人法が定める所定期間前に招集手続が行われなかったとき、社員総会の招集手続が違法となるかという問題があります。これに関しては、入社(入会)時点との関係において、一般法人法が定める期間前に招集通知を行えなかったとしても、それだけをもって、直ちに社員総会の招集手続が違法になるとまではいえないとする見解が有力です。

　この考え方に立つとしても、特に社員総会の直前に社員(会員)として入社(入会)した者に対しては、何らかの方法で速やかに招集通知を発送するのが適当と解されます(例えば、電子メールなど)。

　なお、社員総会の招集通知の発送後に社員(会員)となった者が、招集通知が発送されなかったことにより社員総会当日に出席を求めてきたときは、社員(会員)であることの確認を行った上で、当該社員総会への出席を認めなければならないと解するのが一般的です。

一般法人法39条１項の社員総会の招集通知に関する期間の考え方については、社員総会の日の１週間前又は２週間前までに招集通知を発送することが法定されていることから、この期間前に招集通知を発送することができない社員（会員）がいた場合には、招集手続の法令違反（法266条１項１号、社員総会決議取消し訴えの取消事由）となると解する考え方もあります。

② 社員（会員）の入社（入会）手続の抑制措置

　社員総会の招集通知を発送した後に新たに社員（会員）となった者に対し、社員総会の招集通知を発送することは、現実には難しい面があることから、実務上の観点から、例えば、「定時社員総会の招集の決定の件」を決議する決算理事会の日から、定時社員総会の終結の日までの間、新規の社員（会員）の入社（入会）手続を抑制することが考えられます。

　公益社団法人の場合、社員（会員）の資格の得喪に関して、当該法人の目的に照らし、不当な差別的な取扱いをする条件その他の不当な条件を付することはできません（公益法人認定法５条14号イ）が、上記のような短期間の社員（会員）資格の取得の抑制措置については、社員（会員）資格の取得の不当な条件にはならないと考えられます。

　以上のような新規社員（会員）資格の短期間の抑制措置により、一定の日を社員総会出席社員（会員）の確定日と定めれば、社員総会に関する円滑な事務執行が可能になるものと解されます。

Ⅱ　社員（会員）の退社（退会）日の抑制と社員総会への出席権

　一般法人法28条は、「社員（会員）は、いつでも退社（退会）することができる。ただし、定款で別段の定めをすることを妨げない（１項）。前項ただし書の規定による定款の定めがある場合であっても、やむを得ない事由があるときは、社員（会員）は、いつでも退社（退会）することができる（２項）」旨を定めています。

Q009 社員総会の招集と社員（会員）の入退会期日の制限

　社員（会員）は、社員総会の招集通知を受け取った後においても、特別の規制がなければ自由に退社（退会）することが可能です。そのため、社員総会の招集通知の発送後にも新社員（会員）の入社（入会）を認めたり、逆に社員総会の招集通知を発送した日以後において退社（退会）が認められると、社員総会日の社員（会員）の総数の把握が困難となるおそれがあります。

　そのようなことから、前記Ⅰ2②のような新規入社（入会）希望者につき社員総会の招集日前の一定期間だけ入社（入会）を抑制する実務上の扱いとは別に、定款等において社員総会の招集の一定期間前まで退社（退会）を認めないとするような抑制措置を講ずることができるようにすることが必要と考えられます。

1　定款上での退社（退会）の抑制

　社員（会員）の退社（退会）の自由の原則（法28条1項本文）に対し、一定期間は任意退社（退会）をすることができない旨を定款に規定することが可能か否かが問題となります。

　例えば、定款に次のような規定を設ける場合です。

> **（任意退社〔退会〕）**
> 第○条　社員（会員）は、別に定める「社員（会員）の入社（入会）及び退社（退会）に関する規則」により、所定の期日までに退社（退会）届を提出して、退社（退会）することができる。

　このような定款の規定の場合、具体的に何日前までに退社（退会）届を提出すべきかについては、規則において定めるのが一般的であると解されます。

2　規則に定める具体的手続

　「社員（会員）の入社（入会）及び退社（退会）に関する規則」には、定款の規定を受け、次のような退社（退会）についての抑制に関する規定が必要と

解されています。

> **（任意退社〔退会〕）**
> **第○条** 退社（退会）しようとする社員（会員）は、当協会に対し退社（退会）届（第○号様式）を退社（退会）の1か月前までに提出しなければならない。
> 2 前項の規定にかかわらず、「定時社員総会の招集の決定の件」を決議する理事会の開催日から、定時社員総会の終結の日までの間は、退社（退会）届を提出することができない。
> 3 前2項の場合にあっても、やむを得ない事由があるときは、社員（会員）はいつでも退社（退会）することができる。

　2項の規定は、新規入社（入会）希望者に対する入社（入会）事務手続の抑制と同じであり、定時社員総会での社員（会員）数の確定を図るとともに、社員総会の開催準備事務にも益するところが大きいと考えられます。
　退社（退会）に対する規制期間は1か月以下であることから、社員（会員）資格の得喪に関して不当な条件を付すことにはならないと考えられます。

Q010 代議員制の採用と必要な規則

公益（一般）社団法人で社員（会員）数が著しく多い場合、社員総会に代わって代議員制を採用し、役員の選任、決算の承認等を行っていますが、代議員制とはどのような制度なのか説明して下さい。

A010

Ⅰ　改正前民法法人制度の下での代議員制度

　改正前民法法人の時代において、社員（会員）数の著しく多い法人においては、社員（会員）全員が一堂に会して役員の選任、決算の承認等につき法人としての意思決定を行うことができないため、一定の地域又は職域ごとに、それらに属する社員（会員）グループにおける選挙又は指名によって選ばれた代議員で構成される代議員会が、社員総会に代わる機関として設けられていました。

　この場合の代議員会の設置は、改正前民法63条の規定（「社団法人の事務は、定款で理事その他の役員に委任したものを除き、すべて総会の決議によって行う。」という規定）の解釈として、代議員会又はこれを構成する代議員を、この63条に規定する「その役員」とみて、定款に定めるところにより、これに権限を委任することが可能と解されるということで設置が認められてきたものと考えられます。

Ⅱ　一般社団法人・公益社団法人における代議員制の採用

　社員（会員）の資格に関しては、定款に「社員（会員）の資格の得喪に関する規定」を定めなければならないこととされています（法11条1項5号）が、そ

の具体的な定め方についての制約は一般法人法に特に規定されていないことから、代議員制については一般法人法の諸規定に反しない限り、一般社団法人・公益社団法人の自治に委ねられていると考えられます。

1　一般法人法の趣旨に反しない代議員制の例示

代議員制を採用する場合、定款に以下のような規定が設けられている場合には、一般法人法等の諸規定（認定法5条14号イ）の趣旨に反するとはいえないと考えられています（FAQ問Ⅳ－3－(1)－①）。

① 「社員」（代議員）を選出するための制度の骨格（定数、任期、選出方法、欠員措置等）が定められていること

② 各会員について、「社員（会員）」を選出するための選挙（代議員選挙）で等しく選挙権及び被選挙権が保障されていること

③ 「社員（会員）」を選出するための選挙（代議員選挙）が理事及び理事会から独立して行われていること

④ 選出された「社員」（代議員）が責任追及の訴え、社員総会決議取消しの訴え等法律上認められた各種訴権を行使中の場合には、その間、当該社員（代議員）の任期が終了しないこととしていること

⑤ 会員に「社員」と同等の情報開示請求権を付与すること

2　代議員制を採用する場合の定款の定めの例

代議員制を採用する場合の定款は、上記1の5要件を基礎に制定することが必要とされています。内閣府公益認定等委員会モデル定款は、次のような内容のものを規定例として提示しています（代議員制度については、内閣府「公益認定のための『定款』について」（平成28年4月改訂版）を参照して下さい。(1)公益社団法人になる場合）。

Q010　代議員制の採用と必要な規則

【代議員制を採用した場合の定款規定例】

（法人の構成員）

第○条　この法人に、次の会員を置く。
  (1)　正会員　○○の資格を有する者
  (2)　準会員　法人の活動に協賛する者、○○資格の取得予定者
2　この法人の社員は、おおむね正会員300人の中から1人の割合をもって選出される代議員をもって社員とする（端数の取扱いについては理事会で定める。）。
3　代議員を選出するため、正会員による代議員選挙を行う。代議員選挙を行うために必要な細則は理事会において定める。
4　代議員は、正会員の中から選ばれることを要する。正会員は、前項の代議員選挙に立候補することができる。
5　第3項の代議員選挙において、正会員は他の正会員と等しく代議員を選挙する権利を有する。理事又は理事会は、代議員を選出することはできない。
6　第3項の代議員選挙は、2年に1度、○月に実施することとし、代議員の任期は、選任の2年後に実施される代議員選挙終了の時までとする。ただし、代議員が社員総会決議取消しの訴え、解散の訴え、責任追及の訴え及び役員の解任の訴え（一般社団法人及び一般財団法人に関する法律〔以下「一般法人法」という。〕第266条第1項、第268条、第278条、第284条）を提起している場合（一般法人法第278条第1項に規定する訴えの提起の請求をしている場合を含む。）には、当該訴訟が終結するまでの間、当該代議員は社員たる地位を失わない（当該代議員は、役員の選任及び解任〔一般法人法第63条及び第70条〕並びに定款変更（一般法人法第146条）についての議決権を有しないこととする。）。

7　代議員が欠けた場合又は代議員の員数を欠くこととなるときに備えて補欠の代議員を選挙することができる。補欠の代議員の任期は、任期の満了前に退任した代議員の任期の満了する時までとする。

8　補欠の代議員を選挙する場合には、次に掲げる事項も併せて決定しなければならない。
　(1)　当該候補者が補欠の代議員である旨
　(2)　当該候補者を1人又は2人以上の特定の代議員の補欠の代議員として選任するときは、その旨及び当該特定の代議員の氏名
　(3)　同一の代議員（2人以上の代議員の補欠として選任した場合にあっては、当該2人以上の代議員）につき2人以上の補欠の代議員を選任するときは、当該補欠の代議員相互間の優先順位

9　第7項の補欠の代議員の選任に係る決議が効力を有する期間は、選任後最初に実施される第6項の代議員選挙終結の時までとする。

10　正会員は、一般法人法に規定された次に掲げる社員の権利を、社員と同様に当法人に対して行使することができる。
　(1)　一般法人法第14条第2項の権利（定款の閲覧等）
　(2)　一般法人法第32条第2項の権利（社員名簿の閲覧等）
　(3)　一般法人法第57条第4項の権利（社員総会の議事録の閲覧等）
　(4)　一般法人法第50条第6項の権利（社員の代理権証明書面等の閲覧等）
　(5)　一般法人法第51条第4項及び第52条第5項の権利（議決権行使書面の閲覧等）
　(6)　一般法人法第129条第3項の権利（計算書類等の閲覧等）
　(7)　一般法人法第229条第2項の権利（清算法人の貸借対照表等の閲覧等）
　(8)　一般法人法第246条第3項、第250条第3項及び第256条第3項の権利（合併契約等の閲覧等）

11　理事、監事又は会計監査人は、その任務を怠ったときは、この法人に

> 対し、これによって生じた損害を賠償する責任を負い、一般法人法第112条の規定にかかわらず、この責任は、全ての正会員の同意がなければ、免除することができない。

出典：内閣府「公益認定のための「定款」について」（平成28年4月改訂版）

3 定款の解釈・運用

① 代議員の定数基準の定め

　一般社団法人・公益社団法人の中には、その性格上何万人という社員（会員）が存在するものがあります。例えば、大学の同窓会などは社員（会員）の非常に多い例の1つです。そのため、社員（会員）何人の中から代議員1人を選出するかにより、適正な代議員数が決まることになります。

　社員総会が円滑に運営されるためには、代議員数を何人位にするかが大きなポイントになります。代議員が余りに多いと、社員総会（代議員会）の決議の省略（法58条1項）を行うことも実質不可能になると考えられます。

② 代議員選出規則の作成

　代議員制を採用した場合には、理事会の決議により代議員選出規則等を設けることが不可欠です（参考：渋谷幸夫『定款の逐条解説　公益社団法人・一般社団人編』〔全国公益法人協会〕「公益（一般）社団法人○○会代議員選出規則」〔118頁〕）。

　規則等には、㋐選出地域単位をどのように定めるか、㋑代議員の選挙の時期及び方法、㋒選挙人及び被選挙人の資格、㋓選挙管理委員会の設置、開催等に関する事項を定めておくことが必要と解されます。

③ 補欠代議員の選任

　代議員を都道府県単位、あるいはグループ単位等に区分して選任する場合、補欠の代議員の選任を行う場合には、それに合わせて行うことになると解されます。

Q011 社員名簿の作成及び備置きと閲覧請求

社員（会員）名簿の作成、備置き、閲覧請求等につき法令上の扱いはどのようになっているのか教えて下さい。

A011

I　社員（会員）名簿の作成

1　社員（会員）名簿の意義

「社員（会員）名簿」とは、一般社団法人における社員（会員）の氏名又は名称及び住所を記載し、または記録した名簿のことをいいます。一般社団法人は、この社員（会員）名簿を作成しなければなりません（法31条）。

社員（会員）名簿を作成することの必要性は、法人自身による社員（会員）の管理のためであるとともに、社員（会員）名簿の閲覧・謄写を通して、その法人が如何なる社員（会員）によって構成されているかを了知するためであると解されています。

社員（会員）名簿の機能としては、㋐変動する社員（会員）に対する法人からの各種の通知先としての役割（法33条）、㋑社員（会員）としての権利を行使する者を定める基準となることなどがあります。

また、社員（会員）名簿上、社員（会員）としての記載又は記録されている者は、社員（会員）としての資格を有するものと推定されます。

2　社員（会員）名簿の作成時期・訂正

社員（会員）名簿の作成時期については、改正前民法51条2項と同様、一般法人法31条にも明文の定めはありませんが、法人設立の時であると解されています。

社員（会員）の入退社（入退会）による変動や住所に変更があったときは、社員（会員）名簿等の機能の保持という観点から、社員（会員）名簿に記載又は記録され、管理されることになります。改正前民法51条2項では「社員（会員）の変更があるごとに必要な変更を加えなければならない」と規定されていますが、当然のことといえます。

社員（会員）名簿の作成・備置き・訂正の事務は理事（代表理事）の職務ですが、社員（会員）名簿（書面・電磁的記録）に記載し、若しくは記録すべき事項を記載せず、若しくは記録せず、または虚偽の記載若しくは記録をしたときは、100万円以下の過料に処せられます（法342条7号）。

3　社員（会員）名簿の記載事項・様式例

社員（会員）名簿には、社員（会員）の氏名又は名称及び住所を記載しなければなりません（法31条）。

法人によっては、電話番号等を記載しているところもありますが、法定記載事項は社員（会員）の氏名、名称（法人の場合）、そして住所です。

社員（会員）名簿の作成方法、仕方については、特に定めはないので法人の自由です。社員（会員）名簿は、通常定款に定める社員（会員）の種類ごとに区分して、例えば会員（社員）、賛助会員、特別会員等に区分して作成されます。

社員（会員）名簿には、変更ごとの作成年月日時点における社員（会員）、賛助会員、特別会員等の数を記載しておくのが一般的です。社員名簿（会員名簿）の様式例としては、一般的には次のようなものとなっています。

社員名簿(会員名簿)の様式例

社員名簿(会員名簿)

(平成○年○月○日現在)

社員(会員)　　○○名
特別会員　　　○○名
賛助会員　　　○○名

種　別	氏　名	住　所	備　考
社員(会員)			
〃			
〃			
(特別会員)			
〃			
(賛助会員)			

Ⅱ　社員(会員)名簿の備置き・閲覧請求等

　一般社団法人は、社員(会員)名簿をその主たる事務所に備え置かなければなりません(法32条1項)。

　社員(会員)は、当該一般社団法人の業務時間内であれば、いつでも社員(会員)名簿の閲覧又は謄写の請求をすることができます(法32条2項)。

　この閲覧又は謄写の請求は、社員(会員)のみに認められ、債権者には認められていません。その理由は、一般社団法人における社員(会員)と債権者とは、法人の余剰金を奪い合うような関係に立つことが想定されない上、一般社団法人制度を利用する団体は千差万別であって、社員(会員)のプライバシーを保護する必要性が高い団体も存在することを考慮するものであると解されています。

Q011 社員名簿の作成及び備置きと閲覧請求

1 一般社団法人に対する社員（会員）名簿の閲覧・謄写の請求

　社員（会員）は、請求の理由を明らかにして、次に掲げる請求をすることができます（法32条2項）。

① 社員（会員）名簿が書面をもって作成されているときは、当該書面の閲覧又は謄写の請求（法32条2項1号）

② 社員（会員）名簿が電磁的記録をもって作成されているときは、当該電磁的記録に記録された事項を法務省令で定める方法により表示したものの閲覧又は謄写の請求（同項2号）

　　なお、法務省令（91条）で定める方法は、電磁的記録に記録された事項を紙面又は映像面に表示する方法です（法施行規則91条2号）。

2 公益社団法人に対する社員（会員）名簿の閲覧・謄写請求

　公益社団法人の社員（会員）名簿については、社員（会員）でなくても誰でも当該法人の業務時間内であれば、次に掲げる請求をすることができますが、謄写を請求することはできません（認定法21条4項）。

　なお、この場合、当該法人は、正当な理由がないのにこれを拒むことはできません（同項ただし書）。

① 社員（会員）名簿が書面をもって作成されているときは、当該書面又は当該書面の写しの閲覧の請求（同項1号）

② 社員（会員）名簿が電磁的記録をもって作成されているときは、当該電磁的記録に記録された事項を内閣府令で定める方法により表示したものの閲覧の請求（同項2号）

　　なお、この場合の内閣府令で定める方法は、当該電磁的記録に記録された事項を紙面又は出力装置の映像面に表示する方法です（認定法施行規則35条）。

　社員（会員）以外の者からの社員（会員）名簿の閲覧請求に対しては、社員（会員）名簿に記載され又は記録された事項中、個人の住所に係る記載又は記録の部分を除外して、閲覧させることができます（認定法21条5項）。

また、行政庁に対して社員（会員）名簿の閲覧又は謄写の請求があった場合には、行政庁は、社員（会員）名簿に記載された事項中、個人の住所に係る記載の部分を除外して、その閲覧又は謄写をさせるものとされています（認定法22条3項）。

3　社員（会員）名簿の閲覧・謄写請求に対する拒絶理由

　法人は、社員（会員）からの社員（会員）名簿の閲覧・謄写請求に対して、次のいずれかに該当する場合には、これを拒絶することができます（法32条3項）。

　これは、社員（会員）名簿に関する権利の濫用的な行使を防ぎ（例えば、いわゆる名簿屋が名簿の入手により、経済的な利益を得るために利用しているという弊害）、また社員（会員）のプライバシーを保護する必要性があること等を考慮したものです。

① 　請求者がその権利の確保又は行使に関する調査以外の目的で請求を行ったとき（法32条3項1号）

② 　請求者が当該一般社団法人の業務の遂行を妨げ、または社員（会員）の共同の利益を害する目的で請求を行ったとき（同項2号）

③ 　請求者が社員（会員）名簿の閲覧又は謄写によって知り得た事実を利益を得て第三者に通報するため請求を行ったとき（同項3号）

④ 　請求者が、過去2年以内において、社員（会員）名簿の閲覧又は謄写によって知り得た事実を利益を得て第三者に通報したことがあるものであるとき（同項4号）

　なお、「会社法の一部を改正する法律の施行に伴う関係法律の整備等に関する法律」（平成26年法律第91号、平成27年5月1日施行）により、一般法人法の一部が改正されたことに伴い、改正前一般法人法32条3項3号（「請求者が当該一般社団法人の業務と実質的に競争関係にある事業を営み、またはこれに従事するものであるとき」）の規定が削られました。

　その理由は、一般社団法人と事業上の競争関係にある者が、社員（会員）と

Q 011　社員名簿の作成及び備置きと閲覧請求

しての正当な権利の行使のために、社員（会員）名簿の閲覧等を請求する場合にまで、請求者が競業者であることの一事をもって一律に閲覧等の請求を拒絶することができるとすると、社員（会員）名簿の閲覧等の請求権の意義が損なわれることになるという理由に基づくものです。

　理事（代表理事）が一般法人法32条1項の規定に違反して社員（会員）名簿を主たる事務所に備え置かなかったとき（法342条8号）、また同条2項の規定に違反して社員（会員）名簿の閲覧又は謄写の請求に対し、正当な理由がないのにこれを拒否したときは（法342条4号）、100万円以下の過料に処せられます。

Q012 社員（会員）に対する通知・催告

社員（会員）に対する通知又は催告に関しては、どのような規律があるのか教えて下さい。

A012

Ⅰ 一般法人法33条の趣旨

　一般法人法33条1項は、「一般社団法人が社員（会員）に対してする通知又は催告は、社員（会員）名簿に記載し、または記録した当該社員（会員）の住所（当該社員〔会員〕が別に通知又は催告を受ける場所又は連絡先を当該一般社団法人に通知した場合にあっては、その場所又は連絡先）にあてて発すれば足りる」と、また2項は「前項の通知又は催告は、その通知又は催告が通常到達すべきであった時に、到達したものとみなす」と規定しています。

　一般社団法人においては、多数の社員（会員）が存在するため、法人から社員（会員）に対して行う通知又は催告がすべて社員（会員）の真の住所地に対して行われ、かつ、到達することが必要とされると、法人は個々の社員（会員）の現住所をいちいち探索し、かつ、到達を確実にするために配達証明付郵便などの方法によらなければならず、その事務処理の煩雑・困難は非常に大きなものになる可能性があります。

　そこで、一般法人法33条1項、2項は、法人の社員（会員）に対する通知又は催告は、社員（会員）名簿に記載又は記録された社員（会員）の住所、または社員（会員）が法人にあらかじめ届け出た住所にあてて発送すればよく、かつ通常到達すべき時に到達したものとみなすこととしたものです。

　これによって、法人の事務手続の簡素化、迅速化等が図られることになります。

Ⅱ 社員(会員)に対する通知・催告のあて先

　法人の社員(会員)に対する通知又は催告は、社員総会の招集通知に際して社員(会員)に送付等する書面等は、社員(会員)名簿に記載又は記録された社員(会員)の住所、または社員(会員)が法人に通知したあて先に発送又は発信すれば足ります(法33条1項・3項)。

　法人と社員(会員)との関係が社員(会員)名簿を基準として処理される以上、法人からの通知又は催告が社員(会員)名簿上の住所にあててなされるべきことは当然であって、一般法人法33条1項の意義は、むしろ社員(会員)名簿上の住所とは別に、通知又は催告を受ける場所又は連絡先を通知することができることを定めたことにあると解されています。

　社員(会員)が転居していても新住所を法人に届け出ていない場合にも、社員(会員)名簿に記載のある旧住所に発送しておけば、法人は免責されます。

　社員(会員)が誤記した場合でも、法人は社員(会員)名簿上の住所又は社員(会員)が法人に通知した住所にあてて通知又は催告すれば通知したことになります。

　しかし、法人の過失により社員(会員)の申し出た住所と異なる住所を社員(会員)名簿に記載した場合には法人は免責されず、それが社員総会招集通知であれば、招集手続が違法であったとされることになります(東京控訴院昭和11年8月31日参照)。

　また、社員(会員)名簿上の住所にあてて発したつもりであったのに、法人側の誤記により社員(会員)名簿上の住所に到達しなかった場合には、そのような通知等は、社員(会員)名簿に記載した住所にあてた通知等とはいえず、法人は免責されないと判断されることになると考えられます(東京控訴院大正4年2月26日参照)。

Ⅲ　社員（会員）に対する通知・催告の効果

　一般法人法33条1項に基づく社員（会員）に対する通知又は催告は、その通知又は催告が通常到達すべきであった時に、到達したものとみなされます（法33条2項）。すなわち、法人から社員（会員）に対する通知又は催告は、実質的な発信主義（正確には、効力発生については到達主義によりながら、遅延や不到達の危険は社員〔会員〕が負担する。）がとられ、現実の到達の有無や到達の時期にかかわらず、通常到達すべき時に到達したものとされます。

　これは、多数の社員（会員）の存在をも考慮した集団的通知・催告手続を簡易・迅速かつ画一的に処理するために、民法97条1項の到達主義の例外を定めたものです。したがって「延着」の場合はもちろん、書面の返送によって通知の「不着」が法人に明らかになった場合においても、依然として通知又は催告の効果は存続します（大審院大正8年11月18日参照）。

　ただし、このような効果が認められるのは、法人が社員（会員）から届出のあった住所を正確に社員（会員）名簿に記載していることが前提であって、法人の不注意により、社員（会員）が申し出たのとは異なる住所を社員（会員）名簿に誤記したような場合には、法人に一般法人法33条による保護を与えることはできません（前掲東京控訴院昭和11年8月31日参照）。

Ⅳ　社員総会招集通知に際してなされる書面の交付又は電磁的方法による提供

　社員総会の招集通知に際しては、社員総会参考書類、議決権行使書面等も書面により交付又は電磁的方法により提供されます（法41条・42条、125条）が、これらについても一般法人法33条1項及び2項と同様の取扱いとなります（法33条3項前段）。

　したがって、これらの書面等も社員（会員）名簿上の社員（会員）の住所

(または、あらかじめ届け出た住所)に発すれば到達すべきときに当該書面の交付又は当該事項の電磁的方法による提供があったものとみなされ、法人は免責されます(法33条3項後段)。

V 社員(会員)に対する通知の省略

1 一般法人法34条の趣旨

　一般法人法34条1項は、「一般社団法人が社員(会員)に対してする通知又は催告が5年以上継続して到達しない場合には、一般社団法人は、当該社員(会員)に対する通知又は催告をすることを要しない」と、また2項は「前項の場合には、同項の社員(会員)に対する一般社団法人の義務の履行を行う場所は、一般社団法人の住所地とする」と規定しています。

　一般社団法人から社員(会員)への通知又は催告は、社員(会員)名簿に記載又は記録してある住所にあてて発信さえすれば、仮に、その通知又は催告が到達しない場合でも、到達が擬制されます(法33条)。

　しかし、社員(会員)に対し通知又は催告しても到達しない時期が長期間にわたった場合に、依然として通知・催告を継続しなければならないとすることは不適当です。

　そこで、法人事務の合理化を図るため、社員(会員)に対する通知・催告が5年以上継続して到達しない場合は、通知・催告を要しないとし、この場合には、その社員(会員)に対する法人の義務の履行場所は法人の住所地と定めています。なお、法人の住所は、その主たる事務所の所在地とされます(法4条)。

2 通知・催告の継続的不到達

　一般社団法人が社員(会員)に対する通知又は催告を省略できる要件としては、当該法人が社員(会員)に対してする通知又は催告が、継続して5年以上到達しなかったことが必要です(法34条1項)。

　なお、社員(会員)に対する通知又は催告は、社員(会員)名簿に記載又は

記録されている住所又は連絡先にあてて発しなければなりません（法33条1項）。

継続して5年以上到達しなかったことが要件ですから、その間に1度でも、通知又は催告が到着していれば、一般法人法34条の適用はありません。

3　所在不明の社員（会員）の権利

　一般法人法34条は、一般社団法人の事務手続の簡易化、迅速化を図り、一定の要件のもとに所在不明の社員（会員）に対する当該法人の通知義務の免除をしているものです。しかし、それ以上に所在不明の社員の権利を消滅させたり、制限するわけではありません。

　所在不明の社員（会員）は、一般法人法34条が適用されている期間でも、議決権を行使することもできますし、所在不明の社員（会員）から住所変更の届出があった場合は、法人は、以後その変更後の住所又はあて先に対し、通知又は催告を発しなければなりません、

　一般法人法34条が適用される所在不明の社員（会員）については、本条により法人の義務履行場所が法人の住所地ということになり（法34条2項）、そして法人の住所は、その主たる事務所の所在地にあるものとされます（法4条）。

　なお、社員（会員）が一定期間（例えば2年以上）会費を払わない場合には、定款の定めにより社員資格の喪失（法29条1号）となる可能性があります。

Q013 社員総会（評議員会）の招集に当たり理事会で決議すべき事項の留意点

当法人は理事会設置一般社団法人（一般財団法人）ですが、社員総会（評議員会）の招集に当たって、理事会ではどのようなことを決議しなければならないのでしょうか。

A013

I 社員総会（評議員会）の招集の前提となる理事会の開催

社員総会（評議員会）を招集する場合には、社員（会員・評議員）が裁判所の許可を受けて社員総会（評議員会）を招集する場合を除き、理事会設置一般社団法人又は一般財団法人においては、一般法人法及び同法施行規則の定めに基づき、理事会で社員総会（評議員会）の招集に関する事項を決議しなければなりません（法38条2項・181条1項）。

理事会の決議を経ないで招集権者が社員総会（評議員会）を招集した場合、招集手続の法令違反（法266条1項1号）として、決議取消事由となります（最高裁昭和46年3月18日。東京高裁昭和30年7月19日参照）。

II 社員総会の招集に当たり理事会で決議しなければならない事項

一般法人法38条、同法施行規則4条により、理事会設置一般社団法人は社員総会の招集に当たっては、以下の事項を決議しなければならないと規定されています。

① 社員総会の日時及び場所（法38条1項1号）
② 社員総会の目的である事項があるときは、当該事項（同条1項2号）

③　書面による議決権行使を採用するときは、その旨（同条1項3号）
④　電磁的方法による議決権行使を採用するときは、その旨（同条1項4号）
⑤　書面又は電磁的方法による議決権行使を採用したときは、次に掲げる事項（定款にⅱ及びⅲに掲げる事項についての定めがある場合又はこれらの事項の決定を理事に委任する旨を決定した場合における当該事項を除く。法施行規則4条1号）
　ⅰ　社員総会参考書類に記載すべき事項（同規則4条1号イ）
　ⅱ　社員総会の日時以前の時であって、招集通知を発した日から2週間を経過した日以後の特定の時を書面による議決権の行使の期限と定めるときは、その特定の時（同規則4条1号ロ）
　ⅲ　社員総会の日時以前の時であって、招集通知を発した日から2週間を経過した日以後の特定の時を電磁的方法による議決権の行使の期限と定めるときは、その特定の時（同規則4条1号ハ）
⑥　代理人による議決権の行使について、代理権（代理人の資格を含む。）を証明する方法、代理人の数その他代理人による議決権の行使に関する事項を定めるとき（定款に当該事項についての定めがある場合を除く。）は、その事項（同規則4条2号）
⑦　書面又は電磁的方法による議決権行使の採用をしない場合において、次に掲げる事項が社員総会の目的である事項であるときは、当該事項に係る議案の概要（議案が確定していない場合にあっては、その旨）（同規則4条3号）
　ⅰ　役員等の選任（同条3号イ）
　ⅱ　役員等の報酬等（同条3号ロ）
　ⅲ　事業の全部の譲渡（同条3号ハ）
　ⅳ　定款の変更（同条3号ニ）
　ⅴ　合併（同条3号ホ）

Ⅲ 評議員会の招集に当たり理事会で決議しなければならない事項

　一般法人法181条1項、同法施行規則58条は、一般財団法人は評議員会の招集に当たっては、以下の事項を決議しなければならないと規定しています。
　① 　評議員会の日時及び場所（法181条1項1号）
　② 　評議員会の目的である事項があるときは、当該事項（同条1項2号）
　③ 　上記①及び②に掲げるもののほか、法務省令（58条）で定める事項（同条1項3号）

　一般法人法施行規則58条で定める事項は、評議員会の目的である事項に係る議案（当該目的である事項が議案となるものを除く。）の概要（議案が確定してない場合にあっては、その旨）です。

Ⅳ 議案の概要の決定

　社員総会の招集の決定に当たり、理事会において書面又は電磁的方法による議決権行使の採用をしない場合（法施行規則4条3号）の社員総会の招集通知、または評議員会の招集通知には、当該議題に関する議案の概要を記載する必要があり、この概要は理事会で決定することになります（法38条1項5号・法施行規則4条3号、法181号1項3号・法施行規則58条）。

　このため、例えば定時社員総会（定時評議員会）において「理事10名」を選任する場合には、理事会において理事候補者10名を決定し、「第〇号議案　理事10名選任の件」の議案の概要として招集通知に記載する必要があります（法39条2項・182条2項）。

　したがって、定時社員総会（定時評議員会）において役員等の改選を行う場合には、「第〇回定時社員総会（第〇回定時評議員会）の招集の件」を決議する理事会の開催日までに、役員等の候補者は原則として定められていることが必要とされます。

なお、一般財団法人において、例えば「理事10名選任の件」という場合に、業界団体からの選出候補者につき、2名の候補者の決定が理事会においてできない場合には、一般法人法施行規則58条の規定に従い、「2名については候補者が確定していない」旨を決議することになります。

　この場合の対応方法としては、㋐評議員会当日までに再度理事会を開催して改めて議案を確定し、事前に評議員に通知する方法、または当日の評議員会の席上にて提案する方法、㋑一般法人法185条の規定により、評議員から議案提案権の行使に基づいて候補者氏名を提案してもらい、その議案につき審議することもできます。

Q014 災害等により、社員総会(評議員会)の開催が困難になった場合の対応の方法

社員総会(評議員会)の開催に当たり、大地震など不慮の天災が起こった場合、定時社員総会(定時評議員会)の運営はどのように行えばよいのでしょうか。

A014

I 開催か延期かの判断

平成28年4月14日熊本に大地震が発生し、大きな被害が出ました。この時期は、平成28年度の新事業計画の執行準備、予算の執行、また平成27年度の決算整理など1年のうちで最も忙しい時期であり、被害を受けられた法人にとっては、大変なことであったと推察されます。

大地震などの不慮の天災が発生した場合、予定されていた社員総会(評議員会)の運営については、まず、開催するのか、または延期するのかを判断しなければなりません。

開催するのであれば、役員の出席の確保、会議場の安全及び衛生の確保、報告事項の報告及び提出議案の採決の確保などに留意して、円滑な社員総会(評議員会)の運営を図る必要があります。

一方、社員総会(評議員会)を延期するのであれば、延期に必要な手続(理事会での決議、社員〔会員・評議員〕への周知の徹底、社員総会〔評議員会〕の招集通知)を確実に実行する必要があります。

Ⅱ　開催する場合の条件と延期の可能性

　社員総会（評議員会）を開催するためには、議事運営に特別な役割を担う者、すなわち代表理事（会長・理事長）、説明義務を果たすべき役員、法人事務局の職員、一般社団法人の場合には社員総会の決議に重要な影響を及ぼす社員（会員）の出席（委任状提出者等）が確保されなければなりません。事前の準備において、これらの者の出席が確保できないようであれば、延期と判断せざるを得ないことになります。

　評議員会を開催するためには、評議員の出席の確保が当然のことながら必要です。

　また、当初予定していた会議場で社員総会（評議員会）を開催することによって、出席者の生命身体に危険が生じる可能性がある場合、あるいは会議場の設備の不備等によって、予定されていた報告及び議決権行使のための議案の説明が困難になる場合、あるいは提出議案の採決に困難が生じるような場合には延期せざるを得ないと考えられます。

　社員総会（評議員会）の開催時刻を遅らせることによって解決の目安が立つ場合には、一定時間帯の中で開催時刻を遅らせる方法も考えられます。

　また、移動に特別の困難がなく、会議場の変更が社員（会員・評議員）の出席に大きな影響を与えないような場合には、会議場を変更して開催することも考えられます。

Ⅲ　社員総会（評議員会）の開催を延期する場合の手続き

　定時社員総会（定時評議員会）の開催時期については、上記Ⅱの事項の判断によってこれを延期する必要がある場合に、そもそも定款記載の開催時期を徒過することができるかが問題となります。

　この点について、会社法の関係ですが、平成23年3月の東日本大震災の影響

Q014 災害等により、社員総会(評議員会)の開催が困難になった場合の対応の方法

について、法務省が一定の見解をホームページで発表しています(平成23年3月25日付け)。これによると、「会社法296条1項は、株式会社の定時株主総会は、毎事業年度の終了後一定の時期に招集しなければならないものと規定していますが、会社法上、事業年度の終了後3か月以内に必ず定時株主総会を招集しなければならないものとされているわけではありません。」「当初予定した時期に定時株主総会を開催することができない状況が生じている場合には、そのような状況が解消され、開催が可能となった時点で定時株主総会を開催することとすれば、上記規定に違反することにはならない」と説明しています。

また、さらに平成23年3月29日付けの同ホームページでは、「定款所定の時期に定時株主総会を開催することができない状況が生じた場合には、会社法296条1項に従い、事業年度の終了後一定の時期に定時株主総会を開催すれば足り、その時期が定款所定の時期よりも後になったとしても、定款に違反することにはならない」との解釈指針を明確にしています。

会社法296条1項と同じ条文構成からなる一般法人法36条1項(社員総会の招集)・179条1項(評議員会の招集)についても、会社法296条1項についての解釈と同様に行うことができるものと解されます。

Ⅳ 熊本地震発生日以後に法令に規定されている履行期限が到来する義務の一定期限までの免責

今回の熊本地震の発生を受け、平成28年5月2日に「平成28年熊本地震による災害についての特定非常災害及びこれに対して適用すべき措置の指定に関する政令」(平成28年政令第213号)が公布・施行されました。

これにより、特定非常災害の被害者の権利利益の保全等を図るための特定措置に関する法律(以下「特別措置法」という。)4条1項に基づき、熊本地震発生日以後に法令に規定されている履行期限が到来する義務であって、熊本地震により当該履行期限が到来するまでに履行されなかったものについて、その不履

行に係る行政上及び刑事上の責任（過料に係るものを含む。）が問われることが猶予されることとなりました。

なお、上記政令で定める特定義務の不履行についての免責に係る期限は、平成28年7月29日までとなっています（政令4条）。

公益法人認定法及び整備法においても、特別措置法が適用されることにより、次の義務について、熊本地震により履行期限が到来するまでに履行されなかったものは、平成28年7月29日まで免責されました。

① 公益法人認定法21条1項（事業計画書等の作成・備置）
② 公益法人認定法21条2項（事業報告等の作成・備置）
③ 公益法人認定法22条1項（事業計画書等の行政庁への提出）
④ 公益法人認定法22条1項（事業報告等の行政庁への提出）
⑤ 公益法人認定法26条1項（解散の届出）
⑥ 整備法70条2項（合併消滅特例民法法人の財産目録等の作成・備置）
⑦ 整備法70条4項（合併消滅特例民法法人の財産目録等の官報報告）
⑧ 整備法106条1項（特例民法法人の移行の登記）
⑨ 整備法121条1項（特例民法法人の移行の登記）
⑩ 整備法126条1項（合併の届出）
⑪ 整備法127条3項（計算書類等及び公益目的支出計画実施報告書の提出）
⑫ 整備法127条5項（公益目的支出計画実施報告書の作成・備置）

Q015 大震災による被災地を住所とする社員（会員）への対応の仕方

大震災により社員（会員）が被災した場合、社員総会の開催につき招集通知を送付するには、住所地にそのまま送付することでよいのでしょうか。その他被災地に居住する社員（会員）に対して注意すべき事項はありますか。

A015

I 社員総会の招集通知について

　大地震などの不慮の天災が発生した場合、法人が被災地を住所とする社員（会員）に、社員総会の招集通知を送付しても不到達となる可能性があります。この場合に社員総会の招集通知を送付したとしても、一般法人法266条1項1号の社員総会の決議取消事由に該当するのではないかということが問題となります。

1 一般法人法266条1項1号との関係

　一般法人法266条1項1号は、社員総会の決議取消事由として「招集の手続又は決議の方法が法令若しくは定款に違反し、又は著しく不公正なとき」と規定しています。

　そこで、法人が被災地を住所とする社員（会員）に対し、社員総会の招集通知を送付しても不到達となる可能性が存在するにも関わらず、当該住所に送付することが決議取消事由に該当するのではないかということです。

2 一般法人法33条との関係

　この点について、まず、法人から社員に対する通知又は催告は、「社員（会

員）名簿に記載し、または記録した当該社員（会員）の住所（当該社員〔会員〕が別に通知又は催告を受ける場所又は連絡先を当該一般社団法人に通知した場合にあっては、その場所又は連絡先）にあてて発すれば足り（法33条1項）、その通知又は催告は、その通知又は催告が通常到達すべきであった時に、到達したものとみなす（同条2項）」とされています。

そして、当該規定は、社員総会の招集通知に関する一般法人法39条1項の通知に際して社員（会員）に書面を交付し、または当該書面に記載すべき事項を電磁的方法により提供する場合について準用するとされています（同条3項）。

このような規定からすると、法人が法定の期間を遵守して社員（会員）名簿記載の社員（会員）の住所に社員総会の招集通知を送付すれば、「特段の事情」がない限り、延着や不到達についての責任を負うことはないと解されます。

そして、一般的には、法人は被災地の状況に関して送付した招集通知が到達するであろう時点での社員（会員）の個々の事情まで把握することは困難であると考えられるため、被災地を住所地とする社員（会員）に対して招集通知を送付したとしても、上記「特段の事情」があるとは言えず、決議取消事由に該当しないと判断されると考えられます。

Ⅱ 被災地に居住する社員（会員）に対するその他の注意事項

社員総会招集通知だけでなく、法人からの送付物全般が社員（会員）に延着あるいは到達しない場合が想定されます。この場合にも、上記のように、法人は特定の期間等を遵守して送付物を送付すれば足り、これによって法人は免責されることになると解されます。

また、被災地に居住する社員（会員）の便宜等のために、当該社員（会員）に対して法人からの送付物を普通郵便ではなく簡易書留その他の送付方法によって送付することも考えられます。

しかし、この方法を採用する場合には、被災地と認定する日時の基準、被災

地を限定する場所的基準、対象書類を選別する場合の基準などを詳細に検討する必要があると考えられます。

Ⅲ　法人の災害に対する現実の対応

　大震災あるいは大水害が発生したような場合には、社員（会員）の生活基盤が失われ、また法人の機能も失われる状態になる可能性があります。

　これに対しては、地域社会全体の機能の回復を待ちつつ、法人としての対応策を検討していくことになると考えられます。

　そのためには、社員（会員）、法人の役職員の被災状況の把握、法人の機関、特に理事会の機能の回復などが重要な事項となります。

　災害は、一地方の問題ではなく、国全体の問題であるので、法人は、国・地方を含めた社会全体の対応策を踏まえて、臨機応変に対応していくべきであると考えられます。

Q016 社員総会参考書類の作成方法

社員総会において書面による議決権行使の方法や電磁的方法による議決権行使の方法を採用する場合、社員総会の招集通知に際して社員総会参考書類を交付する必要がありますが、この書類の作成に当たり、どのような点に留意する必要がありますか。また社員総会参考書類の書式例も併せて示して下さい。

A016

I 社員総会参考書類の意義

社員総会参考書類とは、社員(会員)が議決権を行使するために参考となるべき事項を記載した書類であり、一般社団法人が社員総会において書面による議決権行使の方法や電磁的方法による議決権行使の方法を採用した場合、社員総会の招集通知とともに交付することが求められています(法41条1項、42条1項)。

これは、社員(会員)自ら又は代理人が社員総会に出席する場合と異なり、議事を通じて議案への賛否の判断材料が得られない点を補うことができるようにするためです。

ただし、社員総会の開催を省略して、書面等により決議が行われる場合(法58条1項)は、社員総会は開催されないことから、社員総会参考書類の交付は必要ありません。

II 社員総会参考書類の記載事項

一般法人法41条1項又は42条1項の規定により交付すべき社員総会参考書類

Q 016 社員総会参考書類の作成方法

に記載すべき事項は、次に掲げる事項です（法施行規則5条）。

① **議案（同規則5条1項1号）**

社員総会に提出される予定の議案はすべて記載されなければなりません。社員（会員）の提案権行使による議案も含まれます。

社員総会の招集通知には、会議の目的たる事項、すなわち議題を記載すれば足り、その議題について法人が提出しようとする議案まで記載する必要はありません（法39条4項・38条1項2号）。

しかし、議案が明らかにされなければ、書面又は電磁的方法により、議決権を行使することが不可能なので、社員総会参考書類には議案の記載が必要とされるのです。

議案が役員の選任に関するものであるときは、候補者の氏名、生年月日及び略歴等の事項、候補者が現に当該法人の理事であるときは、当該法人における地位及び担当も記載することになります。

② **理事が提出する議案にあっては、その提案の理由（同条1項2号）**

この場合には、一般法人法251条2項に規定する吸収合併存続法人が承継する吸収合併消滅法人の債務の額として一般法人法施行規則78条1項で定める額が吸収合併存続法人が承継する吸収合併消滅法人の資産の額として同施行規則78条2項で定める額を超える場合には、理事は、吸収合併存続法人が吸収合併契約の承認を受ける社員総会でその旨を説明しなければなりませんが、その場合の説明すべき内容も含まれます。

③ **社員（会員）が一般法人法45条1項の規定による請求に際して通知した提案の理由がある場合にあっては、その提案の理由又はその概要（同条1項3号）**

社員（会員）は、議案の提案権を有している（法44条）ことに加え、一定の要件の下で、議案の要領を社員（会員）に通知することを請求する権利を有しています（法45条1項）。

社員（会員）が一般法人法45条1項の規定による議案の要領の通知請求を

行った場合に、提案理由がある場合には、社員（会員）が適切に議決権を行使することができるように、提案の理由又はその概要を社員総会参考書類に記載しなければなりません。

④ **監事の調査結果の概要（同条1項4号）**

　監事は、理事が社員総会に提出しようとする議案、書類その他法務省令で定めるもの（法施行規則17条・電磁的記録その他の資料）を調査しなければならず、この場合において、法令若しくは定款に違反し、または著しく不当な事項があると認めるときは、その調査の結果を社員総会に報告しなければなりません（法102条）。

　これは、社員総会が監事の意見の報告を聴いて議案等に対する賛否を決することができるようにするためですから、社員総会の前に議案に対する賛否を決しようとする社員（会員）にとっても、一般法人法102条に基づく監事の調査結果は不可欠な情報であり、これを社員総会参考書類に記載しなければならないのです。

　なお、この4号の調査結果は「概要」の記載で足りるとされています。これは、監事の調査結果が冗長であるときに、法人の責任において要約する余地を認めるためであると解されています。もっとも、実務上は、監事に対し、社員総会参考書類の記載にふさわしい概要を求めるべきであり、それに監事が応じない場合には、その調査結果の趣旨を損なわないように要約することになるとされています。

⑤ **上記①から④までに定めるもののほか、社員（会員）の議決権の行使について参考となると認める事項（同条2項）**

　一般法人法上の社員総会参考書類については、会社法上の株主総会参考書類（会社法施行規則73条～94条等）と比較すると、法定された記載事項は少なく、記載すべき範囲、内容に関しては大幅にそれぞれの法人の裁量に委ねられています。したがって、会社法施行規則に規定されている株主総会参考書類の記載事

項を参考としつつ、それぞれの法人の実態に則して、社員（会員）の議決権の行使につき、何を社員（会員）に情報提供すべきかという観点から、社員総会参考書類の記載内容とすべきであると考えられます。例えば、役員選任議案において、候補者の略歴を社員総会参考書類に記載することができます。

Ⅲ　社員総会参考書類への記載の省略（同条3項）

　一般法人法施行規則5条3項は、「同一の社員総会に関して社員（会員）に対して提供する社員総会参考書類に記載すべき事項のうち、他の書面に記載している事項又は電磁的方法により提供する事項がある場合には、これらの事項は、社員（会員）に対し提供する社員総会参考書類に記載することを要しない。この場合においては、他の書面に記載している事項又は電磁的方法により提供する事項があることを明らかにしなければならない」と規定しています。これは、同一の社員総会に関して同一の情報を重複して提供する無駄を省くためです。

　社員総会参考書類に記載すべき事項のうち、他の書面（例えば、狭義の社員総会招集通知や議決権行使書面、事業報告に記載された事項等）に記載している事項については、社員総会参考書類に記載することを要しないことになります。

Ⅳ　社員（会員）に対して提供する招集通知又は事業報告への記載の省略（同条4項）

　一般法人法施行規則5条4項は、「同一の社員総会に関して社員（会員）に対して提供する招集通知（法39条2項又は3項の規定による通知）又は社員（会員）に対して提供する事業報告（法125条）の内容とすべき事項のうち、社員総会参考書類に記載している事項がある場合には、当該事項は、社員（会員）に対して提供する招集通知又は同条の規定により社員（会員）に対して提供する事業報告の内容とすることを要しない」と規定しています。

　これは、上記Ⅲ（法施行規則5条3項）と同様の趣旨に基づくものであり、同

一の社員総会に関して同一の情報を重複して社員（会員）に提供する無駄を省くためです。

V　社員総会参考書類の修正（法施行規則6条2項）

　一般法人法施行規則6条2項は、「理事は、社員総会参考書類に記載すべき事項について、招集通知を発出した日から社員総会の前日までの間に修正すべき事情が生じた場合における修正後の事項を社員（会員）に周知させる方法を当該招集通知と併せて通知することができる」と規定しています。

　これは、社員総会参考書類に印刷ミスその他の事情で誤りがあった場合又は発出後の事情変更等があった場合に、社員総会参考書類の再交付によらずに、修正後の事項を社員（会員）に周知させることを認めるものです。

　すなわち、社員総会参考書類に記載すべき事項について修正が必要である場合には、社員（会員）が的確に議決権行使をすることが可能になるように社員（会員）に適時に修正後の情報が提供されなければなりませんが、修正後の社員総会参考書類を社員（会員）に交付しなければならないとすると、法人にとって、印刷や送付のための費用がかなりのものとなるだけではなく、招集通知の発出期間に関する規制（法39条1項）との関係が問題となります。そこで、別途の対応が可能であることを明らかにしたのが一般法人法施行規則6条2項です。

　なお、Web開示と同様の方法も、「修正後の事項を社員（会員）に周知させる方法」の1つとして考えられます。書面によることも考えられますが、一般的にはこの方法がとられることが多いです。

　このほか、社員総会参考書類に記載すべき事項を記載しなかったとき、または不実記載をしたときは、招集手続の法令違反（法266条1項1号）として決議取消事由になると解されています。

Ⅵ 社員総会参考書類の書式例

　一般法人法施行規則5条の規定に基づき作成すべき社員総会参考書類の書式例としては、次のようなものが考えられます。

社員総会参考書類の書式例

社員総会参考書類

議案及び参考事項

(法人提案　第1号議案から第5号議案まで)

　第1号議案　平成○年○月○日から平成○年○月○日までの計算書類（財産目録等を含む。）の承認の件
　　　議案の内容は、添付書類に記載のとおりです。

　第2号議案　定款の一部変更の件
　(1)　提案の理由
　　　今後の事業展開に備えるため、目的事業を追加するものです。
　(2)　変更の内容
　　　変更の内容は、次のとおりです。

現行定款	変更案
（事業） 第○条　この法人は、前条の目的を達成するため、次の事業を行う。 (1)　○○○○ 〜 (5)　○○○○ （新設）	**（事業）** 第○条　この法人は、前条の目的を達成するため、次の事業を行う。 (1)　○○○○ 〜 (5)　○○○○ (6)　○○○○

第3号議案　理事○名選任の件

　本定時社員総会の終結の時をもって理事全員（○名）は、任期満了となります。つきましては、理事○名の選任をお願いするものです。

　理事候補者は、次のとおりです。

候補者番号	氏名（生年月日）	略歴、他の法人等の代表状況並びにこの法人における地位及び担当
1	○○○○ （昭和○年○月○日）	
2	○○○○ （昭和○年○月○日）	
以下略		

注　候補者とこの法人との間に特別の利害関係はありません。

第4号議案　監事○名選任の件

　本定時社員総会の終結の時をもって監事全員（○名）は、任期満了となります。つきましては、監事○名の選任をお願いするものであります。なお、本議案につきましては、監事全員の同意を得ております。

　監事候補者は、次のとおりです。

候補者番号	氏名（生年月日）	略歴、他の法人等の代表状況並びにこの法人における地位及び担当
1	○○○○ （昭和○年○月○日）	
以下略		

注　候補者とこの法人との間に特別の利害関係はありません。

第5号議案　退任理事に対する退職手当支給の件

　本定時社員総会の終結の時をもって退任される理事○○○○氏に対しその在任中の労に報いるため、この法人における一定の基準に従い相当額の範囲内で、退職手当を支給いたしたく存じます。なお、その

具体的金額、支給の時期、方法等は理事会に一任願いたいと存じます。

退任理事の略歴は、次のとおりです。

氏　　　名	略　　　歴
○○○○	

(社員〔会員〕提案　第6号議案及び第7号議案)

　第6号議案　定款の一部変更の件

　(1)　提案の内容

　　　(略)

　(2)　提案の理由

　　　(略)

　(3)　理事会の意見

　　　(略)

　　　したがいまして、理事会は本議案には反対いたします。

　第7号議案　理事○名選任の件

　(1)　提案の内容

　　　(略)

　(2)　提案の理由

　　　(略)

　(3)　理事会の意見

　　　(略)

　　　したがいまして、理事会は本議案には反対いたします。

Q017 議決権行使書面

理事会は、社員総会の招集の際、社員総会に出席しない社員（会員）が議決権行使書面により、議決権を行使できる旨を定めることができますが、この議決権行使書面の取扱いにつき、その概要を説明して下さい。また議決権行使書面の書式例も併せて示して下さい。

A017

I　書面による議決権行使の制度

1　議決権行使書面とは

　議決権行使書面とは、社員総会において書面による議決権行使（書面投票）を採用した場合に、当該社員（会員）が議決権を行使するために用いる書面をいいます。議決権行使書面は、社員総会の招集通知に際して社員（会員）に交付されます（法41条1項）が、議決権行使書面に記載すべき事項は、一般法人法施行規則7条に規定されています。

2　定款で定めることの可否

　書面による議決権行使を認めるか否かは、原則として社員総会の招集を決定する者（理事又は理事会）がその都度定めることとされており（法38条1項3号）、書面による議決権行使を認めることを法律上強制されることはありません。

　また、一般法人法の規定に反しない事項については、定款に記載することができること（法12条）から、社員総会の招集の都度書面による議決権行使を認めることは、社員（会員）の議決権行使の方法の選択肢を拡げるものであり、一般法人法38条1項3号の趣旨に反せず、定款に定めることができると解され

Q017 議決権行使書面

ています。

ただし、定款の定めにより、社員総会決議について、書面による議決権行使を社員総会の招集の都度認めることとした場合、理事会(理事会設置一般社団法人の場合)は　社員総会の招集の決定の際、書面による議決権行使について定める必要があると解されます(法38条1項3号、2項)。

Ⅱ　議決権行使書面による議決権の行使

書面による議決権の行使は、社員(会員)が法人から交付された議決権行使書面に必要な事項を記載し、社員総会の日時の直前の業務時間の終了時(法施行規則4条1号ロに掲げる事項についての定めがある場合にあっては、同号ロの特定の時)までに、記載した議決権行使書面を法人に提出して行います(法51条1項、法施行規則8条)。

1　法人から交付された議決権行使書面以外の用紙の使用の可否

通常、議決権行使書面は、はがきの裏に印刷されており、社員(会員)は必要事項を記載した議決権行使書面を、郵送で法人に提出します。

議決権行使書面は、法人から社員総会の招集通知と一緒に社員(会員)に交付されますが(法41条1項)、法人が交付した議決権行使書面を使用させることによって、書面の提出者と社員(会員)との同一性が担保されることになります。

したがって、法人から交付された議決権行使書面以外の書面を使用しても、原則として有効とは認められません。

議決権行使書面によって行使した議決権の数は、社員総会に出席した社員(会員)の議決権の数に算入されます(法51条2項)。

2　議決権行使書面の備置、閲覧、謄写請求

書面による議決権行使として法人に提出された議決権行使書面は、社員総会の日から3か月間、その主たる事務所に備え置かなければなりません(法51条3項)。

社員（会員）は、当該法人の業務時間内は、いつでも、書面による議決権行使として法人に提出された議決権行使書面の閲覧又は謄写の請求をすることができます（法51条4項）。

Ⅲ　議決権行使書面に記載すべき事項

一般法人法41条1項の規定により交付すべき議決権行使書面に記載すべき事項は、㋐各議案についての賛否を記載する欄、㋑議決権の行使の期限、㋒議決権を行使すべき社員（会員）の氏名又は名称、とされています（法施行規則7条）。

1　各議案についての賛否（棄権の欄を設ける場合にあっては、棄権を含む。）を記載する欄（法施行規則7条1号）

まず、議決権行使書面には、各議案についての賛否を記載する欄を設けなければなりません。これは、議案ごとに社員（会員）の意思を的確に反映させるためです。

なお、別に棄権の欄を設けることもできますが（法施行規則7条1号かっこ書）、決議の成否に与える影響は、棄権も反対と同じであるため、棄権の欄を設けることは強制されていませんが、法人の自主的な判断に基づいて、社員（会員）の意思をより正確に反映させるため、棄権の欄を設けることができることを明らかにしているものです。

①　賛否の記載のない場合の取扱い

議決権行使書面については、現実にはこれにつき賛否の記載のないまま、法人に返送されてくる場合があります。

このような場合、1つの考え方として、その議決権行使書面は、無効ないし棄権とみなすことが考えられますが、その結果として定足数を充足せず、決議が成立しないという場面も想定されます。他方では、賛否の記載のない議決権行使書面の提出は、法人に対する信任状の性格を持つものとも考えられています。

一般的には、提案された議案について社員（会員）の態度が賛成とも反対と

Q017　議決権行使書面

も、また棄権とも分からないのである場合は、有効な議決権の行使とは認められないものと解すべきであるとされています。

これに関し、会社法施行規則63条3号ニは、賛否の表示のない議決権行使書面が会社に提出された場合における各議案の賛成、反対又は棄権のいずれかの意思表示があったものとするのかを株主総会の招集に際し決定することを認めています。会社が当該決定をするには、取締役会設置会社においては、株主総会の招集に際しての取締役会で決定することを要し（会社法298条1項5号、同法施行規則63条3号ニ）、決定された事項については、招集通知・議決権行使書面に記載することになります。

ところで、一般法人法施行規則には、会社法施行規則63条3号ニのような規定は設けられていません。そのため、一般社団法人においても、賛否等のいずれの記載のない議決権行使書面の取扱いについては、理事会での社員総会の招集の決定に際し定め、その取扱いの内容を議決権行使書面に記載することが考えられます。

実務上の取扱いは、株式会社において多い取扱いに倣って、法人提案に関しては、賛否の表示がない場合には、賛成の意思表示があったものとし、法人提案に加えて社員（会員）提案がなされている場合には、理事会提案については賛成、社員（会員）提案には反対を指示したものとして扱う旨を記載することになると解されます（大阪地裁平成13年2月28日参照）。

②　2以上の役員等の選任に関する議案を提出する場合、議決権行使書面の記載方法

2以上の役員等の選任に関する議案を提出する場合、議決権行使書面にどのように記載すべきかという問題があります。

この件につき、株式会社の場合、役員等の選任・解任、会計監査人の不再任議案において、その候補者が2名以上であるときは、各候補者についての賛否の意思表示を記載する欄を設けることが要求されています（会社法施行規則66条

1項1号)。これは、多様の候補者について一括して賛否を記入する欄しか設けられないと、株主がその一部を不適任と考えても、全体について賛成又は反対の意思表示を行わなければならないため、株主等の意思が正確に反映されないことになるからです。

　2以上の役員等の選任議案については、本来、候補者ごとに1議案を構成すると考えられていることから、会社法施行規則66条1項1号は、そのような趣旨で設けられているものと解されています。

　一般法人法施行規則7条1号には、会社法施行規則66条1項1号のような規定は設けられていませんが、一般社団法人においても2以上の役員の選任・解任、会計監査人の不再任議案については、各候補者ごとに賛否の意思表示を可能にするような記載方法を採用すべきものと解されます。

　なお、賛否の欄としては候補者一括であったとしても、賛否から除外する候補者を記載できるようになっているのであれば、「各議案についての賛否を記載する欄」を設けたと解することができるとされています。

2　賛否の意思表示が不分明な議決権行使書面の取扱い

　社員(会員)から提出された議決権行使書面が無効と判断された場合には、社員(会員)の議決権行使が認められないこととなるため、有効・無効の判断には慎重な判断が求められます。そのため、賛否の意思表示が不分明な議決権行使書面については、社員(会員)の意思を合理的に判断するという作業が必要になります。

　議決権行使書面上、賛否等の意思表示の判定で実務上問題となりそうな項目には次のようなものがあります。この場合の有効・無効等の判定基準として参考に示します。

Q017　議決権行使書面

【「議決権行使書面」の有効・無効等判定基準】

	項　目	有効	無効	棄権	備　考
1	賛否両方に○印を記入したもの		○		
2	賛否両方に×を記入したもの		○		
3	賛否両方に押印してあるもの		○		
4	賛に○印があり否に×印を記入したもの	○			賛扱い
5	賛に×印があり　否に○印を記入したもの	○			否扱い
6	賛に表示がなく否に×印を記入したもの	○			賛扱い
7	賛に×印があり否に表示のないもの	○			否扱い
8	賛否欄に表示のないもの	○			賛扱い
9	○印以外の表示（△、●、◎など）があり、社員の意思が推定できないもの		○		
10	タイトルが抹消されているもの		○		
11	議案番号が抹消されているもの		○		
12	棄権の意思表示のあるもの	○		○	定足数算入・反対票扱いとする。
13	その他余事記載のあるもの	○			

Ⅳ　議決権行使の期限（法施行規則7条2号）

　議決権行使書面には、議決権行使の期限を記載しなければなりません（法施行規則7条2号）。

　なお、書面による議決権行使の期限は、原則として社員総会の日時の直前の業務時間の終了時ですが（法51条1項、法施行規則8条）、社員総会の招集を決定する際に、書面による議決権の行使の期限を、社員総会の招集通知を発した日から2週間を経過した日以後の任意の時期と定めることもできます（法38条1項5号・法施行規則4条1号ロ）。

V 議決権を行使すべき社員(会員)の氏名又は名称(法施行規則7条3号)

　議決権行使書面には、議決権を行使すべき社員(会員)の氏名又は名称を記載しなければなりません(法施行規則7条3号)。

　なお、一般法人法48条1項ただし書の規定により、定款において社員(会員)の議決権の数について、各1個とは異なる定めをしている場合には、行使できる議決権の数も記載する必要があります(法施行規則7条3号かっこ書き)。

VI 押印のない議決権行使書面の効力

　一般法人法施行規則7条において、議決権行使書面に社員(会員)が押印する欄を設けることは要求されていません。したがって、議決権行使書面には押印する必要はないことになります。それでは、法人から交付された議決権行使書面に押印欄が設けられているが、社員(会員)の押印のない議決権行使書面が法人に提出された場合、有効な書面による議決権の行使があったと解すべきかについては、そもそも議決権行使書面は法人が作成した用紙に社員(会員)が記入し、当該法人に提出されれば社員(会員)の意思に基づくことの事実上の推定が働くので、押印がなくても有効な議決権行使として扱って差し支えないと解されています。

VII 委任状の提出と議決権行使書面との関係

　書面による議決権行使がなされている場合であって、社員総会の当日、有効な委任状に基づき代理人が議決権を行使した場合の取扱いについては、議決権行使書面による議決権行使は、「社員総会に出席しない社員(会員)」について認められていることからすれば(法38条1項3号参照)、議決権行使書面による議決権行使の効力は失われ、委任状を持参した代理人による議決権行使のみ有

効と取り扱うべきものと解されています。

Ⅷ 議決権行使書面の書式例

　一般法人法施行規則7条の規定に基づき法人が作成する議決権行使書面の書式例としては、次のようなものとなります。

議決権行使書面の書式例（社員提案議案がない場合）

議決権行使書面

　　　　　　　　　　　　　　　　　　　　　　　　平成〇年〇月〇日

　　公益（一般）社団法人〇〇協会　御中

　　　　　　　　　　　　　　　　　　住　所

　　　　　　　　　　　　　　　　　　氏　名　〇　〇　〇　〇㊞

　私は、平成〇年〇月〇日開催の一般社団法人〇〇会第〇回定時社員総会の各議案につき、下記(賛否を〇印で表示)のとおり議決権を行使いたします。

記

第1号議案	平成〇年度決算承認の件	賛	否
第2号議案	定款の一部変更の件	賛	否
第3号議案	理事〇名の選任の件		
	〇〇〇〇（理事候補者名）	賛	否
	〇〇〇〇	賛	否
	〜	〜	〜
	〇〇〇〇	賛	否

〔記載上のお願い〕

1　議決権の行使期限について

　　社員総会にご出席いただけない場合には、平成〇年〇月〇日午後〇時までに到着するようご返送下さい。

2　各議案に賛否のない場合の取扱いについて

> 当法人は、上記各議案について賛否のない場合は、賛の表示があったものとしてお取扱いいたします。

(注) 第3号議案につき、理事候補者全員を列記しない場合で、一部の候補者を否とする場合の記載方法について

　この場合の「記載上のお願い」としては、「第3号議案の各候補者のうち、一部の候補者を否とされる場合には、賛に〇印をご表示いただき、その下の余白部分に否とされる候補者の番号（招集通知に添付の社員総会参考書類中、各候補者に一連番号を付してあります。）を記載して下さい。」とします。記載例としては次のとおりです。

記載方法

第3号議案	理事〇名の選任の件	㊙	否
	ただし、候補者のうち〇番を除きます。		

Q018 電磁的方法による議決権行使

社員総会での電磁的方法による議決権行使は、どのような手続等に基づいて行うのですか。これについて、その概要を教えて下さい。

A018

I　電磁的方法による議決権行使（電子投票）の制度

1　意義

　理事会設置一般社団法人は、理事会の決議をもって、電磁的方法による議決権行使（電子投票）を採用することができます（法38条1項4号・2項）。電子投票とは、社員総会に出席しない社員（会員）が、一般社団法人に対してその用いる電磁的方法の種類及び内容を示し、一般社団法人の書面又は電磁的方法による承諾を得て（法施行令2条1項2号）、電磁的方法により議決権行使書面に記載すべき事項を提供して議決権を行使するという投票方法をいいます（法52条1項）。

2　理事会での採用決議

　電子投票制度を採用するための理事会の決議は社員総会の都度行うのが原則ですが、特段の決議がなされない限り、以後の社員総会においても電子投票制度を採用する旨の包括的な決議をすることも可能と解されています。

　なお、この電子投票制度は、議決権行使書面の法人への提出を、電子投票に置き換えるものであるので、法人は電子投票制度と書面投票制度（議決権行使書面による議決権の行使の方法）を併用することもできます。

Ⅱ 社員総会招集通知・社員総会参考書類・議決権行使書の内容たる事項

　法人は、電子投票制度を採用した場合には、その旨を社員総会招集通知に記載又は記録しなければなりません（法39条4項・38条1項4号）。

　また、法人は、電子投票制度を採用した場合、社員（会員）に対し社員総会参考書類を交付しなければなりません（法42条1項）。

　一般法人法39条3項の電磁的方法による通知の承諾をした社員（会員）に対しては、社員総会参考書類の交付に代えて、当該社員総会参考書類に記載すべき事項を電磁的方法により提供することができます（法41条2項本文）。ただし、その場合でも社員（会員）から請求があれば、社員総会参考書類を書面で交付する必要があります（法41条2項ただし書き）。

　法人は、電子投票制度を採用した場合、㋐電磁的方法により社員総会の招集通知を発することを承諾した社員（会員）に対しては、その通知に際して、議決権行使書面に記載すべき事項を電磁的方法により提供しなければならないこと（法42条3項・法施行規則7条）、㋑それ以外の社員（会員）から社員総会の日の1週間前までに議決権行使書面に記載すべき事項の電磁的方法による提供の請求があったときは、直ちに、当該社員（会員）に対し、当該事項を電磁的方法により提供する必要があります（法42条4項）。

Ⅲ 電磁的方法による議決権の行使

1 電磁的方法による議決権の行使の方法

　社員（会員）が電磁的方法による議決権行使を行う場合には、政令で定めるところにより、使用する電磁的方法の種類及び内容を法人に示し、書面又は電磁的方法による承諾を得て行うものとされています（法52条1項、法施行令2条1項2号）。

ここで示すべき電磁的方法の種類及び内容とは、電磁的方法のうちいずれを社員（会員）が用いるのか（法施行規則97条1号）及びファイルへの記録方式です（同条2号）。電磁的方法の種類には、㋐ネットワークを用いるものとして、メールなどによる送信（同条1号イ⑴）、㋑Webサイトなどを経由した受信者のサーバーへの書込み（同条1号イ⑵）の2つがあるほか、㋒情報をディスクに記録してそのディスクを交付する方法（同条1号ロ）があります。

一般社団法人は、社員総会の招集通知の方法につき、電磁的方法によることを承諾している社員（会員）に対しては（法39条3項）、正当な理由がなければ、電磁的方法による議決権の行使の承諾を拒むことはできません（法52条2項）。

この場合、何が正当な理由として認められるかについては、例えば当該社員（会員）から受領したデータがウイルスに感染している場合が挙げられています。

2　電磁的方法による議決権行使の期限

電磁的方法による議決権行使の期限は、原則として「社員総会の日時の直前の業務時間の終了時」とされています（法施行規則9条）。

この「業務時間の終了時」の意義については、書面による議決権行使の場合と同様であると考えられます。

なお、必要があれば、電磁的方法による議決権行使の期限として、「特定の時」を定めることも認められます（法施行規則4条1号ハ）。

3　電磁的方法による議決権行使の効力

①　出席した社員（会員）の議決権の数への算入

電磁的方法により議決権を行使する社員（会員）は、議決権行使期限（法施行規則9条）までに、議決権行使サイト上で賛否を入力することにより、議決権を行使することが可能です。厳密には、議決権行使期限まで議案の賛否等の行使内容が電磁的方法により法人に提供されること（到達主義）が必要ですが、社員（会員）が議決権行使に必要な手続きを終えれば、行使内容は瞬時に法人に到達するような仕組みになっています。電磁的方法により行使された議決権

の数は、書面による議決権行使と同様に、出席社員（会員）の議決権の数として取り扱われます（法52条3項）。

② 委任状（出席）の提出と電磁的方法による議決権行使との関係

電磁的方法による議決権行使ができるのは、「社員総会に出席しない社員（会員）」であるので（法38条1項4号参照）、書面による議決権行使の場合と同様に、社員（会員）は既に電磁的方法による議決権行使を行った場合でも、社員総会に社員（会員）が出席すると電磁的方法による議決権行使の効力は失われると解されています。

これには、社員（会員）が現実に出席した場合だけでなく、代理人を出席させる場合も含まれます。そのため、電磁的方法による議決権行使を行った社員（会員）が委任状を付与した場合は、常に委任状が優先し、電磁的方法による議決権行使の内容にかかわらず委任状に基づく代理人の議決権行使が有効になると解されています。

Ⅳ 電磁的方法による議決権行使に係る記録の備置、閲覧・謄写請求

一般社団法人は、社員総会の日から3か月間、電磁的方法による議決権行使のために社員（会員）から提供された事項を記録した電磁的記録をその主たる事務所に備え置かなければなりません（法52条4項）。

なお、電磁的記録とは「電子的方式、磁気的方式その他人の知覚によって認識することができない方式で作られる記録であって、電子計算機による情報処理の用に供されるものとして法務省で定めるもの」をいい（法10条2項）、具体的には「磁気ディスクその他これに準ずる方法により一定の情報を確実に記録しておくことができる物をもって調製するファイルに情報を記録したもの」とされています（法施行規則89条）。

社員（会員）は、法人の業務時間内であればいつでも、備置きされた電磁的記録に記録された事項を紙面又は映像面に表示したもの（法施行規則91条4号）

の閲覧又は謄写の請求をすることができます（法52条5項）。

閲覧又は謄写の請求を不当に拒絶した場合及び備置義務に違反した場合には、100万円以下の過料に処せられます（法342条4号・8号）。

なお、この制度は社員（会員）の意思に基づかない議決権行使や電磁的方法による議行権行使が採決に正確に反映されないといった瑕疵のある処理を防ぎ、社員総会の決議が適法かつ公正になされることを担保するために設けられています。そのため、備置期間が社員総会決議取消訴訟の提起期間（法266条1項）と同じ3か月間とされています。備置期間がこのように定められていることからすると、備置期間経過後は、法人は閲覧又は謄写の請求に応じる義務はないと解されています。

V 動議に対する取扱い

1 議事進行上の動議

議事進行上の動議の取扱いに関しては、書面による議決権行使の場合と同様に解されています。すなわち、調査者の選任（法55条1項）、延期又は続行の決議（法56条）、会計監査人の出席を求める決議（法109条2項）、あるいは休憩、議長不信任の動議といった議事進行上の動議との関係では、その内容の如何に関わらず欠席扱いにすべきとされ、これに関しては異論はありません。

それは電磁的方法による議決権行使の場合には、当該社員（会員）は議事進行上の動議に参加していないからです。これらの事項は、たとえわずかな出席者のみで決定されようとも、社員（会員）の権利そのものに影響が及ぶ事項ではないから、差し支えないとされています。

2 修正動議

議案を修正する動議については、書面による議決権行使の場合と同様、出席したわずかな社員（会員）によって意思決定がなされる弊害があるので、㋐欠席扱いとする、㋑原案に賛成のものは修正案に反対、原案に反対のものは棄権

と扱う、㋒すべてを棄権として扱う、という考え方があります。

　電磁的方法による議決権を行使した社員（会員）は、修正動議が出された議案について、少なくとも原案につき意思表示をしています。その意味で当該議題の審議に参加しているのであるから、欠席扱いとすることはできないと解されます。

　一般的には、㋑の考え方である原案に賛成のものは修正案に反対、それ以外のものは棄権として扱う処理が行われています。

　これに対して、修正案が分かっていれば賛成するかもしれず、原案賛成だからといって修正案に反対とは限らないので、賛否が不明な点では原案に賛成でも反対でも同じであるとして、㋒のすべてを棄権と扱うべきという考え方が有力です。

　もっとも、㋑又は㋒の説をとっても、電磁的方法による議決権行使は修正案との関係では出席議決件数に含まれ（法52条3項）、賛成には数えられないことになるため、決議の成否との関係では同じということになります。

Q019 社員総会の委任状

社員総会に出席しない社員（会員）が委任状を提出する場合、次の委任状の取扱いについて説明して下さい。

① 委任状に記載する代理人として受任者になってもらう人に知っている社員（会員）がいない場合、誰を受任者（代理人）とすべきでしょうか。

② 社員（会員）から受任者空欄の白紙委任状が提出された場合、この白紙委任状はどのように取り扱うべきでしょうか。

③ 委任状には提出期限を設けることができますか。

④ 押印のない委任状は無効ですか、または有効ですか。

⑤ 委任状の書式には、「各議案について一切の議決権の行使を一任する」という包括委任状のほか、「議案ごとの賛否を問う」形式の委任状がありますが、書式としてはどちらの方が適当でしょうか。また両方の書式例も示して下さい。

A019

I 委任状の委任先は誰か

1 代理人による議決権行使の制度の趣旨

一般法人法50条1項前段は、「社員は、代理人によってその議決権を行使することができる」と規定しています。

議決権行使は、社員（会員）の最も重要な権利ですから、社員（会員）の意

向が適切に社員総会に反映されるよう、社員（会員）自らが社員総会に出席できない場合であっても、代理人に社員総会に出席してもらって議事に参加してもらい、議決権を適切に行使できることとしたのが、この代理人による議決権行使の制度です。

議決権は一身専属的権利ではなく、その性質からして本来代理行使ができるものであることから、本条は、かかる議決権の代理行使が可能であることを確認的に規定しているものです。

2 委任状の委任先が議長・会長である場合

① 委任状の委任先は誰が適当か

委任状の委任先については一般法人法上特別の規定がないので、基本的には委任状の委任先は誰でも構いませんが、身元が明らかで、良識のある人物が適当と考えられます。また社員総会当日には必ず出席できる者であることが必要です。その意味において、常勤の理事や法人事務局の事務局長などを受任者と選ぶことも考えられます。

なお、定款に代理人は合理的な範囲の一定の者とする旨の規定、例えば、「代理人は他の社員（会員）でなければならない」といった規定が設けられている場合には、代理人は当該社員（会員）に限定されることになります。

② 委任状の委任先が議長・会長である場合の取扱い

社員総会における議決権の行使は、本来社員（会員）本人が出席して行うのが原則ですが、実際に社員総会に出席して議決権を行使することは困難である場合も少なくありません。

このような場合、社員総会を欠席する社員（会員）から提出される委任状の中には、委任先として当該社員総会の議長あるいは当該法人の会長が記載されているものがあります。

まず、議長を委任先（受任者）とする委任状については、議長は、議案の審議に当たっては中立的立場でなければならないことから、議長宛の委任状は好

ましくないと解されます。

　次に、会長（社員〔会員〕でなく、社員総会の議長にもならない者）を受任者とする場合には、受任者の行使する議決権は、委任者の議決権であり、受任者の議決権ではないので差し支えないと考えられます。

③　代理人資格を限定する定款規定の効力

　一般法人法は、社員（会員）に対して、代理人により議決権を行使する権利を保障しているため（法50条1項前段）、この権利を制約することは原則として許されません。

　株式会社の場合、株主総会の円滑な運営が妨げられることを防ぐために、定款において、代理人の資格をその株式会社の株主に限る等の制限を設けているところも多くあります。判例においても、これを有効と解しています（最高裁昭和43年11月1日参照）。

　一般社団法人において、定款上代理人に関する制限の定めがある場合であって、かつその制限に合理性が認められる場合には、議決権行使を合理的な限度において制限し、また社員総会への出席を拒むことも許されることになります。

　また、代理人資格を社員（会員）に限定する定款規定が有効であっても、社員（会員）以外の代理人による議決権行使を拒絶できない場合もあることに注意する必要があります。

　例えば、法人社員（会員・県、市、株式会社など）の場合、当該社員（会員）である法人が、その職員を代理人として社員総会に出席させた上、議決権を行使させても、これら職員は上司の命令に服する義務を負い、社員総会が攪乱されるおそれはありません。

　むしろ、法人代表者が自ら社員総会に出席することは不可能な場合も多く、職員による議決権を認めなければ法人社員（会員）が議決権を行使する機会が実質的に失われることになります。

　したがって、法人社員（会員）がその職員に代理権を与えることは原則とし

て許されることになります(最高裁昭和51年12月24日参照)。

なお、代理人による議決権について、代理権(代理人の資格を含む。)を証明する方法、代理人の数その他代理人による議決権の行使に関する事項を定めるとき(定款に当該事項についての定めがある場合を除く。)は、社員総会の招集の決定に当たって、理事会等においてこれらの事項を定めておく必要があります(法38条1項5号、法施行規則4条2号)。

II 受任者空欄の白紙委任状の取扱い

社員(会員)から返送されてくる委任状には、受任者欄が空欄のものが多いことがあります。代理人による議決権行使の制度は、社員(会員)の議決権行使の機会を保障するための制度であることから、社員(会員)の合理的意思に沿う形で、受任者欄が空欄の委任状であってもこれを有効として取り扱い、社員(会員)の議決権行使を保障すべきであると考えられます。

受任者が空欄の委任状については、受任者である社員(会員)としては、委任状を送付した法人の者又は法人が指名した者を受任者とする意思を有していると解するのが合理的意思解釈であると考えられます。そのため、法人宛の受任者空欄の委任状については、社員(会員)の意思としては、法人が指名する者を受任者とする趣旨で委任状を送付したものと解することになります。

なお、受任者空欄の委任状につき、委任者である社員(会員)本人に、法人に受任者の選任を一任する趣旨かどうかその意思を確認すべきであるが、社員(会員)本人の意思が確認できない場合には、一般法人法50条1項後段の書面が不備のため、この委任状は無効であると解する見解があります。しかしながら、受任者空欄の委任状が多い場合、委任者全員の意思確認を行うことは実務的には困難ではないかと思われます。

したがって、このようなことを避けるため、社員総会の招集通知に添付する書類や委任状の書式には、「受任者が空欄の場合には、受任者の決定を当法人

に一任したものとみなします」などと明記しておくことが、実務上適切な方法ではないかと考えられます。

Ⅲ　委任状の提出期限

　一般法人法は、代理人による議決権行使に当たって、代理権を証明する書面（委任状）を一般社団法人に提出しなければならない旨を規定しています（法50条1項後段）が、その提出期限についての規制は存在しません。

　書面による議決権、電磁的方法による議決権行使の場合には、原則として社員総会の日時の直前の業務時間の終了時が期限とされています（法51条1項、52条1項、法施行規則8条、9条）が、これよりも早い時期を定めることができるとされています（法38条1項5号、法施行規則4条1号ロ・ハ）。

　それでは、社員総会当日における事務処理上の都合で、代理権を証明する書面である委任状の提出期限を設けることは、合理的で許される制限と解することができるかという問題があります。

　これについては、議決権行使書面による行使に期限があることから、議決権行使の機会を確保するという同じ目的で認められる委任状についてその提出に期限を設定することは、合理性が認められる場合があるとする考え方があります。

　この考え方は、社員総会の当日、多数の委任状を持ち込まれても、採決の時点までに委任状の有効性の確認ができない可能性があるため、そのようなことが考えられる場合は、法人は「代理権を証明する方法、その他代理人による議決権の行使に関する事項」（法施行規則4条2号）として、議決権行使書面の提出期限と同じタイミングで委任状の提出期限を設定することは認められてしかるべきであるとする見解です。

　しかしながら、代理人による議決権行使（委任状）の場合には、書面による議決権行使等の場合のように提出期限に関する規定が設けられていないのは、代理権に提出する期限を設けることは合理的ではないと解釈されるため、提出

期限についての規定が設けられなかったものと解すべきであるとされています。

したがって、社員総会の招集通知に一定の期限まで委任状を提出するよう記載されていても、その提出期限内に委任状が提出された場合のみ代理人による議決権行使を認めるという取扱いは認められないと解されます。

Ⅳ　押印のない委任状の取扱い

代理人が社員（会員）の議決権を代理行使する場合には、代理権を証明する書面（委任状）を法人に提出することが必要です（法50条1項後段）。

この規定の趣旨については、代理権授与行為を代理権授与者が委任状に署名又は記名押印することによってのみその効力を生ずる書面行為としたものであり、したがって、署名又は記名押印のない委任状による代理権授与は無効であると解されています。

委任状に押印する印鑑については、あらかじめ委任状の書式を、社員総会の招集通知に同封し、その書式を利用して提出するという方法によれば、仮に法人が保有する印影と同じ印影でなくても、社員（会員）から有効な委任があったものとして取り扱うことは可能と考えられます。

押印のない委任状の取扱いについては、社員総会の招集を決定する理事会において定めておくべきものと解されます。

Ⅴ　委任状の書式例

1　定型委任状用紙以外の使用

一般法人法50条1項後段において、「当該社員（会員）又は代理人は、代理権を証明する書面を一般社団法人に提出しなければならない」旨が定められていますが、当該法人が定めた書面を提出しなければならないとはいっていません。

社員（会員）が代理人によって議決権を行使する場合に、一般社団法人が交付した定型委任状用紙による委任状を提出しなければならないとすることは、

原則として認められないと考えられます（東京高裁平成22年11月24日参照）。

2 委任状の書式

委任状の書式や記載事項について、特に法令上の制約はありません。

実務上、⑦白紙委任のタイプのものと、④議案ごとに賛否を記載する欄を設けた書式のものとがあります。

社員（会員）の意思をできる限り忠実に議決に反映させることが望ましいと考えられることから、④の議案ごとに賛否を明らかにして委任するタイプの委任状の方が望ましいと考えられます。

なお、④の委任状であっても、社員総会の場において、手続的動議が提出された場合の対応を明確にする趣旨では、手続的動議については白紙委任とする旨の委任状としておくことがよいと考えられます。

包括委任状（白紙委任状）の書式例

委　任　状

私は、社員（会員）〇〇〇〇を代理人と定め、次の権限を委任します。

平成〇年〇月〇日開催の公益（一般）社団法人〇〇会の第〇回定時社員総会に出席し、議決権を行使する一切の件

平成〇年〇月〇日

　　　　　　　　　　　　　　　社員（会員）住所

　　　　　　　　　　　　　　　社員（会員）氏名　〇〇〇〇　㊞

（注）受任者が空欄の場合には、受任者の決定を当法人に一任したものとみなします。

議案ごとに賛否を明らかにした委任状の書式例

委　任　状

　私は、社員（会員）〇〇〇〇を代理人と定め、下記事項を委任します。
　平成〇年〇月〇日開催の公益（一般）社団法人〇〇会第〇回定時社員総会に出席し、次の議案につき私の指示（〇印で表示）に従って議決権を行使すること。ただし、議案に対し賛否を表示しない場合及び原案に対し修正案が提出された場合は、白紙委任します。

第1号議案	原案に対し	賛	否
第2号議案	原案に対し	賛	否
〜	〜	〜	〜
第〇号議案	原案に対し	賛	否

平成〇年〇月〇日

　　　　　　　　　　　　　社員（会員）住所
　　　　　　　　　　　　　社員（会員）氏名　〇〇〇〇　㊞

（注）受任者が空欄の場合には、受任者の決定を当法人に一任したものとみなします。

法人社員（会員）が職員を社員総会に出席させる場合の委任状の書式例

委　任　状

　私は、下記のものを代理人と定め、平成〇年〇月〇日開催の公益（一般）社団法人〇〇会第〇回定時社員総会において、社員（会員）としての権利を行使することを委任します。
　　　　　　　　　　記
1　役職名　当法人　〇〇部長

```
 2  氏  名  ○○○○


  平成○年○月○日
                          社員（会員）
                          法人名
                          代表者名        ㊞
```

Ⅵ 代理権を証明する書面等の備置き及び閲覧・謄写請求

1 代理権を証明する書面等の備置き

　一般社団法人は、社員総会の日から３か月間、代理権を証明する書面及び電磁的方法により提供された事項が記録された電磁的記録をその主たる事務所に備え置く必要があります（法50条5項）。

　代理人による議決権行使に瑕疵があった場合には、社員総会の決議の方法が法令に違反するものとして、社員総会決議の取消事由となります（法266条1項1号）。したがって、代理権を証明する書面等の備置期間は、社員総会決議取消訴訟を提起することができる期間（社員総会の日から３か月間）と同じ期間とされています。

2 代理権を証明する書面等の閲覧・謄写請求

　社員は、一般社団法人の業務時間内は、いつでも、㋐代理権を証明する書面の閲覧又は謄写の請求、㋑代理権を証明する電磁的に記録された事項を一般法人法施行規則91条3号に定める紙面又は映像面に表示する方法により表示したものの閲覧又は謄写の請求ができます（法50条6項）。

　これにより、後日、社員（会員）は代理権を証明する書面等を確認することができます。

Q020 社員（会員）の議案要領通知請求権の「議案の要領」と記載内容の程度

定時社員総会に議案を提出しようとしている社員（会員）が、社員総会の招集通知に記載を請求できる「議案の要領」とは、どの程度の内容の記載をいうのですか。また、請求時期と請求の相手方、議案要領通知請求権の行使の効果についても説明して下さい。

A020

I 議案の要領の通知請求権

社員（会員）の社員（会員）提案権には、議題提案権（法43条）と議案提案権（法44条）がありますが、このうち、議題提案権が行使された場合には、法人は当該社員（会員）が提案した議題を社員総会招集通知に記載・記録しなければなりません（法39条4項）。

また、理事会設置法人でない一般社団法人において、社員（会員）が自己が議決権を行使することができる議題について議案を提案する場合に、「議案の要領」を招集通知（法39条2項〔書面・電磁的方法によって議決権を行使できる場合〕又は3項〔社員（会員）の承諾を得て電磁的方法により社員総会の招集通知を発する場合〕の通知をする場合にあっては、その通知）に記載・記録することを、社員総会の日の6週間前までに（法45条1項本文）、理事会設置一般社団法人においては総社員（総会員）の議決権の30分の1以上の議決を有する社員（会員）に限り、「議案の要領」を招集通知に記載・記録することを請求することができます（法45条1項ただし書）。

Q020 社員（会員）の議案要領通知請求権の「議案の要領」と記載内容の程度

　このように、一般法人法が社員（会員）の議題提案権及び議案提案権に加え、社員（会員）が提案する議案について、招集通知への「議案の要領」の記載請求権を認めるのは、あらかじめ社員（会員）に通知し、または招集通知に記載・記録させることにより、社員総会の意思決定につき社員（会員）にイニシアティブを与えるとともに、社員（会員）の意見や希望を理事や他の社員（会員）に開示し、アピールする機会を与えるためです。

　なお、判例（東京地裁平成19年6月13日・株式会社に関する事例）は、議案要領通知請求権（会社法305条）の意義について、「株主に対して、議題提案権に加えて株主総会招集通知への議案の要領の記載請求権を認めることによって、提案株主の提案に係る当該議題に関する解決案を会社及び一般株主に予知させ、当該議題に関する事前準備を可能にし、当該議題に関する株主総会における会社の意見開示及び一般株主の実のある議決権行使の機会を確保することにより、提案株主の意見を会社経営に反映させる機会を拡張することができる。」と判示しています。

Ⅱ 「議案の要領」の意味・内容

　一般法人法45条は、社員（会員）が理事に対し「議案の要領」を社員総会の招集通知に記載することを請求することができると規定していますが、書面又は電磁的方法によって議決権を行使することができる方法を採用する場合（法38条1項3号・4号）には、一般法人法施行規則5条において、一般法人法41条1項又は42条1項の規定により交付すべき社員総会参考書類に記載すべき事項が規定されています。

　これに対して、これを採用しない法人については、社員総会参考書類の交付が義務付けられていないので、「議案の要領」としてどの程度の事項を記載すべきかは、条文上は明らかではありません。

　前記判例では、「議案の要領」とは何かにつき、「株主総会の議題に関し、当

該株主が提案する解決案の基本的内容について、会社及び一般株主が理解できる程度の記載をいうものと解すべきである」と判示しています。

そして、「取締役1名選任の件」という議題に関して、株主からAという人物を選任すべき旨の提案があり、事前にその対象者Aの氏名、住所、生年月日、職業・略歴等の通知がなされていたケースで、取締役選任のために必要な基本情報が記載されていれば、「議案の要領」の記載があると判断がされています。

「議案の要領」は、一般社団法人が提出しようとする議題・議案に関するものでも、社員（会員）自身が提出しようとする議題に関するものでも差し支えありません。法人が提出しようとする議題・議案に関するものは、権利を行使する時点においては、社員（会員）は明確に知ることはできないことから、予測して請求することになります。社員（会員）の請求する議案の要領が法人が提出しようとする議案の要領と一致するときは、法人の議案として通知しても差し支えないと解されています。

なお、社員（会員）が議案のみを提出し、「議案の要領」を提出しないときは、議案が簡単で要約の必要がない場合を除き、適法な提案権の行使とはいえないとする考え方があります。これについては、そのことだけでは不適法ということはできず、法人は実質的内容を損なわない範囲で要約することができると解すべきであるとされています。

Ⅲ　通知請求の時期と請求の相手方

社員（会員）が議案要領通知請求権を行使する場合には、その請求は社員総会の日の6週間前までに行使しなければなりません（法45条1項本文）。6週間前の期間は、総会の日から遡って満6週間を意味します。なお、6週間という期間は、定款でこれを下回る期間を定めた場合は、その期間によります（同条1項）。

6週間前又は定款で定めた期間までに請求しなかった場合は、請求は不適法となります。

Q020 社員（会員）の議案要領通知請求権の「議案の要領」と記載内容の程度

　請求の相手方は、理事です（法45条1項本文）が、理事会設置法人においては、代表理事（会長）です（法77条4項）。請求の方式については、一般法人法には規制はないので、定款で書面に限ると定めることは可能と解されています。

Ⅳ　議案要領通知請求権の行使の効果

　社員（会員）から議案要領通知請求権が行使された場合、その「議案の要領」を通知するために、当該議案の要領が社員総会の目的事項に関するものかなどを判断しなければなりません。理事会を設置していない法人にあっては、理事が判断し（法38条1項）、理事会設置法人においては、代表理事（会長）が判断することになると解されます。議題は、理事会が決定するからです（法38条1項2号・2項）。

　請求が適法で、拒絶事由にも該当しない場合は、理事会設置一般社団法人においては、社員（会員）が請求した「議案の要領」を記載・記録した招集通知を発しなければなりません（法45条本文・39条4項・38条1項2号）。

　理事会が社員総会に出席しない社員（会員）が書面又は電磁的方法で議決権を行使できることを定めた場合には、理事は、招集通知に際して、社員（会員）に対して、社員総会参考書類を交付しなければなりません（法41条1項・42条1項）。社員総会参考書類には、社員（会員）が一般法人法45条1項の規定による請求に際して通知した提案の理由がある場合にあっては、当該提案の理由又はその概要を記載しなければなりません（法施行規則5条1項3号）。

　なお、法人が適法な議案要領通知請求権の行使に応じなかった場合には、その議題について招集手続に法令違反（法266条1項1号）があることになるため、当該議題の決議には決議取消事由が存在することになります。

Q021 社員総会（評議員会）の招集手続等に関する検査役の制度

社員総会（評議員会）の招集手続等に関する検査役には、どんな役割がありますか。検査役の選任はどのような手続きで行うのですか。

A021

I 検査役制度の趣旨

　一般法人法は、「一般社団法人又は総社員（総会員）の議決権の30分の1（これを下回る割合を定款で定めた場合にあっては、その割合）以上の議決権を有する社員（会員・一般財団法人又は評議員）は、社員総会（評議員会）に係る招集の手続及び決議の方法を調査させるため、当該社員総会（当該評議員会）に先立ち、裁判所に対し、検査役の選任の申立てをすることができる」と定めています（法46条1項・187条1項）。

　この検査役制度は、専門的知識を有する検査役が社員総会（評議員会）の招集手続・決議方法を調査して、裁判所に報告書を提出させることにより、違法な決議がなされることを防止し、また社員総会（評議員会）の手続きの瑕疵等を原因とする事後的な紛争（法266条1項1号参照）を避け、社員総会（評議員会）の手続きの公正を客観的に確保するための制度です。

　なお、この検査役は、社員（会員・評議員）からの請求により選任された場合でも、検査役は少数社員（会員・評議員）のために調査するものではありません。

Ⅱ　検査役の選任

1　検査役の選任を請求できる者
①　法人
　一般法人法46条1項・187条1項は、一般社団法人及び一般財団法人も検査役の選任の申立てをすることを認めています。社員総会（評議員会）の瑕疵等を原因とする事後的な紛争を避け、またはそのような紛争に備えるために、法人自身が検査役の選任を請求することに対するニーズも十分に考えられることからです。

　法人が申し立てる場合は、理事会設置一般社団法人（一般財団法人）においては、代表理事（会長・理事長）が申し立てることになります（法77条4項・197条）。

②　社員（会員）・評議員
　一般社団法人の社員（会員）が検査役の選任の申立てをすることができるのは、総社員（総会員）の議決権の30分の1（これを下回る割合を定款で定めた場合にあっては、その割合）以上の議決権を有する社員（会員）です（法46条1項）。一般財団法人の場合は、評議員が申立てをすることができます（法187条1項）。

2　裁判所による検査役の選任
　検査役の選任の申立てがあった場合には、裁判所は、これを不適法として却下する場合を除き、検査役を選任しなければなりません（法46条2項・187条2項）。

　「不適法な場合」とは、法人の代表者でない者が申し立てたこと、申立社員（会員）が議決権数要件を充たさないこと、社員総会（評議員会）開催後の申立てであることです。

　検査役選任の申立ての裁判は非訟事件であり、法人の主たる事務所の所在地を管轄する地方裁判所の管轄に属します（法287条1項）。申立てを認容する裁判には、理由を付さなくてよく（法290条2号・293条1号）、検査役選任の申立

ての裁判は決定をもって為し、裁判を受ける者に対する告知をもってその効力を生じます（非訟事件手続法54条、56条2項・3項）。申立てを認容する決定には、不服を申し立てることはできません（法293条1号）。

Ⅲ　検査役の資格・員数・報酬

1　資格・員数

　検査役の資格については、法令上特に規定はありません。しかし、検査役の制度の趣旨から、当該法人の理事、監事、使用人及び顧問弁護士が検査役になったのでは意味がなく、検査役はこれらを兼務できないと解されています。通常は、当該法人と利害関係のない弁護士が選任されています。

　検査役の員数についても、特に規定はありません。裁判所は、適宜1人又は複数の検査役を選任すればよいとされています。

2　報酬

　検査役は、裁判所が選任する法人の臨時機関であり、法人と検査役とは準委任の関係にあると解されています。民法上、準委任は無償が原則ですが（民法656条・648条）、裁判所は、検査役を選任した場合には、法人が当該検査役に対して支払う報酬の額を定めることができます（法46条3項・187条3項）。

　裁判所が検査役の報酬額を決定する場合は、裁判所は当該法人及び報酬を受ける検査役の陳述を聴かなければなりません（法289条2号）。報酬額を決定する裁判には、理由を付さなくてよいとされています（法290条1号・289条2号）。

Ⅳ　検査役の職務・権限

1　調査の対象

　検査役の調査の対象は、社員総会（評議員会）に係る招集の手続き及び決議の方法です（法46条1項・187条1項）。

Q021　社員総会（評議員会）の招集手続等に関する検査役の制度

① 招集手続

招集手続には、理事会における招集決定（法38条2項・181条1項）から招集通知の発送（法36条3項・39条1項・179条3項・182条1項）まで数多くの手続きがあり、これらすべてが調査の対象となります。

これらの手続きが適法になされなかった場合は、社員総会（評議員会）の決議取消しの訴えの取消事由となるからです（法266条1項1号）。

② 決議方法

「決議方法の調査」とは、社員総会（評議員会）において、決議の成否に影響する事項を調査することであり、社員総会（評議員会）の開会、議事運営、決議、そして閉会に至る手続きの全過程が調査の対象となります。

一般社団法人の場合には、㋐社員総会出席社員（会員）・代理人の資格（法49条・50条1項）、㋑返送された委任状、議決権行使書面の取扱い（法51条1項、2項・52条1項〜3項、法施行規則7条）、㋒社員（会員）提案権の取扱い（法43条〜45条）、㋓理事等の説明義務の履行の状況（法53条）、㋔定足数及び決議の成立に必要な賛成数（法49条1項、2項）、㋕社員総会で決議できる事項（法49条3項）などがあります。

一般財団法人の場合には、㋐評議員提案権の取扱い（法184条〜186条）、㋑理事等の説明義務の履行の状況（法190条）、㋒定足数及び決議の成立に必要な賛成数（法189条1項、2項）、㋓評議員会で決議できる事項（法189条4項）などがあります。

2　権限

検査役がその職務を遂行するために有する権限については、特に規定が設けられていません。検査役は、社員総会（評議員会）に係る招集の手続き及び決議の方法について必要な調査を行わなければならないことから（法46条1項・4項、187条1項・4項）、当然に社員総会場（評議員会場）に入ることができ、しかるべき場所を確保することができます。また、社員総会場（評議員会場）

に出席することが検査役の義務ともなります。

　検査役は、その義務を履行するために補助者を使用することができ、必要があるときは、社員総会（評議員会）議長に補助者の入場を要請できます。

　検査役は、調査のために必要があるときは、社員（会員）名簿（一般社団法人の場合）、評議員名簿（一般財団法人の場合）などを調査することができますが、招集手続・決議方法の調査に関係のない法人の帳簿・書類を調査することはできません。理事会の議事録の閲覧・謄写（法97条2項・197条）は、理事会の招集の決議があったか否かを確認するために、請求することができます。

　検査役は、社員総会（評議員会）において、議長又は社員（会員・評議員）の質問に対して調査の結果及び自己の法的判断を説明する義務を負いません。検査役は、調査の結果を裁判所に報告し、報告の写しを選任を請求した法人及び社員（会員・評議員）に交付する義務を負っているに過ぎないからです（法46条4項～6項・187条4項～6項）。

V　裁判所に対する報告

　検査役は、調査の後、調査結果を記載・記録した書面又は電磁的記録を裁判所に提供して報告をしなければなりません（法46条4項・187条4項、法施行規則94条）。

　また、検査役は、裁判所に対し報告をしたときは、法人に対し、社員（会員）が検査役の選任の申立てをした場合には法人及び申立社員（申立会員・評議員）に対し、報告の書面の写しを交付し、または報告が電磁的記録に記録されている場合は、記録された事項を提供しなければなりません（法46条6項・187条6項、法施行規則95条）。

　裁判所は、検査役の報告について、その内容を明瞭にし、またはその根拠を確認するため必要があると認めるときは、検査役に対し、更に報告を求めることができます（法46条5項・187条5項）。

Q021 社員総会（評議員会）の招集手続等に関する検査役の制度

Ⅵ 裁判所による社員総会（評議員会）招集等の決定

1 裁判所の命令

　裁判所は、検査役の報告があった場合において、必要があると認めるときは、理事に対し、㋐一定の期間内に社員総会（評議員会）を招集すること、㋑検査役の調査の結果を社員（会員・評議員）に通知することの全部又は一部を、命じなければなりません（法47条1項・188条1項）。

　なお、「必要があると認めるとき」というのは、㋐の場合には、調査対象である社員総会（評議員会）の手続きや決議の方法に瑕疵があり、裁判所が法人をして早期に決議のやり直し等の是正措置を講じさせることを相当と判断したときで、㋑の場合には、社員総会（評議員会）決議に瑕疵はないが一般の社員（会員・評議員）にもそのような事実関係を知らせるべき場合や、瑕疵はあるがその対応を社員（会員・評議員）に委ねるのが相当と判断したときが考えられます。

　調査結果の通知を受けて、社員総会（評議員会）の招集手続又は決議の方法に瑕疵があると判断した社員（会員・評議員）は、社員総会（評議員会）決議取消しの訴え（法266条1項）又は社員総会（評議員会）決議不存在確認の訴え（法265条）を提起できることになります。

　しかし、裁判所が一定の期間内に社員総会（評議員会）を招集することを命じる必要があるのは、検査役の調査対象の社員総会（評議員会）決議に取消事由又は不存在事由があると判断し、決議取消しの訴え又は決議不存在確認の訴えが提起される前に、法人にその是正措置を講じさせることが妥当な場合です。

　裁判所の社員総会（評議員会）招集命令が発せられたときは、社員総会（評議員会）の招集者である理事は、理事会の決議の有無に関わらず一定の期間内に社員総会（評議員会）を招集しなければならず、命令に違反して社員総会（評議員会）を招集しなかったときは、過料に処せられます（法342条9号）。

なお、この場合において、議題について理事会の決議を必要とするかについては、再決議であるから必要としないとする見解が一般的であろうと考えます。

2　理事の社員総会（評議員会）における開示・報告

　裁判所が一定期間内に社員総会（評議員会）を招集することを命じた場合には、理事は、検査役の裁判所への報告の内容をその社員総会（評議員会）において開示しなければなりません（法47条2項・188条2項）。開示を怠ると、理事は過料に処せられます（法342条3号）。監事設置一般社団法人・一般財団法人においては理事及び監事は、検査役の報告の内容を調査し、その結果を招集を命じられた社員総会（評議員会）に報告しなければなりません（法47条3項・188条3項）。

　報告の具体的内容は特に規定されていませんが、決議の瑕疵の存否及び再決議の要否について報告することになると解されます。

Q022 社員（会員）によって議決権の数に差を設けることの可否

社員（会員）が有する原則各1個の議決権は、どういう条件の場合に議決権数の変更が認められますか。公益社団法人の場合でも認められますか。

A022

I 一般社団法人の場合

1 議決権の平等の原則

　一般法人法48条1項は、「社員（会員）は、各1個の議決権を有する。ただし、定款で別段の定めをすることを妨げない」と規定しています。これと同じような規定が改正前民法65条に定められています（「各社員〔会員〕の表決権は、平等とする〔1項〕。総会に出席しない社員〔会員〕は、書面で、または代理人によって表決をすることができる〔2項〕。前2項の規定は、定款に別段の定めがある場合には適用しない〔3項〕」）。

　社員（会員）は、一般社団法人の構成員であり、議決権の行使を通じて法人の運営に参画する者であることから、一般法人法48条1項本文は、各社員（会員）が平等に議決権を有することを原則とする趣旨であることを明らかにしているものです。

　この点、資本団体たる株式会社の株主の議決権の数が1株につき1個とされている（会社法308条1項本文）のとは著しく異なっています。

2 会費等の納入額の多募により議決権数に差を設けること

　一般社団法人は、様々な団体に幅広く法人格を付与する制度であって、その

中には、様々な個性を有する団体があり得ることから、定款で団体の個性に応じた別段の定めを設けることを許容しています（法48条1項ただし書）。例えば、法人の活動に対する貢献度に応じて議決権を付与すること、会費などの経済的な負担に応じて議決権を付与すること等が考えられます。

　社員（会員）によって付与する議決権数を変える（増加）場合、定款の定めが必要となります（法48条1項ただし書）が、一般法人法に違反する定めや公序良俗に反する定めは認められません（法12条・民法90条）。また、社員総会において、決議をする事項の全部につき社員（会員）が議決権を行使することができない旨の定款の定めは、その効力は認められません（法48条2項）。

　社員（会員）により議決権の数に関して差を設けることには、合理的理由が必要となりますが、出資や会費に応じて議決権数を変えること、一般社団法人である社員（会員）について構成員の数に応じて議決権数を変えることは、一般的に認められると解されます。

　なお、改正前民法に基づく社団法人において、定款で議決権に差別を設ける場合は、会費の多募に比例させている例が多かったようです。法人によって出資会員制を採っていた場合には、非出資会員は年会費だけであるので議決権は1個、出資会員の場合には出資1口（例えば、出資1口の金額10万円）につき議決権を有するという扱いをしている規定例もありました。ただし、この場合には、1出資会員の議決権数が議決権総数の一定率（例えば4分の1、10分の1など）を超えるときは、当該出資会員の議決権数は議決権総数の当該一定率までとするというような制限規定を設けているのが一般的です。

　定款の定めにより議決権の数に関して差を設ける場合には、多数の議決権を有する一部社員（会員）に法人の運営権が移り、法人の性格が当該社員（会員）の私益的なものになる危険性があることから、上記のように1社員（会員）の議決権総数の占める割合を一定率以下に制限するような措置が必要と考えられます。

Ⅱ 公益社団法人の場合

1 公益法人認定法において社員(会員)に対する平等な取扱いの定め

公益社団法人における社員(会員)の議決権の数等の取扱いに関し、公益法人認定法5条14号ロは次のように定めています。

「社員総会において行使できる議決権の数、議決権を行使することができる事項、議決権の行使の条件その他の社員(会員)の議決権に関する定款の定めがある場合には、その定めが次のいずれにも該当するものであること。

① 社員(会員)の議決権に関して、当該法人の目的に照らし、不当に差別的な取扱いをしないものであること

② 社員(会員)の議決権に関して、社員(会員)が当該法人に対して提供した金銭その他の財産の価額に応じて異なる取扱いを行わないものであること。」

2 社員(会員)が有する議決権に不当に差別的な差異を設けること

社員(会員)が有する議決権は原則各1個であり、定款に別段の定めをした場合には、議決権に差異を設けることも許容されています(法48条1項)。しかし、法人の目的に照らし、何ら合理的な関連性、必要性がない場合にもかかわらず、社員(会員)が有する議決権について不当に差別的な取扱いをすることは、社員(会員)資格の得喪に関して不当に差別的な条件を付するのと何ら変わりがなく、そのため議決権行使の結果が一定の傾向を有することで、当該法人が、不特定かつ多数の者の利益の増進に寄与するという公益法人本来の目的に反した業務運営を行うおそれが生じることから、公益社団法人の場合には認められません(認定法5条14号ロ(1)・FAQ問Ⅳ3-(2)-①:1)。

3 出資や会費に応じた議決権の数の変更

社員(会員)が当該法人に対して提供した財産の価額に応じて、当該社員(会員)が有する議決権について異なる取扱いを行うことも、資力を有する一

部の社員(会員)によって社員総会の運営が恣意的になされるおそれが大きくなることから、社員(会員)が法人に対して提供した金銭その他の財産の価額に応じて議決権について異なる取扱いをすることは認められません(認定法5条14号ロ(2)・FAQ問Ⅳ3－(2)－①：2)。

4 社員(会員)が一般社団法人などの社団法人である場合に、社員(会員)の議決権に差を設けることは認められるか

都道府県単位で組織した法人のみを社員(会員)とする全国団体が、社員(会員)である都道府県単位の社団法人等に加入する社員(会員)の数によって議決権数に差異を設けることが認められるかです。

しかし、このような場合にあっては、構成員の多い一部法人社員(会員)によって社員総会の運営が恣意的に行われるおそれが大きくなるとの考え方もあり得るため、社団法人である社員(会員)について、構成員の数に応じて議決権の数を変えることは認められないと考えられます(FAQ問Ⅳ－3－(2)－①：3参照)。

Q023 社員総会（評議員会）の権限と理事会への委任

一般法人の定款において、「事業計画書及び収支予算書については、理事会の決議を経て、社員総会（評議員会）の承認を受けなければならない。これを変更する場合も、同様とする」と定められている場合、補正予算の編成が必要なとき、一定金額以下の補正の場合に限り、社員総会（評議員会）の決議により理事会に委任することは可能でしょうか。なお、事業計画書、収支予算書については、必ず社員総会（評議員会）の承認事項としなければならないのでしょうか。また公益法人の事業計画書等についてはどのようになっているか説明して下さい。

A023

I　一般法人法と事業計画・収支予算との関係

1　一般法人法90条4項柱書きの「その他の重要な業務執行」の意義

理事会決議が必要な重要な業務執行については、一般法人法90条4項（法197条）にその行為類型が列挙されていますが、これは「例示的列挙」であり、「限定的列挙」ではありません。同項柱書きの「その他の重要な業務執行」は、法人が行う事業に関する事務処理のうち、同項1号から6号までに例示した以外の事項であって、これらと同程度の重要性を有する事項を指しています。

何が「その他の重要な業務執行」に該当するかの判断基準は、明確ではありません。「重要な」とは、法人の事業運営に重大な影響を与えるということであり、その事項の決定如何によって、法人の財産、事業継続等法人運営を大き

く左右する程度のものであるということになります。

　どの程度の事項がこの「重要な」に当たるかは当該法人の事業規模、業種等によって異なることから、これについては理事会運営規則等で具体的な判断基準を定めておく必要があります。

2　事業計画・収支予算と「その他の重要な業務執行」との関係

　一般法人（一般社団法人・一般財団法人）が理事会の決議を要する「その他の重要な業務執行」の中には、当該法人の㋐年間事業計画の策定・変更、㋑年間収支予算の決定・変更が含まれます。

3　事業計画書等と定款等への規定

①　理事会の承認事項とされている場合

　法人が当該事業年度の事業計画書、収支予算書（以下「事業計画書等」という。）につき、理事会の承認を経ることとしている場合、一般的にこれを定款に規定することとしています。例えば「この法人の事業計画書及び収支予算書については、毎事業年度開始の日の前日までに、代表理事（会長・理事長）が作成し、理事会の承認を受けなければならない。これを変更する場合も、同様とする。」と規定します。

　しかし、一般法人の場合にあっては、事業計画書等に関する理事会承認につき定款にこれを規定していない法人もあります。その場合には、理事会運営規則等に規定しておくことが適当と考えられます。

②　社員総会（評議員会）の承認事項とされている場合

　次に、事業計画書等の理事会承認に代えて、定款において社員総会（評議員会）の承認事項として規定している法人もあります。本来的には、事業計画書の策定・収支予算書の決定は理事会の決議事項ですが（法90条4項柱書き・197条）、定款で定めれば社員総会（評議員会）の決議事項とすることもできます（法35条2項・178条2項）。

　この場合の定款の規定形式としては、例えば、「この法人の事業計画書及び

Q023 社員総会（評議員会）の権限と理事会への委任

収支予算書については、毎事業年度開始の日の前日までに、代表理事（会長・理事長）が作成し、理事会の決議を経て、社員総会（評議員会）の承認を受けなければならない。これを変更する場合も、同様とする。」と規定されています。設問の定款の規定例です。

毎事業年度の事業計画書等については、当該事業年度の開始の日の前日（事業年度が４月１日から始まる場合には、３月31日）までに社員総会（評議員会）の承認を経ることが必要となります（臨時社員総会〔臨時評議員会〕の招集が必要）。

改正前民法における社団法人にあっては、多くの場合５月又は６月に招集される通常総会（改正前民法60条）で当該事業年度の事業計画書等が承認されていました。

一般法人法との関係においては、定款で事業計画書等を毎事業年度開始の日の前日までに定めるか、または事業年度開始後の定時社員総会（定時評議員会）で承認するかは、当該法人の自由であると解されます。しかしながら、この場合には、事業計画書等が定時社員総会（定時評議員会）で承認されるまでは、前年度予算に準じて執行ができる旨の定款の規定を設けておくことが必要であると解されます。

4 補正予算に関する権限の理事会への委任

事業計画書等の承認が社員総会（評議員会）の権限とされている場合、「これを変更する場合も、同様とする」と定款に規定されているのが一般的です。

このような定款の規定のもとで、一定金額以下の補正の場合に、あらかじめ社員総会（評議員会）の決議により、これを理事会に委任することができるかという問題があります。もちろん定款において「前項の規定にかかわらず、収支予算を変更する必要が生じたときは、理事会の承認を経て変更することができる」と規定されている場合は、理事会の決議で補正の処理ができます。

補正を必要とする金額が当初の予算総額に占める割合がどの程度であれば認められるかですが、例えば１％未満であるならば、定款の定める社員総会（評

議員会）の権限を奪うことにはならず、定款違反とはならないと解することができると考えられます。

Ⅱ　公益法人における事業計画書等の承認の手続き

1　公益法人認定法に定める事業計画書等の作成・備置き

　公益法人認定法21条1項は、「公益法人は、毎事業年度開始の日の前日までに（公益認定を受けた日の属する事業年度にあっては、当該公益認定を受けた後遅滞なく）、内閣府令で定めるところにより、当該事業年度の事業計画書、収支予算書その他の内閣府令で定める書類を作成し、当該事業年度の末日までの間、当該書類をその主たる事務所に、その写しをその従たる事務所に備え置かなければならない。」と規定しています。なお、内閣府令により事業計画書、収支予算書以外に作成する書類は、「資金調達及び設備投資の見込みを記載した書類」をいいます（認定法施行規則27条3号）。

　このため、公益法人が作成する事業計画書等については、公益法人認定法21条1項によって当該法人の事業年度の開始の日の前日まで（4月1日から始まる事業年度の場合には、3月31日まで）に、定款所定の機関の承認手続を経ることが必要となります。

　この場合、どの機関の承認を経るかについては、定款において、公益社団法人にあっては理事会又は社員総会、公益財団法人にあっては理事会又は評議員会を承認機関として定めることになります（認定法施行規則37条）。

　このように、公益法人が作成しなければならない事業計画書等については、一般法人の場合と異なり、必ず事業年度開始の日の前日までに定款所定の機関の承認が必要となるため、社員総会・評議員会を承認機関とした場合には、臨時社員総会・臨時評議員会の招集が避けられないことになります。

2　事業計画書類等の行政庁への提出

　定款所定の機関の承認を経た事業計画書等は、当該機関の承認を受けたこと

を証する書類（社員総会議事録・評議員会議事録、理事会議事録）を添付して、毎事業年度開始の日の前日までに関係行政庁に提出しなければなりません（認定法22条1項かっこ書き・認定法施行規則37条）。

公益法人の中には、事業計画書等につき公益法人認定法21条1項を遵守しないで、事業年度開始後になって作成しているところがあります（地震等による大災害があった場合は除く。）。公益法人が実施する事業については、特別の事情がない限り毎事業年度そんなに変化することはないことから、法令・定款を遵守しなければなりません。

3　社員総会（評議員会）を事業計画書等の承認機関とした場合の問題点

公益法人が事業計画書等の機関承認につき定款で、「この法人の事業計画書、収支予算書、資金調達及び設備投資の見込みを記載した書類については、毎事業年度の開始の日の前日までに、代表理事（会長・理事長）が作成し、理事会の決議を経て、社員総会（評議員会）の承認を受けなければならない。これを変更する場合も、同様とする。」と規定している場合、以下のような問題があると考えられます。

①　臨時社員総会（臨時評議員会）の招集の必要性

法人の事業年度が「4月1日から翌年の3月31日まで」とされている場合には、理事会の開催に併せて、臨時社員総会（臨時評議員会）の招集が必要となります。

公益社団法人の場合、社員（会員）の数が多い法人にあっては、臨時社員総会の招集は実際には困難と考えられます。

また、公益財団法人で評議員の多くが関係地方公共団体の現職公務員で構成されているような場合には、地方議会の開催の時期等の関係で、出席が難しいことが多いと考えられます。

したがって、事業計画書等の承認機関として、社員総会（評議員会）を位置付ける場合には、この点についての配慮が必要になると解されます。

② 補正予算への対応の困難性

　年度の途中で当初の予算を変更する必要がある場合、定款の規定に従い社員総会（評議員会）の承認が必要となります。公益財団法人の場合は、日程の調整ができれば、臨時評議員会の開催はそんなに困難なことではないと思われます。

　しかし、社員（会員）の多い公益社団法人の場合には、臨時社員総会の招集には事務的に多くの経費、労力等を要することから、非常に困難が伴います。他方、社員総会を開催しないで「社員総会の決議の省略」（法58条1項）で承認を経ることも可能ですが、社員（会員）全員の同意が条件とされているため、この手続きにより承認を経ることもなかなか難しい面があります。

③ 事業計画書等の承認機関を理事会とする場合との関係

　定款において、事業計画書等の承認機関を理事会と定めている場合であっても、社員（会員）・評議員にも事業計画書等の内容を理解してもらう必要があると判断するときは、事業計画書等についての報告を社員総会（評議員会）で行う旨を定款で規定している場合には、社員総会（評議員会）の報告事項とすることもできます。

　事業計画書等の承認をどうしても社員総会（評議員会）としなければならない特別の事情がある場合は別として、これを理事会での決議事項として行うことの方が、効率的かつ合理的であると解されます。

Q024 社員総会と質問状

定時社員総会の招集日の前に、一部の社員（会員）から質問状が提出された場合、この質問状についてはどのように取り扱うべきでしょうか。

A024

I 社員総会における役員の説明義務

　一般法人法53条本文は、「理事（監事設置一般社団法人にあっては、理事及び監事）は、社員総会において、社員から特定の事項について説明を求められた場合には、当該事項について必要な説明をしなければならない。」と規定しています。

　社員総会において理事が説明義務を負うのは、決議事項については議案の提案者だからであるとともに（法38条1項2号・5号、2項、法施行規則4条1号イ、5条1項1号・2号）、報告事項（事業報告）、計算書類についてもその作成者であり、受任者として報告義務を負っているからです（法64条・民法645条）。

　一方、監事については議案の提案者ではありませんが（ただし、法72条2項、73条2項参照）、監査報告についてはその作成者であり、受任者として報告義務を負っていることから（法64条、民法645条。このほか、監事は、社員総会に提出された議案・書類につき法令・定款違反や著しく不当な事項があると認めるときも、報告義務を負います。法102条参照）、やはりこれらの報告につき説明義務を負います。

Ⅱ　事前質問状への対応

1　事前質問状制度

　一般法人法において、事前質問状は、次のように位置付けられています。

　社員総会において社員（会員）から特定の事項について説明を求められた場合は、役員は必要な説明をする必要がありますが（法53条本文・説明義務）、一方で、正当な理由がある場合として法務省令で定める場合には、説明を拒否することができます（法53条ただし書、法施行規則10条1号）。

　この法務省令で定める場合の1つが、「社員（会員）が説明を求めた事項について説明をするために調査をすることが必要である場合」（法施行規則10条1号）です。

　ただし「当該社員（会員）が社員総会の日より相当の期間前に当該事項を一般社団法人に対して通知した場合」、すなわち、事前質問状を送付した場合には、この説明拒絶理由に基づく拒絶は認められないとしています（同規則10条1号イ）。このように、事前質問状は、いわば説明義務の原則に対する「例外の例外」（つまり原則どおり）という位置付けとなっています。

　事前質問状というのは、いつまでに出さなければならないというルールはありません。その事項を調査するために必要な時間だけ以前に出されていたか、という問題です。質問事項によって異なります。十分な時間をおいていなければ、やはり調査を要することを理由に説明を拒否できます。

2　事前質問状に対する対応のポイント

①　事前質問状は、それ自体では質問ではないこと

　役員の説明義務は、社員総会において説明を求められて初めて生じ、社員（会員）は質問状を提出しても、社員総会において質問をしない限り、役員はこれについて説明をする必要はありません（最高裁昭和61年9月25日参照）。

　事前質問状それ自体には、社員総会における質問と同視されるような法的効

果は与えられていません（東京地裁平成10年4月28日参照）。もっとも、任意に説明することは法人の自由です。

② **事前質問状を出したからといって、説明義務一般の範囲（裏を返すと説明拒否事由）が変わるわけではないこと**

　事前質問状は、あくまでも本来役員の説明義務のある事項について、「調査をすることが必要」という理由で拒否することができない旨の法的効果が与えられたにとどまります（法53条ただし書の委任を受けた法施行規則10条1号イが既にそのような構造になっています。）。

　したがって、事前質問状に書かれた事柄でも、一般法人法53条ただし書・一般法人法施行規則10条各号にあるとおり、社員総会の目的である事項に関しない質問や、説明をすることにより社員の共同の利益を著しく害する質問等については、全く回答の必要はないことになります。

③ **事前質問状への最も有効な対応策として「一括回答」を活用すること**

　事前に質問状が提出されている場合において、説明義務者が社員（会員）からの具体的な質問を待つことなく、議事の冒頭で一括して説明する一括回答方式を採用するか否かは、社員総会の運営方法の当否の問題として法人側に判断を委ねられています。

　一般的に、事前質問状を提出してくる社員（会員）は、問題社員（会員）が多いと思われますが、質問状の回答に相当する説明を事前に一括して行っておけば、実際に質問がなされた場合には、「先程の一括回答で説明したとおりです」という回答で対応することも可能となります。

Q025 社員総会における常習質問者の取扱い

定時社員総会に出席される社員（会員）の中に、毎年のように当該社員総会に提案されている議案や報告事項に関係のない発言をする者がいる場合、これについてはどのように対応すべきでしょうか。

A025

I 社員（会員）の質問権と質問マニア

1 社員（会員）の質問権の範囲

業界団体の定時社員総会では、毎回のように特定の社員（会員）から当該総会の議案や報告事項と全く関係ないことに質問がされることがあります。

一般法人法53条本文において「理事・監事（監事設置一般社団法人の場合）は、社員総会において、社員から特定の事項について説明を求められた場合には、当該事項について必要な説明をしなければならない」と規定されています。

また、同条ただし書には、「当該事項が社員総会の目的である事項に関しないものである場合、その説明をすることにより社員の共同の利益を著しく害する場合その他正当な理由がある場合として法務省令で定める場合は、この限りではない。」と定められています。

社員（会員）の質問権は、社員総会を構成する社員（会員）が社員総会に出席して決議に加わる権利（総会参与権）の1つであり、その意味において一般法人法53条は、議題に関する質疑応答の機会を保障するという会議体の一般原則を規定したに過ぎず、社員（会員）に特別の情報公開請求権を付与したものではありません。

このことは、社員（会員）の質問権が社員総会の権限として定められた事項（法35条）の範囲内でのみ認められることを示しています。したがって、社員総会の決議事項に属さない一般政治的・社会的な問題、仮定の質問、法律的な議論にわたる質問、特別の取引に関する質問などについては認められないのは当然と言えます。のみならず、個々の社員総会における質問権は、あくまで「個々の社員総会の権限」に属する招集通知に記載され、適法に当該社員総会の議題とされた社員総会の目的である事項（議題）に関連する事項に対してのみ認められるにとどまります。

なお、ここでいう「社員総会の目的である事項（議題）」とは、決議事項のみならず報告事項も含まれます。

2 議題との関連性

定時社員総会では、事業報告、計算書類等が報告・承認事項とされていることとの関係上、当該社員総会の目的事項に関連する事項の範囲は決して狭くありません。例えば、法人の事業運営方針に関する質問、資金調達の予定、合併計画等の質問であっても、質問の趣旨如何によっては、具体的な議題と関連する場合も十分ありうることです。また、決議事項として、役員の選任案件であれば、一見プライベートな事項に見えても、形式的には役員の資質の問題として議題に関連しうると考えられます。

Ⅱ 議長の議事整理権・秩序維持権との関係

一般法人法54条1項は、「社員総会の議長は、当該社員総会の秩序を維持し、議事を整理する。」と定めています。

議長の職責は、社員総会における審議を適法かつ公正に行い、合理的な時間内に効率的に議事を進めることにあります。そのために、議長には社員総会の秩序を維持し、議事を整理する権限が認められるのです。

社員総会の議題の審議状況と質問者の数及び発言の時間などは、議長が総合

的に勘案し、議長権限で決定します。

　設問のように、毎定時社員総合において議案と関係ない発言をする社員（会員）が、今回も社員総会に出席する旨の出席回答が来ている場合には、議案の審議に先立ち、議長から「本日の社員総会の目的である事項の範囲に含まれない事項については、発言ができませんので注意して下さい」などと、事前に発言しておくことも必要と考えられます。

　社員総会において、毎年質問希望者が多い場合には、議長には、議事整理権に基づき、各社員（会員）の質問数や質問時間を合理的な範囲で制限することが認められます。

　当該社員総会の目的である事項と関係のない発言があった場合には、議長は当該社員（会員）に注意し、発言を制限する対応が必要となります。

Ⅲ　議長の退場命令権の行使による対応

　一般法人法54条2項に基づき、社員総会の議長は議事を混乱させ、社員総会の秩序を乱す者に対しては、必要に応じ退場命令を発することができますが、「議長の命令に従わない者」、「社員総会の秩序を乱す者」に対して退場させることができます（法54条2項）。したがって、命令に従わない者については勿論のこと、その他によって社員総会の秩序を乱す者に対して退場を命ずることを認めています。

　しかし、議長の退場命令は、これによってその者は社員総会への出席権とともに発言権、議決権も奪われることになるため、相当に重い処分であり、厳正な対応が求められます。

　当該社員総会の議案と関係のない発言を繰り返す社員（会員）に対しては、まず発言禁止の措置をとるべきです。それでもなお同様の発言が繰り返され、社員総会の議事進行が妨げられる場合には、退場命令の発令について警告し、それでもなお同様の発言を繰り返した場合に、退場命令を発することができる

Q025 社員総会における常習質問者の取扱い

と解されます。

　社員（会員）が議長から退場命令を受け、議場外へ排除された場合、当該社員総会のその後の決議に参加することはできないことになりますが、議決権行使の機会を剥奪されるという状況は、退場命令の原因となる行為を行った社員（会員）が、自ら招いた行為といえます。議長が適法に社員（会員）に対して退場を命じた場合には、当該社員（会員）は、かかる命令を議長から取り消されない限り、当該社員総会に出席することはできません。したがって、社員（会員）が議決権行使の機会が剥奪されたことは、決議の取消原因にはならないと解されています。

Q 026 社員総会(評議員会)における延期又は続行の決議

一般法人法56条、192条には社員総会・評議員会に関する延期又は続行につき規定が定められていますが、具体的にはどういう状態になったときに行使される手続きなのでしょうか。ご教示下さい。

A 026

Ⅰ 延期・続行の意義

　一般法人法は、社員総会・評議員会においてその延期又は続行について決議があった場合には、第38条及び第39条・第181条及び第182条の規定は、適用しないと規定しています(法56条・192条)。

1 延期

　「延期」とは、一般に当該社員総会・当該評議員会を開催するよりも前の時点でその開催に支障が生じた場合、あらかじめ当該社員総会・評議員会の開催を中止し、後日、同一議題について社員総会・評議員会を開催することをいいます。この延期を選択すべきケースとしては、社員総会・評議員会の開催日の数日前に法人・法人関係者などに異常な事態が発生したような場合が考えられます。

2 続行

　「続行」とは、一般に当該社員総会・当該評議員会開催中に決議を行うのに支障が生じた場合、同一議題について後日開催される社員総会・評議員会において継続して審議を行うことをいいます。

Q026 社員総会（評議員会）における延期又は続行の決議

続行を選択すべきケースとしては、審議があまりにも紛糾して決議に至るには時間が足りないようなケースなどが考えられます。

Ⅱ　延期・続行の決議の手続き

1　延期・続行の決議内容

　延期・続行は、社員総会・評議員会の決議によることを要し、議長の独断による延期・続行の宣言のみではその効力は生じません（東京地裁昭和38年12月5日参照）。議事に入らず開催日を後日に変更する延期の場合であっても、社員総会・評議員会の開会が必要となります。延期・続行の決議は、一種の議事運営に関する決議ですから、社員総会・評議員会に出席した社員（会員）・評議員のみによって決定することになります。社員総会の場合にあっては、委任状に基づき代理人が出席している場合、当該代理人は、延期・続行の可否の決定に参加できますが、法人に提出されている議決権行使書面及び提供されている電磁的方法による議決権行使は、上記の開催の可否の決定に際しては、賛否のいずれにも算入することはできません。

　社員総会・評議員会が延期・続行の決議を行う場合には、その期日及び場所も定める必要があります（東京地裁昭和30年7月8日参照）。社員総会・評議員会以外の機関は、その延期・続行を決定する権限はなく、当該社員総会・評議員会を招集した代表理事（会長・理事長）等であっても、延期・続行を決し得る権限はなく、また、いったん社員総会・評議員会が決めた延期・続行の日時及び場所を変更することもできないと解されています。

　なお、社員総会・評議員会が延期・続行の決議をしたが、その際社員総会・評議員会の日時、場所について決定せず、その具体的決定を議長に一任する決議を行うことは許されると解されており、その決定を委ねられた議長は、社員総会・評議員会の終了後、具体的な日時と場所を決定し、社員総会、評議員会に出席した社員・評議員に対して通知をする必要があります。延期・続行の開

催日については、当初の会議から相当の期間内であることを要し、相当の期間とは、当初の会議から２週間以内（法39条１項参照）とするのが一般的であるとされています。

2 延期・続行で議決権を行使できる社員（会員）・評議員及び議題

延期・続行は、先行の社員総会・評議員会と同一の社員総会・評議員会のいわば続きを行うものであることから、その議題は、先行の社員総会・評議員会の招集通知に記載又は記録されていた事項に限られます。

延期・続行された社員総会・評議員会で議題を追加することができるか。これについては、理事会非設置一般社団法人の場合には、社員総会での審議事項は招集通知に記載された議題に限定されていないので、延期・続行された社員総会においても、議題の追加は可能と解されます。

なお、延期・続行された社員総会は、先行の社員総会と同一の社員総会であるので、もとの社員総会で提出された委任状や、議決権行使書面及び提供されている電磁的方法による議決権行使は、撤回されない限り、延期・続行された社員総会でも有効と解されます。

Ⅲ 延期・続行の決議の効果

1 一般法人法38条・39条、181条・182条の規定の不適用

延期・続行の決定の効果として、一般法人法38条（社員総会の招集の決定）・39条（社員総会の招集の通知）、181条（評議員会の招集の決定）・182条（評議員会の招集の通知）の規定は適用されません。

そのため、延期・続行についての理事会での招集の決定（法38条・181条）や招集の通知（法39条・182条）をする必要はありません。

2 延期・続行における決議の効力

延期・続行においてなされた決議は、実際に審議された日において成立したものと解すべきとされています。社員総会・評議員会とその延期・続行は同一

Q026　社員総会（評議員会）における延期又は続行の決議

の社員総会・評議員会ですから、延期・続行を決めた最初の社員総会・評議員会に関して招集手続に瑕疵がある場合には、延期・続行における決議も瑕疵を帯びることにより、決議取消しの訴えの対象（法266条1項1号）となります（東京地裁昭和25年7月7日、水戸地裁下妻支部昭和35年9月30日参照）。

Q027 社員総会（評議員会）の決議の省略と理事会決議の要否

社員総会（評議員会）の決議の省略に際し、理事会の決議を行っていない法人があるようですが、一般法人法の解釈としては、理事会の決議は必要と解すべきなのでしょうか。ご教示下さい。

A027

I 社員総会・評議員会の決議の省略と理事会の決議との関係

社員総会・評議員会の決議の省略（法58条1項・194条1項）の場合において、提案者が理事（一般社団法人にあっては、理事会設置法人の理事）である場合、当該理事（実務上は代表理事〔会長・理事長〕等）は、理事会の決議（理事会の決議の省略〔法96条・197条〕を含む。）を経ないで、社員総会・評議員会の決議の省略を提案することができるかという問題があります。

そのような中で、一部の法人では、社員総会・評議員会の決議の省略に当たり、理事会の決議を経ることなく行っている法人があります。

理事会設置一般社団法人・一般財団法人の場合にあっては、社員総会・評議員会の招集の決定は、理事会の決議によらなくてはならないと定められています（法38条2項・181条1項）。

社員総会・評議員会の決議の省略が、通常の決議と比較して異なるのは、㋐決議の省略の場合には、社員総会・評議員会の招集手続がいらないこと、㋑開催しないのであるから議事が省略されることの2点にあります。

そのため、その他の点については、通常の社員総会・評議員会の決議の場合

Q027 社員総会（評議員会）の決議の省略と理事会決議の要否

と同様であるので、社員総会・評議員会の決議に必要な手続きは採らなくてはならないと解されます。

すなわち、社員総会・評議員会の決議の省略を理事が提案するに当たっては、理事会の決議が必要であると解することになります。

Ⅱ　理事会の決議の方法

社員総会・評議員会の決議の省略に際し、理事会の決議を行う方法としては、次の２つの方法が考えられます。

1　理事会を開催して社員総会・評議員会の決議の省略につき決議する方法

例えば、理事１名の辞任に伴う後任者の選任について、これを社員総会・評議員会の決議の省略の方法で行うことについては、所定の手続きに従い理事会を開催します。

しかし、この理事会については、本来ならば社員総会を招集する場合には、一般法人法38条１項に関する事項の決定は理事会の決議によらなければならないこと（法38条２項）、また評議員会を招集する場合には、一般法人法181条１項に関する事項の決定は理事会の決議によらなければならないこととされていますが、決議の省略の場合にあっては社員総会・評議員会は開催しないのですから、この理事会では、㋐後任理事１名の選任に関する社員総会・評議員会を決議の省略（法58条１項・194条１項）の方法で行うこと、㋑決議事項（理事候補者の選任）に関しての法人提案内容について行うことになります。

代表理事（会長・理事長）は、この理事会の決定を受けて、一般法人法58条１項・194条１項の規定に従い、社員総会・評議員会の決議の省略の手続きにより、後任理事の選任を行うこととなります。

2　理事会も開催しないで（理事会の決議の省略）、社員総会・評議員会の決議の省略につき決議する方法

この場合には、㋐後任理事の選任に関する社員総会・評議員会を決議の省略

(法58条1項・194条1項)の方法で行うこと、④決議事項(理事候補者の選任)について法人提案内容について決定を行うことにつき、理事会を開催しないで、一般法人法96条(法197条)の規定により理事会の決議の省略の手続きにより行うことを理事・監事に提案し、同意等を経て行うことになります。

Ⅲ 書式例

上記Ⅱ2の場合における理事・監事に対する提案書、理事の同意書、監事の異議の有無の確認書、理事会議事録の書式例としては、次のようなものとなります。

理事に対する提案書の書式例

(社員総会〔評議員会〕の決議の省略の方法により、理事の辞任に伴う後任者の候補者の決定を行う場合で、これにつき理事会の決議も決議の省略の方法で行う場合の例)

平成〇年〇月〇日

理事 各位

公益(一般)社団(財団)法人〇〇協会

代表理事(会長・理事長)　〇〇〇〇

提　案　書

拝啓(時候の挨拶)

　さて、一般社団法人及び一般財団法人に関する法律第96条及び定款第〇条の規定に基づき、理事会の決議事項について、下記のとおり提案いたします。

　つきましては、下記「提案事項」につき、別紙「同意書」に記載の上、平成〇年〇月〇日(〇曜日)までに、当協会に必着すべくご送付下さいますようお願い申し上げます。

Q027 社員総会（評議員会）の決議の省略と理事会決議の要否

敬 具

記

提案事項

1　社員総会（評議員会）の決議の省略についての決定

　社員総会（評議員会）の決議につき、一般法人法第58条第1項（第194条第1項）の規定により、決議の省略の方法により行うこと。

2　社員総会（評議員会）の決議事項

　理事1名選任につき、その候補者の決定の件

　理事〇〇〇〇氏の辞任に伴う後任の理事の候補者を、〇〇〇〇氏と決定すること。

以　上

(注)　公益（一般）財団法人の場合、「第96条」は「第197条において準用する同法第96条」となります。

監事に対する提案書の書式例

平成〇年〇月〇日

監事　各位

　　　　　　公益（一般）社団（財団）法人〇〇協会
　　　　　　代表理事（会長・理事長）　　〇〇〇〇

提　案　書

拝啓（時候の挨拶）

　さて、一般社団法人及び一般財団法人に関する法律第96条及び定款第〇条の規定に基づき、理事会の決議について、下記のとおり提案いたします。

つきましては、下記「提案事項」につき、異議の有無を別紙「確認書」に記載の上、平成○年○月○日（○曜日）までに、当協会に必着すべくご送付下さいますようお願い申し上げます。

敬　具

記

提案事項
1　社員総会（評議員会）の決議の省略についての決定
　　社員総会（評議員会）の決議につき、一般法人法第58条第1項（第194条第1項）の規定により、決議の省略の方法により行うこと。
2　社員総会（評議員会）の決議事項
　　理事1名選任につき、その候補者の決定の件
　　理事○○○○氏の辞任に伴う後任の理事の候補者を、○○○○氏と決定すること。

以　上

㊟　公益（一般）財団法人の場合、「第96条」は「第197条において準用する同法第96条」となります。

理事の同意書の書式例

平成○年○月○日

公益（一般）社団（財団）法人○○協会
　　代表理事（会長・理事長）　　○○○○　殿

理事　○○○○　㊞

同　意　書

Q027 社員総会（評議員会）の決議の省略と理事会決議の要否

　私は、一般社団法人及び一般財団法人に関する法律第96条及び定款第〇条の規定に基づき、平成〇年〇月〇日付け提案書にて提案のありました理事会の決議事項についての下記「提案事項」について同意します。

記

代表理事（会長・理事長）〇〇〇〇の提案事項
1　社員総会（評議員会）の決議の省略についての決定
　　社員総会（評議員会）の決議につき、一般法人法第58条第1項（第194条第1項）の規定により、決議の省略の方法により行うこと。
2　社員総会（評議員会）の決議事項
　　理事1名選任につき、その候補者の決定の件
　　理事〇〇〇〇氏の辞任に伴う後任の理事の候補者を、〇〇〇〇氏と決定すること。

以　上

(注)　公益（一般）財団法人の場合、「第96条」は「第197条において準用する同法第96条」となります。

監事の異議の有無の確認書の書式例

平成〇年〇月〇日

公益（一般）社団（財団）法人〇〇協会
　代表理事（会長・理事長）　〇〇〇〇　殿

監　事　〇〇〇〇　㊞

確　認　書

私は、一般社団法人及び一般財団法人に関する法律第96条及び定款第○条の規定に基づき、平成○年○月○日付け提案書にて提案のありました理事会の決議事項についての下記「提案事項」について、異議を述べません。

記

代表理事（会長・理事長）○○○○の提案事項
　1　社員総会（評議員会）の決議の省略についての決定
　　　社員総会（評議員会）の決議につき、一般法人法第58条第1項（第194条第1項）の規定により、決議の省略の方法により行うこと。
　2　社員総会（評議員会）の決議事項
　　　理事1名選任につき、その候補者の決定の件
　　　理事○○○○氏の辞任に伴う後任の理事の候補者を、○○○○氏と決定すること。

以　上

(注)　公益（一般）財団法人の場合、「第96条」は「第197条において準用する同法第96条」となります。

理事会の決議の省略に関する理事会議事録の書式例

平成○年度第○回理事会議事録

1　理事会の決議があったものとみなされた事項の内容
　(1)　社員総会（評議員会）の招集の件
　　　一般法人法第58条第1項（第194条第1項）の規定により決議の省略の方法により行うこと。
　(2)　社員総会（評議員会）の決議事項
　　　理事1名選任につき、その候補者の決定の件

Q 027　社員総会（評議員会）の決議の省略と理事会決議の要否

　　　　理事○○○○氏の辞任に伴う後任の候補者を、○○○○氏と決定すること。
2　1の事項を提案した理事の氏名
　　代表理事（会長・理事長）　　○○○○
3　理事会の決議があったものとみなされた日
　　平成○年○月○日
4　議事録の作成に係る職務を行った理事の氏名
　　代表理事（会長・理事長）　　○○○○
　上記のとおり、一般社団法人及び一般財団法人に関する法律第96条（第197条において準用する同法第96条）及び定款第○条の規定により理事会の決議があったものとみなされたので、理事全員の同意があったことを確認するため、議事録作成者が次に記名押印する。

　平成○年○月○日
　　　　　　　　　　　　　　公益（一般）社団（財団）法人○○協会
　　　　　　　議事録作成者　代表理事（会長・理事長）　　○○○○　㊞(注)

(注)　押印については、登記所届出印を押印します。

Q028 社員総会(評議員会)への報告の省略

社員総会(評議員会)への報告の省略ができるのは、どのような場合ですか。またその場合の手続きについてご教示下さい。

A028

I 一般法人法59条・195条の趣旨

一般法人法59条・195条は、「理事が社員(会員・評議員)の全員に対して社員総会(評議員会)に報告すべき事項を通知した場合において、当該事項を社員総会(評議員会)に報告することを要しないことにつき社員(会員・評議員)の全員が書面又は電磁的記録により同意の意思表示をしたときは、当該事項の社員総会(評議員会)への報告があったものとみなす。」と定めています。

これらの条文は、社員総会(評議員会)への報告事項が社員(会員)全員(評議員全員)に通知されていることを前提に、社員(会員)全員(評議員全員)の同意があれば、当該報告事項を社員総会(評議員会)に通知する必要がないことを定め、いわば一般法人法58条(法194条)の書面等による決議制度を補充するものと解することができます。

この報告の省略制度は、決議事項のみならず報告事項も伴う定時社員総会(定時評議員会)について、特に意味を有します。定時社員総会(定時評議員会)に関しては、書面等による決議(法58条・194条)を利用して、社員総会(評議員会)の開催自体を省略することができることになるからです。

例えば、社員数の少ない小規模な一般社団法人に関しては、社員総会開催の手間と費用の節約ができるわけであり、その意味では社員総会の簡素化の一環

Q028 社員総会（評議員会）への報告の省略

ともいえると解されます。

Ⅱ　書面報告の対象となる報告事項

　社員総会（評議員会）における理事の報告事項は、㋐理事によって社員総会（評議員会）へ提出され又は提供される事業報告の内容（法126条3項・199条）、㋑一般法人法127条（法199条）により理事会により確定された計算書類の内容の報告（法127条・199条）、㋒監事の社員総会（評議員会）報告事項としては、社員総会（評議員会）へ提出される議案、書類等の調査の結果に関する事項（法102条・197条）が考えられます。

Ⅲ　社員総会（評議員会）の書面報告の要件

　社員総会（評議員会）への報告事項につき、一般法人法59条（法195条）の適用により社員総会（評議員会）の開催を経ずに社員総会（評議員会）への報告があったものとみなされるためには、㋐理事が社員（会員・評議員）の全員に対して社員総会（評議員会）に報告すべき事項を通知したこと、㋑当該報告事項につき社員総会（評議員会）へあらためて報告することを要しないことにつき、社員（会員・評議員）の全員が書面又は電磁的記録により同意の意思表示をしたことが必要とされます。

　社員（会員・評議員）が社員総会（評議員会）への報告を省略することについての是非の判断をする上で、当然対象となる報告内容を了知していることが必要であり、そのためにまず全社員（全会員・全評議員）に報告事項についての通知が必要とされるわけです。

Ⅳ　書面報告の手続き

　理事は、書面報告を実施する場合には、まず報告事項を全社員（全会員・全評議員）に通知するとともに、同報告の社員総会（評議員会）への報告の省略

について同意の意思表示を求めることが必要です。

　社員（会員・評議員）からの同意の意思表示については、書面による場合は、回状によるか又は個々の社員（会員・評議員）から個別的に同意の意思表示が記載されている書面の送付を受けることになります。電磁的記録による場合には、社員（会員・評議員）は磁気ディスク等の磁気的方法による記録媒体に設定されたファイルに同意の意思表示を示す情報を記録して法人に送付する方法や、法人の指定してきたWebサイトにインターネットを通して同意の意思表示を送付するか、または法人の指定してきたメールアドレスに電子メールにより同意の意思表示を送付することになります。いずれの場合も、社員（会員・評議員）の同意の意思表示を示す情報は、同意の対象となった理事等の報告を示す情報と1つのファイルに含まれることが必要です。

　監事の報告事項についても、社員総会（評議員会）への報告の省略の手続きについては、監事自ら行うわけではなく、理事を通して行うことになります。実際には、理事が書面等による決議を実施するに際して、これに併せて監事等の報告事項の社員総会（評議員会）への報告の省略手続を実施することになると考えられます。

V　社員総会（評議員会）の書面報告の効果

　一般法人法59条（法195条）に基づき、報告事項の社員総会（評議員会）への報告の省略が行われた場合には、当該報告事項の社員総会（評議員会）への報告があったものとみなされます。すなわち、社員総会（評議員会）の招集の決定（法38条・181条）・招集通知の発送（法39条・182条）もせず、実際の会議の開催もせずに、理事又は監事による社員総会（評議員会）報告事項の報告義務が履行されたことになります。

　一般法人法59条（195条）には、書面決議（法58条・194条）の制度とは異なり、一定の時点に定時社員総会（定時評議員会）が終結したものとみなす旨の規定

Q028 社員総会（評議員会）への報告の省略

（法58条4項・194条4項）がありません。しかし、目的事項が報告事項だけである定時社員総会（定時評議員会）もあり得ます。

　この点、書面決議の場合（法58条4項・194条4項）と同様に取り扱ってよいと一般的に解されています。実務上の取扱いとしては、書面報告に係る通知において、同意期限とともに社員総会（評議員会）への報告があったものとみなされる時点を明示しておくこと（例えば「〇月〇日までに社員〔会員・評議員〕の全員から書面又は電磁的記録により同意の意思表示があった場合には、同日をもって報告があったものとみなす」など）が考えられます。

VI 書面報告の場合の社員総会（評議員会）議事録の作成

　書面決議の場合（法施行規則11条4項1号・60条4項1号）と同様に、書面報告の場合も、㋐社員総会（評議員会）への報告があったものとみなされた事項の内容、㋑社員総会（評議員会）への報告があったものとみなされた日、㋒議事録の作成に係る職務を行った者の氏名、を内容とする社員総会（評議員会）の議事録の作成が必要となります（法施行規則11条4項2号・60条4項2号）。

　なお、議事録については、社員総会（評議員会）が終結した時とみなされた日から10年間、主たる事務所に備え置き、その写しを5年間、従たる事務所に備え置かなければなりません（法57条2項、3項、193条2項、3項）。また、社員（会員・評議員）及び債権者からの閲覧・謄写請求にも応じなければなりません（法57条4項・193条4項）。

VII 同意書面等の備置き

　報告事項の省略については、報告を要しない旨の社員（会員・評議員）の同意に関する書面や電磁的記録を法人が備え置かなければならない旨の規定はありません。

　実務的には、一般法人法58条（法194条）の同意書面等と同様、主たる事務所

等に一定期間備え置き、後の紛争に対処できるようにすることが適切であると考えられます。

Q029 提供・提出の意味

理事は、定時社員総会（定時評議員会）の招集通知に際しては、社員（会員・評議員）に対し、計算書類及び事業報告並びに監査報告を提供しなければならないと（法125条・199条）、また理事は、定時社員総会（定時評議員会）に計算書類及び事業報告を提出し、または提供しなければならないとされています（法126条1項・199条）が、「提供」と「提出」とでは、その意味においてどのような違いがあるのですか。

A029

I　一般法人法125条（法199条）の提供の意味

　理事会設置一般社団法人・一般財団法人では、一般法人法124条3項（法199条）に基づいて、計算書類及び事業報告並びにこれらの附属明細書につき理事会の承認を得た後に、定時社員総会（定時評議員会）において計算書類等の承認等を受けるに先立って、定時社員総会（定時評議員会）の招集手続に際して、社員（会員・評議員）に計算書類等の提供をすることが求められています。

　一般法人法125条（法199条）の規定による計算書類等の提供の方法に関しては、一般法人法施行規則47条2項（同規則64条）に規定されています。

　提供される書類は、計算書類、事業報告及び監査報告（会計監査人設置法人では、会計監査人による会計監査報告を含む。）で、これらを総称して「提供計算書類等」といいます（法施行規則47条1項・64条）。

　提供計算書類等の提供の方法は、社員総会（評議員会）の招集通知の方法に

対応して、書面の提供又は電磁的方法による提供ということになります（法施行規則47条2項・64条）。

　なお、一般法人法においては、「提供」という語は、電磁的記録、電磁的方法について使い（例えば、法14条2項4号、33条3項）、書面については「交付」、「提出」の語を使う（書面の交付等は提供には含まれない。）のが一般的ですが、一般法人法125条（法199条）の提供は、書面による社員総会（評議員会）の招集通知に書面による計算書類等を添付することも含んでいる点で用語法が異なっているように思われます（法施行規則47条2項・64条参照）。

II　定時社員総会（定時評議員会）への計算書類及び事業報告の提出・提供の意味

　計算書類・事業報告は、定時社員総会（定時評議員会）において承認のために審議されるか、または報告されることになりますが、社員（会員・評議員）にとっては議決権行使のための判断資料や報告内容を理解するために、計算書類・事業報告を入手する必要があります。

　そこで一般法人法126条1項（法199条）は、理事に計算書類・事業報告を定時社員総会（定時評議員会）に提出・提供することを義務付けています。理事会設置一般社団法人・一般財団法人では前記Iのように一般法人法125条（199条）に基づき社員総会（評議員会）の招集通知とともに提供されますが、それ以外の法人（理事会非設置一般社団法人）においてはそれが義務付けられていないので、一般法人法129条により備置きされたものを閲覧等をしない限り、定時社員総会の日において初めて計算書類・事業報告を入手することになります。

　なお、一般法人法126条（法199条）での提出・提供は、一般法人法の一般的な用語法からすれば電磁的記録・電磁的方法につき提供、書面につき提出を想定しているように思われますが、一般法人法125条（法199条）の提供はそれと異なる用語法となっていることや、一般法人法126条（法199条）には法務省令

Q029　提供・提出の意味

への委任規定がなく、提出・提供の方法等についての法務省令の定めがないこともあり、必ずしも明確ではないと言えます。

そこで、理事会設置一般社団法人・一般財団法人では、一般法人法125条（法199条）の規定により、定時社員総会（定時評議員会）の招集通知の際に、理事会の承認を受けた計算書類等が書面又は電磁的方法により提供されているので、このことを前提に、社員総会（評議員会）にあらためて計算書類及び事業報告を提出し、承認を求め、また報告を行うこととしています。

したがって、この場合における計算書類等の「提出」については、定時社員総会（定時評議員会）の場で、出席社員（出席会員・出席評議員）に物理的に計算書類等を配付することまで求められるものではなく、例えばスクリーン等に掲示することでも足りると解されています。

理事会非設置一般社団法人では、定時社員総会の招集通知に際して、計算書類等を提供することは予定されていないので、定時社員総会において社員（会員）に計算書類及び事業報告を提供し、その報告を行い、承認を求めることになります。

理事会設置一般社団法人における計算書類等の「提供」方法（法施行規則47条）との整合性を考えると、一般法人法126条における計算書類等の「提供」は、社員総会の場で各出席社員（会員）に計算書類を配付することを意味すると解されています。

Q 030 定時社員総会（定時評議員会）の招集手続と計算書類等の備置きとの関係

定時社員総会（定時評議員会）の招集に当たり、計算書類等は、必ず定時社員総会（定時評議員会）の開催日の2週間（理事会設置一般社団法人・一般財団法人の場合）前の日から主たる事務所に備え置く必要がありますか。また一般法人法125条と129条1項との関係についても説明して下さい。

A 030

Ⅰ 各事業年度に係る計算書類等の備置き

「一般社団法人・一般財団法人は、計算書類等（各事業年度に係る計算書類及び事業報告並びにこれらの附属明細書〔法124条1項又は2項・199条の規定の適用がある場合にあっては、監査報告又は会計監査報告を含む。〕をいう。以下この条において同じ。）を、定時社員総会の日の1週間（理事会設置一般社団法人にあっては、2週間）前の日（法58条1項の場合にあっては、同項の提案のあった日）・定時評議員会の日の2週間前の日（法194条1項の場合にあっては、同項の提案のあった日）から5年間、その主たる事務所に備え置かなければならない。」（法129条1項・199条）と定められています。

1 備置期間

主たる事務所に備え置かなければならない書類は、㋐計算書類と事業報告、これらの附属明細書、㋑監査報告（監事設置一般社団法人・一般財団法人）、㋒会計監査報告（会計監査人設置一般社団・財団法人）です。

これらの書類の備置期間は、備置開始日と定時社員総会（定時評議員会）の開催日を除いて1週間（理事会設置一般社団法人・一般財団法人の場合にあっては、2週間）以上の日があるという意味です。

例えば、5月30日に定時社員総会（定時評議員会）が開催される場合には、少なくとも5月15日には備置きがなされることが必要となります（決算理事会が5月15日に開催され、承認された後即刻備置きがされた場合）。

2　備置きの意義

一般法人法129条（法199条）において、計算書類等の備置きが要求されているのは、社員、評議員、法人債権者に対する計算書類等の内容の開示のためであり、社員等による閲覧等の請求の実効性を確保するために備置義務が法定されていると解されています。

したがって、備置義務とは、単に法人が計算書類等又はその写しを主たる事務所又は従たる事務所（法129条2項・199条）に物理的に保存する義務ではなく、計算書類等を社員等の請求があれば容易に閲覧させ又は謄本等を交付することが可能な状態で保管する義務を意味すると解されています。

なお、備置きの開始後に、計算書類及び事業報告並びにこれらの附属明細書が社員総会（評議員会）の決議又は理事会の決議によって修正された場合や監事の監査報告、会計監査人の会計監査報告が修正された場合には、修正後の計算書類等を備え置くことが必要であると解されています。何故ならば、一般法人法129条（法199条）による計算書類等の備置き・閲覧等の制度は、計算書類の確定後における内容開示をも目的とするものであるからです。

Ⅱ　備置義務の懈怠と承認決議の効力・罰則

1　社員総会（評議員会）決議の取消原因

一般法人法129条（法199条）に基づく計算書類等の備置義務の懈怠があった場合、計算書類の承認決議の効力が問題となります。

一般的な見解としては、計算書類や事業報告、附属明細書の備置きは、社員等に対し、社員総会（評議員会）への準備のための情報開示を行うものですから、この備置義務は社員総会（評議員会）の招集手続の一環をなすものとなり、その懈怠は招集手続の法令違反（法266条1項1号）として決議取消原因に当たると解されています。

　ところで、理事会設置一般社団法人・一般財団法人の場合、一般法人法125条（法199条）により計算書類等が提供されることになっているため、それが行われている限りは、社員等の被る不利益は小さいと考えることもできます。そこでこの場合には、計算書類等の備置懈怠を決議取消原因とはしない、若しくは決議取消原因としつつ、一般法人法266条2項による裁量棄却の対象となり得ると解することもできるとされています。

　これに対して、一般法人法125条（法199条）の提供の対象となっていない附属明細書については、備置きがないと社員等はその内容を定時社員総会（定時評議員会）の前に知ることができないので、取消事由となると解されます（法266条1項1号・福岡高裁宮崎支部平成13年3月2日、宮崎地裁平成13年8月30日参照）。

　非理事会設置一般社団法人では一般法人法125条の提供がなされないから、いずれの計算書類等についても、その備置懈怠は取消事由に該当することになるとされています

2　過料

　一般法人法129条（法199条）の規定に違反して、計算書類等の備置きをしなかった場合（法342条8号）、または正当な理由なくして閲覧等の請求を拒絶した場合には（法342条4号）、理事は100万円以下の過料に処せられます。

Ⅲ　非理事会設置一般社団法人と一般法人法125条（法199条）・129条（法199条）との関係

　理事会設置一般社団法人では、社員総会招集通知に際して社員に対し計算書

Q030 定時社員総会（定時評議員会）の招集手続と計算書類等の備置きとの関係

類及び事業報告が提供されます（法125条）。この提供がなされる限り、社員総会のために計算書類及び事業報告を備置きすることの意義は小さく、一般法人法125条の提供の対象となっていない附属明細書について意義があることになります（一般財団法人についても同様）。

　これに対し、非理事会設置一般社団法人では、一般法人法125条の提供はなされないことから、計算書類及び事業報告を含むすべての書類について意義があることになります。

Q031 議長資格のない者の決議の効力

① 議長の資格がない者によって採決が行われた社員総会（評議員会）決議の効力はどうなりますか。
② 社員総会（評議員会）において、議長は、議長不信任動議が提出された場合、その審議はどうなりますか。

A031

I 議長資格のない者によって採決が行われた決議の効力

1 議長の資格

① 社員総会の議長の資格

議長の資格については、法律上特に規定がないことから、必ずしも社員（会員）であることを要しません。ただし、会議体の一般原則から社員総会に出席し得る者の中から選任されなくてはならないという見解が有力です。そのため、理事や監事はその被選資格を有するとされています。

社員総会の決議につき特別の利害関係を有する者（法266条1項3号参照）であっても、議長として議事運営を主宰することができないわけではありません。しかし、公正な議事運営のためには、このような者は自発的に議長の職を辞し、特別の利害関係を有しない者を議長に選任するのが実際上は適当とされています。議長による具体的な議事運営が決議の方法を著しく不公正とするものであるときは、決議取消事由となります（法266条1項1号）。

② 評議員会の議長の資格

一般財団法人の評議員会の議長の資格についても、一般法人法上、特に規定はありません。そのため、評議員会の議長は、評議員の中から選ばなければな

Q031　議長資格のない者の決議の効力

らないこと、あるいは理事の中から選ばなければならないということはありません。

　一般財団法人の定款では、多くの場合評議員会の議長は、評議員の中から選任すると定めています。なお、定款によって、評議員会の議長を代表理事（理事長）とする旨を規定しているところもあります。

　一般法人法は、議長の資格について何も規定していないことから、評議員会の招集権者としての代表理事（理事長）が、議長となることの合理性はあると考えられます。

2　議長資格のない者が行った決議の効力

　この問題は、議長が選任されているにもかかわらず、議長資格のない者が社員総会（評議員会）の議事を進行させ、採決をした場合、その決議の効力がどうなるかということです。

　正規の議長と異なる者が議長として議事を進めることは、決議の方法についての瑕疵として、決議の取消原因（法266条1項1号）になると一般的に解されています。

　しかしながら、最近の裁判例（株式会社の場合）で、議長である社長が審議や採決を行うべきであるのに、議長資格のない者によって採決された決議について、不存在としたものがあります（東京地裁平成23年1月26日）。

　この裁判例に対しては、現行の会社法上、株主総会において議長の存在は必要とされておらず、議長が株主総会の決議の成立に不要なのであれば、議長資格のない者が議事を進め採決をしたとしても、決議が不存在であると評価するに足りるほどの著しい瑕疵はないのではないかという疑問が呈されています。

　この疑問は、会社法と同じような条文構成からなる一般法人法の解釈としても同様にいえると考えられます。

　そもそも、社員総会（評議員会）における議事の方式については、一般法人法上特別の規定はなく、必ずしも議長のもとで採決が必要であるとは解されて

いません（会社法上の解釈も同様です。）。

　これについて、最高裁（昭和42年7月25日。株主総会の決議方法について）は、「株主総会における議事の方式については、法律に特例の規定がないから、定款に別段の定めをしていないかぎり、総会の討議の過程を通じて、その最終段階にいたって、議案に対する各株主の確定的な賛否の態度がおのずから明らかとなって、その議案に対する賛成の議決権数がその総会の決議に必要な議決権数に達したことが明白になった以上、その時において表決が成立したものと解するのが相当であり、したがって、議長が改めてその議案について株主に対し挙手・起立・投票など採決の手続をとらなかったとしても、その総会の決議が成立しないということはいえない」と判示しています。

　この最高裁の見解によれば、議長資格のない者によって採決がなされたことのみをもって、決議が不存在とまではいえないと解されますが、決議の取消原因にはなり得ます。

　なお、議長資格のない者によって採決がなされたとしても、社員（会員・評議員）の全員出席の社員総会（評議員会）において、全員が賛成又は反対した場合は、決議の効力には問題はないと考えられています。

Ⅱ　議長不信任動議が提出された場合の審議

1　社員総会における議長不信任の動議

　一般的に、社員総会の議題について特別な利害関係（法266条1項3号）を有する者が議長として議事を運営しても当然に決議が瑕疵を帯びるものではなく、当該議長の具体的な議事運営が決議の方法を著しく不公正にするものである場合は決議取消事由となる（法266条1項1号）と考えられていますが、議長不信任案が提出された場合に、動議の対象となった者が、動議の審議について議長として議事を運営できるのか、議長資格があるかについては、見解が分かれています。

第1の考え方は、議長不信任動議の対象となった者は、単に動議に対して利害関係があるのとは異なり、その審議に際して議長としての資格はないとするものです。

　第2の考え方は、議長には、議事整理権があるものの（法54条1項）、この手続的動議は、議事の公正にかかわるので、議長の独断で判断することは許されず、必ず議場に諮って決すべきであるとするものです。

　判例（東京高裁平成22年11月24日、株主総会における議長不信任動議の事例）には、権利の濫用に当たるなど合理性を欠くことが一見して明白な議長不信任動議は、一度は議場に諮ることが望ましいとはいえ、当該動議を受けた議長においてこれを議場に諮らないことも許容しているものもあります。

　実務上は、合理性を欠くことが一見して明白な議長不信任動議であっては、円滑な議事進行のため、これを議場に諮って否決することが考えられます。

　議長不信任動議を提出した者は、議長を交代しなければならない具体的事情の存在や、動議提出の理由の説明までする必要はないと解されています。

　なお、議長不信任動議の提出を受けた議長は、当該動議を議場に諮るに当たり、議長を交代する必要はないと解されています。

　議長不信任動議が可決された場合において例えば、定款に「代表理事（会長）に事故があるときは、理事会においてあらかじめ定めた順序に従い、他の理事が社員総会を招集し、議長となる。」などの定めがあるとき、この定めによる次順位者が当然に新しい議長となるかについては、肯定説・否定説いずれの見解もあります。

2　評議員会における議長不信任の動議

　評議員会における議長不信任の動議については、上記1の「社員総会における議長不信任の動議」と同様の扱いになると解されます。議長不信任の動議は、議事手続に関するものであり、しかも議事整理権限を有する議長に関する動議であるので、議長の独断で判断することは許されず、議場に諮って決定しなけ

ればなりません。

　なお、この場合、不信任の動議を提出されている議長を交代した上で当該動議を議場に諮る必要があるかは、一応問題となります。

　しかしながら、議長不信任動議は議事手続に関する動議であり、直ちに採決を行うべきものであることから、動議の対象となっている議長がそのまま議長として当該動議を議場に諮っても、直ちに違法であるということにはならないと解されています。ただし、利害関係人である者が議長のまま採決した場合には、決議方法が著しく不公正であるとして、評議員会決議取消訴訟が提起される可能性は残ることに留意することが必要です。

　なお、実務上は、評議員会決議取消事由となることをあらかじめ回避するため、議長を交代した上で、議長解任動議について議場に諮って否決するのも1つの方法です。

Q032 定時社員総会（定時評議員会）を開催せずに決算承認等を決議の省略で行うことの是非

Q032 定時社員総会（定時評議員会）を開催せずに決算承認等を決議の省略で行うことの是非

定時社員総会（定時評議員会）においては、決算承認、役員等の改選、定款の変更など、法人に関する重要事項が決議されますが、社員総会（評議員会）の決議の省略について要件を満たしている場合には、定時社員総会（定時評議員会）を開催しないで、決議の省略の方法で決算の承認等を処理しても差し支えないでしょうか。

さらに、事業報告についても社員総会（評議員会）への報告の省略により、定時社員総会（定時評議員会）を全く開催しないこととする場合、法律上、問題はありませんか。

A032

I　決算承認等と社員総会（評議員会）の決議の省略

最近、一般社団法人・一般財団法人の中には、社員総会（評議員会）の決議の省略（法58条1項・194条1項）及び社員総会（評議員会）への報告の省略（法59条・195条）の手続きにより、定時社員総会（定時評議員会）を全く開催しない法人があります。

更にこれらの法人の中には、決算理事会（法124条3項・199条）をも開催しないで、理事会の決議の省略（法96条・197条）で処理しているところもあるようです。

1　社員総会（評議員会）の目的事項と決議の省略

決議の省略の対象となる決議事項については、社員総会（評議員会）の目的

である事項であれば特に制限がなく、すべての社員総会（評議員会）の決議事項が対象となります。

　理事会設置一般社団法人・一般財団法人の場合には、一般法人法に規定する事項及び定款で定めた事項に限り、決議をすることができます（法35条2項・178条2項）。

　したがって、法人によっては、定時社員総会（定時評議員会）を招集しないで、決算の承認、役員等の選任などを行っているところがありますが（事業報告の省略の手続きを含めて）、決議の省略に必要な法的要件さえ満たしていれば可能です。

2　決議の省略の必要性の有無

　一般的に、どの法人においても、事業年度の終了前に、事業年度終了後のスケジュールを定め（監事監査の日程、決算理事会の開催日、定時社員総会〔定時評議員会〕の招集通知の発送日、定時社員総会〔定時評議員会〕の招集日など）、それに対応していると思われます。

　その中で、決算理事会を理事会の決議の省略（法96条・197条）により開催していない法人の場合、どんな理由で行っているかについては、代表理事（会長・理事長）の指示によるものだと説明されています。しかし、決議の省略の要件である理事全員の同意、監事全員の異議がないことが果たして確認されているのか、大いに疑問があります。

　決算理事会においては、一般法人法124条1項又は同条2項の監査を受けた計算書類及び事業報告並びにこれらの附属明細書について審議し、承認が行われます（法124条3項・199条）。この重要な審議の過程を経ないで、理事全員が承認し、監事が異議がないとすることが認められるとすれば、一体理事等が果たすべき善管注意義務等との関係において、重大な問題があると考えられます。

　次に、定時社員総会（定時評議員会）の決議の省略（法58条1項・194条）の場合の理由については、㋐代表理事（会長・理事長）の指示、㋑県等の外郭団

Q032 定時社員総会（定時評議員会）を開催せずに決算承認等を決議の省略で行うことの是非

体で、地方公共団体の議会への決算状況の報告の日程等の関係で当該地方公共団体からの要請による場合、などが挙げられます。

① **代表理事（会長・理事長）からの指示**

代表理事（会長・理事長）から何の理由もなく、一方的に定時社員総会（定時評議員会）を決議の省略でやれと言われるケースがあります。

事業年度終了後、やむを得ない事由により定時社員総会（定時評議員会）を決議の省略（事業報告についても、報告の省略の手続きを経ていること。法59条・195条）で処理せざるを得ない場合もあり得るとは考えられます。

しかし、単に代表理事（会長・理事長）の一存で何の理由も示されないで決議の省略でやれと言われた場合、一般社団法人で社員（会員）の多い場合、現実には社員（会員）全員から同意を得ることは不可能に近いと考えられます。

社員（会員）数が20名以下の一般社団法人、比較的評議員数の少ない一般財団法人の場合にあっては、社員（会員）・評議員全員の同意を得ることは不可能ではないと考えられます。

② **社員（会員・評議員）全員からの同意**

社員総会（評議員会）の決議の省略には、社員（会員・評議員）の全員が書面又は電磁的記録により同意の意思表示があることが必要要件とされています（法58条1項・194条1項）。

定時社員総会（定時評議員会）のように、決算の承認、役員等の選任、定款の変更等重要事項が提案されている場合に、決議の省略という手続きで行わざるを得ないそれ相当の理由が提示されない中で、社員（会員・評議員）の全員が同意の意思表示をするかについては、大いに疑問があります。

社員総会の構成員としての社員（会員）の役割、評議員の義務（善管注意義務など）等から、決議の省略の理由につきそれ相当の理由が提示されない限り、安易に決議の省略に同意すべきではないと考えられます。

Ⅱ　定時社員総会（定時評議員会）への事業報告の省略

　定時社員総会（定時評議員会）では、事業報告の内容を報告することが義務付けられています（法126条3項・199条）。

　しかしながら、この事業報告につき、社員（会員・評議員）の全員が書面又は電磁的記録により、定時社員総会（定時評議員会）への報告を省略することにつき、同意の意思表示をしたときは、この報告を省略することができます（法59条・195条）。

　したがって、定時社員総会（定時評議員会）の決議の省略と報告の省略が認められれば、結果的には、定時社員総会（定時評議員会）を現実に開催することなく、これを開催したのと同様の結果となります。

　しかしながら、定時社員総会（定時評議員会）の決議の省略の実施に当たっては、それ相当の理由があり、社員（会員・評議員）全員の同意が得られるものに限り、これを行うべきものと考えられます。

Chapter2 評議員・評議員会

1 評議員……………Q033〜Q041

2 評議員会…………Q042〜Q044

Q033 評議員の員数・任期

① 評議員の員数については、法人によってはかなり大勢いるところがありますが、一般的には何人くらいが適正な員数と考えられますか。

② 評議員の任期は、定款によって6年とすることが認められていますが、その必要性はあるのでしょうか。

A033

I 評議員の員数

1 改正前民法法人（財団法人）の評議員の員数の実態

改正前民法法人（財団法人）における評議員の員数については、民法には評議員・評議員会の規制がなかったことから、旧主務官庁の指導により、定款に定められていました。

例えば、指導監督基準（4機関(4)評議員及び評議員会・運用指針(3)）においては、「評議員の定数については、理事と同様、法人の事業規模、内容等からみて適切なものにする必要があるが、理事会を牽制する役割からみて、理事と同数程度以上であることが望ましい」と定められています。

この中で「理事と同数程度以上」と規定したことの意味については、理事については、法人運営の責任があり、余り多い場合には機動性に欠けることになるのに対し、評議員の場合には、幅広い知識経験を有する者で評議員会を構成し、法人運営等につき意見を述べることがよいという考え方によるものとされていました。

なお、財団法人であった各種学会の中には、100名を超える評議員がいたと

ころもありました。また体育協会のような下部組織が多数存在しているところでは、各下部組織の会長等が体育協会の役員・評議員に就任するという慣例等から、評議員の数が100名以上というところが存在していました。

2　新公益法人制度の下における評議員の員数

　一般法人法は、評議員の員数につき「3人以上でなければならない」と定めています（法173条3項）。

　3人以上という員数については、一般法人法65条3項（理事会設置一般社団法人・一般財団法人、法177条）に定める理事の員数（3人以上）と同様に、評議員から構成され法律上の必置機関である評議員会としては、会議体を構成できるようにするためには、最低員数として、「3人以上」は不可欠の員数と解することによるものと考えられます。

3　評議員の適正員数

　評議員の員数を何人とするかは、それぞれの法人の実態に即して適正なものとする必要があります。定款での評議員の員数の定め方としては、一般的に「○人以上○人以内」と定められる場合が多いと解されます。当該法人の事業規模等により異なりますが、例えば、「3人以上6人以内」、「5人以上10人以内」というような員数の定め方が可能となります。

　新法人制度への移行に際し、評議員の員数が100人以上だった法人の中には、これを3分の1ないし半分とした法人もあります。しかし依然としてスポーツ団体等においては、評議員の員数を数十人規模としているものが数多く存在しています。

　評議員の員数を多くしても、評議員会への出席者数が少ないのでは何の意味もありません。また員数が多い場合、評議員会の決議の省略（法194条1項）につき評議員全員の同意を得ることが必要となるため、この手続きについて難しいことが想定されます。

　このようなことから、評議員の適正な員数としては、特別の事情がない限り

Q 033　評議員の員数・任期

10人以下とするのが妥当ではないかと思われます。

II　評議員の任期

1　原則

　評議員の任期は、一般法人法において原則として、「選任後4年以内に終了する事業年度のうち最終のものに関する定時評議員会の終結の時までとする」（法174条1項本文）と定められています。評議員の任期が4年とされているのは、理事の任期（2年）よりも長期とすることにより、評議員の地位を安定的なものとする趣旨によるものです。

　評議員の任期は、定時評議員会の終結の時までであることから、例えば平成30年5月30日招集の定時評議員会において選任された評議員の任期は、4年後の定時評議員会の終結の時（例えば、平成34年5月25日に招集される定時評議員会の終結の時）までとなります。

　このため、選任後、次回招集される定時評議員会の日によっては、任期は4年より短い場合もあれば、逆に長い場合もあり得るということにもなります。

2　任期の6年への伸長

　一般法人法174条1項ただし書は、「定款によって、その任期を選任後6年以内に終了する事業年度のうち最終のものに関する定時評議員会の終結の時まで伸長することを妨げない」と規定しています。

　この定款によって「4年」を「6年」にまで伸長することができることとしたのは、評議員会が理事等の選解任権を有する監督機関であるということに鑑み、評議員の地位を安定的なものとするのがその趣旨です。

　しかしながら、この評議員の任期を6年に伸長することについては、「6年もの長期固定化は、法人のガバナンス上、また社会の変化への対応という観点からみても不適切である」という見解があります。

　このようなことから、一般財団法人・公益財団法人において、定款によって

評議員の任期を6年まで伸長している実例はないのではないかと思われます。実務上においても、評議員の任期は4年とすることで、特に問題はないと解されます。なお、評議員の任期を短縮することは認められていません。

Q034 評議員の選任方法

評議員の選任方法については、定款の必要的記載事項とされていますが、具体的にはどのような方法で行われるのですか。

A034

Ⅰ 評議員の選任方法と定款記載事項

　一般法人法には、評議員の選任方法について特段の定めがありません。

　評議員は、一般財団法人の運営が設立者の定めた目的に沿って適正に行われているかどうかを監督する重要な立場にあります。そのため、評議員の選任（及び解任）の方法は、法人運営の基本となる重要な事項であり、設立者の意思に委ねることが相当であることから、定款で定めた方法によるものとされたのです（法153条1項8号）。

　ただし、理事又は理事会が評議員を選任し、または解任するという方法は認められません（法153条3項1号）。その趣旨は、業務執行機関（理事・理事会）がこれを監督すべき評議員会の構成員である評議員を選任することは、被監督者が監督者を選任することとなり、評議員会の業務執行機関への監督が十分に果たされなくなるおそれがあるからであると解されています。

Ⅱ 具体的な評議員の選任方法

　定款に定める評議員の具体的な選任方法としては、次のようなものが考えられます。

　① 評議員会の決議による方法

②　評議員の選任及び解任のための任意の機関を設置する方法
③　外部の特定の者に選任及び解任を委ねる方法

②の方法としては、評議員選定委員会の設置が考えられます。

③の方法については、一定の知見を有する中立的な立場の法人（事業体）に委ねることになると考えられますが、実際にそのような法人（事業体）があるのか、という問題があり、この方法によることは難しいと考えられます。

一般的に一般財団法人、公益財団法人が採用しているのは、①の方法です。

なお、評議員の選任及び解任に関する定款の規定は、評議員会の決議によって設立時の定款により、その変更をすることができる旨を定めた場合などを除き、原則として変更することはできません（法200条1項ただし書・2項）。

Q035 評議員の欠員と増員

評議員に欠員が生じた場合の措置として、どのような方法が考えられますか。また評議員を増員したい場合、どういう手続きが必要となりますか。

A035

I 評議員に欠員を生じた場合の措置

1 一般法人法175条1項の趣旨

　一般法人法175条1項は、「この法律又は定款で定めた評議員の員数が欠けた場合には、任期の満了又は辞任により退任した評議員は、新たに選任された評議員（次項の一時評議員の職務を行うべき者を含む。）が就任するまで、なお評議員としての権利義務を有する。」と規定しています。

　一般法人法又は定款で定めた評議員の員数が欠けた場合には、法人は定款に定める選任方法（法153条1項8号）により、後任の評議員を選任しなければならず、選任の手続きを怠ったときは、過料に処せられます（法342条13号）。

　しかしながら、定款に定める評議員の選任の方法如何によっては、後任の評議員の選任手続にある程度の日時を要することも考えられます。そこでそのような事態を避けるため、一般法人法又は定款で定めた評議員の員数が欠けた場合で、退任事由のうち任期満了又は辞任による場合には、後任の評議員が就任するまで退任者は評議員としての権利義務を有し、その職務を続行することとしました。評議員に欠員が生じた場合についても、後任者の選任懈怠によって、当該法人の運営に混乱が生ずるおそれは否定できないからです。

　なお、「法律で定めた評議員の員数が欠けた場合」とは、一般法人法173条3

項に規定する評議員が3人未満となった場合を指します。また、「定款で定めた評議員の員数が欠けた場合」とは、例えば定款で評議員の員数を「5人以上10人以内」と定めていた場合において、評議員が5人未満となったような場合を指します。

2　評議員の権利義務承継者

①　権利義務が承継（継続）する場合

権利義務が承継（継続）する評議員は、任期の満了又は辞任により退任した評議員に限られます。

評議員の退任事由としては、これら以外に、死亡、解任、欠格事由等があります。このような事由によって退任した評議員に権利義務は承継しません。死亡の場合には、承継させることが不可能だからです。

②　数人の評議員が「同時に」退任して欠員が生じた場合

この場合には、その退任につき順位を付けることができないことから、退任した評議員全員につき権利義務が承継することになります（昭和37年8月18日民事甲第2350号民事局長回答参照）。

このような場合、欠員の一部につき後任者が選任され就任したが、なお最低の員数に満たない場合にも、退任した評議員全員につき権利義務が承継されます。この場合、新たに就任した評議員に加え、退任評議員に権利義務の承継を認めると、定款所定の上限の員数を超えることがあり得ますが、それでも差し支えないと解されています（大審院決定大正15年12月10日、昭和30年4月28日民事甲第547号民事局長回答参照）。

③　評議員権利義務承継者に関する退任登記の要否

評議員権利義務承継者については、まず本来の退任につき登記をする必要があるのかが問題となります。

この点、評議員としての退任登記がなされている者が、評議員権利義務承継者として職務を継続することには、問題があると考えられます。

最高裁（株式会社の取締役・監査役の権利義務者の例）は、取締役又は監査役の退任登記は、新たに選任された後任者が就任するまでは認めないとしています（最高裁昭和43年12月24日参照）。また、評議員権利義務承継者の退任の日付は、登記実務上、現実に退任した日とされています。

なお、評議員権利義務承継者は、その地位が法律の規定により与えられたものであるため、辞任することができず、また、評議員会等の決議によって解任することもできません。

3　一時評議員の職務を行うべき者の選任

評議員に欠員が生じた場合、その退任の事由の如何にかかわらず、裁判所は必要があると認めるときは、利害関係人の申立てにより、「一時評議員の職務を行うべき者」を選定することができます（法175条2項）。

評議員が死亡、欠格事由の発生、解任等、任期の満了又は辞任以外の事由で退任した場合のように、一般法人法175条1項により権利義務が承継しない場合はもちろんですが、任期の満了又は辞任による退任の場合であって、一般法人法175条1項により権利義務が承継される場合であっても、例えば、その者が病気等健康上の理由により引き続き権利義務者として職務を行うことができない場合は、一時評議員の選任が必要であるときに該当すると考えられます。

この「一時評議員の職務を行うべき者」は、後任の評議員が選任されるまでの間は、本来の適法な評議員におけると同一の権利と義務を有する者であり、いわゆる「法律上の評議員」です。

裁判所が一時評議員を選任した場合、この者に関して嘱託登記が行われます（法315条1項2号イ）。一時評議員が選任されたときには、退任者は、評議員としての権利義務を失います。

なお、裁判所は、一時評議員の職務を行うべき者を選任した場合には、当該法人がその者に対して支払う報酬の額を定めることができます（法175条3項）。

Ⅱ 評議員の増員の場合の手続き

　評議員の任期は、定款によっても短縮することはできませんが、任期の満了前に辞任した評議員の補欠として選任された評議員の任期については、定款に「任期の満了前に退任した評議員の補欠として選任された評議員の任期は、退任した評議員の任期の満了する時までとする」といったような規定を定めることによって、任期の満了前に退任した評議員の任期の満了する時までとすることができます（法174条2項）。

　これは、全評議員について同じ時に改選決議をしている法人において、補欠評議員の就任により、一部の評議員について評議員の改選期が異なってくることを防止するために認められているものです。

　なお、理事については、増員（定款に定めた理事の員数の範囲内で増員すること）のために選任された理事についても他の理事と退任時期を同一とするため、定款で、増員のために選任された理事の任期を在任する理事の任期満了までと定めることが認められていますが、評議員については、そのような定款の規定を設けることは認められていません。

　このため、増員する当該評議員の選任議案を理事会の承認を経て、評議員会に提案の上、選任することになります。

　したがって、増員した評議員の任期は、選任後4年以内に終了する事業年度のうち最終のものに関する定時評議員会の終結の時に退任することとなります（法174条1項）。

　もしも、評議員全員の改選を同時に行うこととするためには、増員した評議員について、他の評議員の改選時に辞任して、評議員全員の改選を行うことが考えられます。

Q036 評議員の資格制限

一般財団法人の評議員の資格等に関する規律は、どのようになっていますか。公益財団法人には、「評議員会で評議員を選解任する」こととする場合、同一親族規制・同一団体規制を定款で定めて遵守すべきとされていますが、この関係について説明して下さい。

A036

I 評議員の資格等に関する規律

一般財団法人と評議員との関係は、委任に関する規定に従うとされています（法172条1項）。

1 評議員の資格等

評議員の資格については、理事及び監事の資格要件に関する規定が準用され、次に掲げる者は、評議員になることができないとされています（法173条1項・65条1項）。

① 法人（法65条1項1号）

② 成年被後見人若しくは被保佐人又は外国の法令上これらと同様に取り扱われている者（法65条1項2号）

③ 一般法人法若しくは会社法の規定に違反し、または民事再生法、外国倒産処理手続の承認援助に関する法律、会社更生法若しくは破産法に定める罪を犯し、刑に処せられ、その執行を終わり、またはその執行を受けることがなくなった日から2年を経過しない者（法65条1項3号）

④ ③に規定する法律の規定以外の法令の規定に違反し、禁錮以上の刑に処

せられ、その執行を終わるまで又はその執行を受けることがなくなるまでの者（刑の執行猶予中の者を除く。法65条1項4号）

　なお、評議員は、当該一般財団法人又はその子法人の理事、監事又は使用人を兼ねることができません（法173条2項）。その理由は、評議員は、理事及び監事の選解任を通じて、法人の業務を監督する立場にあるためです。

　上記③の一般法人法65条1項3号（法173条1項）所定の法律及び罪は、一般法人法に規定する秩序を直接に規制する法律、またはこれと密接不可分の関係にある規律に違反した罪です。

　これらの法律に違反し、またはその罪を犯した者については、より評議員にふさわしくない者として厳しい取扱いをすることとされています。

Ⅱ　公益財団法人における評議員に係る同一親族規制等について

　「移行認定又は移行認可の申請に当たって定款の変更の案を作成するに際し特に留意すべき事項について」（平成20年10月10日内閣府公益認定等委員会）の「Ⅱ　各論（定款の変更の案を作成するに際し特に留意すべき事項）」の「6　評議員の構成並びに選任及び解任の方法」において、「評議員会で評議員を選解任する」こととする場合には、「評議員の構成を公益法人認定法5条10号及び11号に準じたものにする」旨を定款に定めることが望ましいとされています。そこでこの扱いが、公益認定を受ける場合における事実上の基準となっており、公益財団法人においては、この方法が一般的に採用されています。

　この場合、公益財団法人の定款には、以下のような事項を規定することになります。

　評議員の選任及び解任は、一般法人法179条から195条までの規定に従い評議員会において行うこと、評議員を選任する場合には、次の1及び2に定めるそれぞれの要件を満たさなければならないことを規定します。

Q036　評議員の資格制限

1　同一親族に関する規制

各評議員について、次の①から⑥に該当する評議員の合計数が評議員の総数の3分の1を超えないものであること。

① 当該評議員及びその配偶者又は3親等内の親族
② 当該評議員と婚姻の届出をしていないが事実上婚姻関係と同様の事情にある者
③ 当該評議員の使用人
④ ②又は③に掲げる者以外の者であって、当該評議員から受ける金銭その他の財産によって生計を維持しているもの
⑤ ③又は④に掲げる者の配偶者
⑥ ②から④までに掲げる者の3親等内の親族であって、これらの者と生計を一にするもの

2　同一団体に関する規制

他の同一の団体（公益法人を除く。）の次の①から④に該当する評議員の合計数が評議員の総数の3分の1を超えないものであること。

① 理事
② 使用人
③ 当該他の同一の団体の理事以外の役員（法人でない団体で代表者又は管理人の定めのあるものにあっては、その代表者又は管理人）又は業務を執行する社員である者
④ 次に掲げる団体においてその職員（国会議員及び地方公共団体の議会の議員を除く。）である者
　ⅰ　国の機関
　ⅱ　地方公共団体
　ⅲ　独立行政法人通則法2条1項に規定する独立行政法人
　ⅳ　国立大学法人法2条1項に規定する国立大学法人又は同条3項に規定

する大学共同利用機関法人
　ⅴ　地方独立行政法人法2条1項に規定する地方独立行政法人
　ⅵ　特殊法人（特別の法律により特別の設立行為をもって設立された法人であって、総務省設置法4条15号の規定の適用を受けるものをいう。）又は認可法人（特別の法律により設立され、かつ、その設立に関し行政庁の認可を要する法人をいう。）

Ⅲ　一般財団法人における評議員に係る同一親族規制等について

　一般財団法人の定款には、「評議員の選任及び解任の方法」につき、これを定めなければなりませんが（法153条1項8号）、その方法には特段の制約はなく、公序良俗に反しない限り、どのような方法でも定めることができます。

　一般財団法人には、目的や事業に制限もなく、またその運営について、公益財団法人のような厳格な公正さを求める必要がないので、評議員の構成等について、特段の規制をする必要性はないと考えられています。

　したがって、一般財団法人については公益法人認定法が適用されませんので、評議員についての同一親族規制、同一団体規制もありません。そのようなことから、評議員の選任及び解任についての定款規定としては、例えば、「評議員の選任及び解任は、評議員会の決議により行う」とのみ規定することでもよいこととなります。

Q037 評議員の権限と責任・義務

評議員は、一般財団法人・公益財団法人の最高議決機関である評議員会を構成し、評議員会で議決権を行使することにより当該法人の意思決定に関与する機関ですが、その権限と責任には何がありますか。また義務については、どのようなものがありますか。ご教示下さい。

A037

Ⅰ 評議員の権限と責任

1 評議員の権限

一般法人法において、評議員の権限としては、次のようなものがあります。

① 評議員会の招集請求（法180条1項）
② 評議員会の招集（法180条2項）
③ 評議員による理事の行為の差止め請求（法197条・88条）
④ 評議員会の招集手続等に関する検査役の選任について裁判所に対する申立て（法187条1項）
⑤ 法人の業務の執行に関する検査役の選任の申立て（法197条・86条1項）
⑥ 理事、監事若しくは会計監査人又は評議員の一般財団法人に対する損害賠償責任の免除に対する同意（法198条・112条）
⑦ 定款の定めに基づいて役員等の責任を免除する旨の理事会の決議に対する異議（法198条・114条4項）
⑧ 会計帳簿、理事会の議事録、評議員会の議事録等の閲覧等の請求（法199条・121条、197条・97条2項、193条4項）

⑨　評議員提案権（評議員会の目的とする事項・議案の提案）（法184条・185条）

⑩　理事・監事・評議員の解任の訴え（不正行為又は法令・定款違反にもかかわらず、解任決議が評議員会で否決されたときは、個々の評議員が提起が可能）（法284条）

以上のように、一般法人法において評議員に多くの権限が認められていますが、実際上これらの権限が行使されることは殆ど発生しないと思われます。評議員としては、他の評議員と評議員会の議決事項の決議に参画することにその意義があるということになります。

2　評議員の責任

評議員に関する責任には、次のようなものがあります。

①　法人に対する損害賠償責任

評議員は、その任務を怠ったときは、一般財団法人に対し、これによって生じた損害を賠償する責任を負います（法198条・111条1項）。なお、その責任は、総評議員の同意がなければ、免除することができません（法198条・112条）。

②　第三者に対する損害賠償責任

評議員がその職務を行うについて、悪意又は重大な過失があったときは、当該評議員は、これによって第三者に生じた損害を賠償する責任を負います（法198条・117条1項）。

③　一般財団法人の評議員に対する刑事罰

一般財団法人の評議員に対する刑事罰として、一般法人法において、㋐特別背任罪（法334条1項。7年以下の懲役・500万円以下の罰金）、㋑法人財産の処分に関する罪（法335条。3年以下の懲役・100万円以下の罰金）、㋒虚偽文書行使等の罪（法336条。3年以下の懲役・100万円以下の罰金）、㋓収賄罪（法337条1項。5年以下の懲役・500万円以下の罰金）が設けられています。

Ⅱ　評議員の義務

1　善管注意義務

　評議員と法人との関係は、委任に関する規定に従うとされています（法172条1項）。受任者である評議員は、委任の本旨に従い、善良なる管理者の注意をもって、委任事務を処理する義務（善管注意義務）を負うことになります（民法644条）。

　なお、この場合の注意は、その者が属する階層・地位・職業などにおいて一般に要求される注意を意味します。言い換えると、自分の能力に応じた程度という主観的なものではなく、客観的に要求される程度の注意ということになります。

　そのため、評議員の地位や状況によって求められる注意義務の程度が違うため、どの財団法人の評議員でも善管注意義務の内容が同じになるわけではありません。

　なお、評議員には、理事のように業務執行権がないので、任務懈怠によって法人あるいは第三者に損害を与えるようなことは極めて少ないと考えられます。

　しかしながら、評議員にも善管注意義務が適用されていますので、その任務懈怠によって法人又は第三者に対して損害を与えた場合には、損害賠償責任を負うこととなる可能性があります（法198条・111条・117条）。

2　法人内での兼職禁止

　評議員は、一般財団法人又はその子法人の理事、監事又は使用人を兼ねることができません（法173条2項）。評議員の監督権限が適切に行使されるようにするためには、監督する者と監督の対象となる者が同一であることを避ける必要があります。

　そこで、評議員については、一般財団法人又はその子法人の理事、監事又は使用人との兼職が欠格事由として定められているのです。

3　報酬等の定款による規定

　評議員の報酬等の額は、定款で定めなければなりません（法196条）。この一般法人法196条の趣旨は、監事の報酬等に関する規律と同様、理事からの独立性確保にあります。定款で評議員の報酬等を無報酬と定めることもできますが、その場合には、評議員に対して報酬を支給することはできません。

Q038 評議員の使用人との兼職禁止

一般法人法173条2項には、評議員は理事や使用人を兼ねることを禁止していますが、使用人の範囲について具体的に説明して下さい。

A038

I 評議員の兼職禁止の趣旨

一般法人法173条2項は、「評議員は、一般財団法人又はその子法人の理事、監事又は使用人を兼ねることができない」と規定しています。

評議員は、理事及び監事の選解任（法177条・63条、176条1項）を通じて、法人の業務を監督する立場にあることから、自らが評議員を務める法人又はその子法人の理事、監事又は使用人を兼ねることができない旨を定めたものです。基本的には、法人運営の基本的意思決定者と業務執行行為をする者の分離をするということにその意義があります。

II 「使用人」の意義

一般法人法173条2項にいう「使用人」とは、一般的に、法人と雇用契約を締結し、代表理事（会長・理事長）等の業務執行理事の指揮・命令を受けて、継続的に労務を提供する法人の職員をいうものと解されています。

なお、顧問・相談役など法人の事業運営に指導的な影響を与える継続的関係を有する地位との兼職も、兼職禁止規定から認められないとする見解が有力です。

Ⅲ　個別的な業務の委任契約

評議員が法人の業務執行について、特定の事項につき委任を受け、これを処理することが、使用人との関係で兼職が認められるかという問題があります。

1　顧問弁護士の評議員就任の可否

弁護士は、代表理事（会長・理事長）等の業務執行理事の指揮・命令の下にはなく、法律の専門家として公正に職務を執行する独立の立場にあることから、原則として「使用人」には該当せず、顧問弁護士は評議員に就任しても差し支えないと解されます。

ただし、顧問弁護士であっても、その勤務実態や地位が業務執行を行っているのに近い場合には、評議員を兼ねることはできないと考えられます。

2　評議員が当該法人（病院）の医療業務に従事することの可否

評議員が、当該法人（病院）の外来診療等の医療業務につき、非常勤医師又は嘱託医師等として従事している例があります。

しかしながら、当該非常勤医師等と当該法人（病院）との関係は雇用契約と考えられることから、評議員である医師は、当該法人（病院）の医療業務に従事することはできないものと解されます。

3　各種委員会の委員としての参加の可否

定款に定められている各種委員会は、一般的には理事会の下部組織として、実質的に法人の事業の推進のための決定等を行っている場合が多いと思われます。評議員は、このような委員会の委員になることはできないと解されます。

ただし、単に有識者の1人として意見を求められて、意見を述べることは差し支えありません。

なお、委員会であっても、法人の業務執行に関係のない例えば、調査研究、政策提言の検討を行うことを目的とするものである場合には、当該委員会の委員として参加することは可能と考えられます。

Q039 評議員の報酬等の決定

評議員の報酬等の額は、具体的にはどのような方法により決定するのですか。

A039

I 評議員の報酬等の範囲

一般法人法においては、評議員の報酬等につき定義はありません。

理事の報酬等については、「報酬、賞与その他の職務執行の対価として一般社団法人等から受ける財産上の利益をいう」と定義されています（法89条）。

一方、公益法人認定法5条13号では、理事、監事及び評議員に対する報酬等につき、「報酬、賞与その他の職務遂行の対価として受ける財産上の利益及び退職手当をいう」と定義されています。

一般法人法89条に規定する「財産上の利益」には、退職慰労金（退職手当）も含まれると解されますので（法113条1項2号、法施行規則19条2号）、一般財団法人・公益財団法人の評議員の報酬等については、同意義に解することになると解されます。

II 評議員の報酬等の額の決定方法

1 委任と報酬との関係

評議員と一般財団法人との関係は、「委任に関する規定に従う」とされています（法172条1項）。民法648条1項は、「受任者は、特約がなければ、委任者に対して報酬を請求することができない」と規定し、委任は原則として無償とし、契約において報酬を受ける旨の特約があるときにのみ有償とすることがで

きると定められています。

　委任が原則として無償とされるのは、委任には、委任者の受任者に対する信頼を中核とする精神的要素が含まれているからであると解されています。なお、特約がなくても、慣習ないし黙示の意思表示によって、有償であると認められる場合があります。

2　報酬等の額の決定方法

　一般法人法196条は、「評議員の報酬等の額は、定款で定めなければならない」と定めています。報酬等の決定は、業務執行の一部として理事会で決定することも考えられます。しかしながら、理事からの独立性を確保し、評議員による理事への監督機能を担保するために、一般法人法においては、評議員の報酬等の決定は、理事会ではなく定款で定めることとされたものです。

　定款の規定例としては、「評議員に対して、各年度の総額が〔1日当たり〕〇〇〇〇〇円を超えない範囲内で、評議員会において別に定める報酬等の支給基準に従って算定した額を、報酬として支給することができる」と規定している場合が多いと思われます。

①　日額報酬

　評議員の報酬については、月額報酬として「月額〇万円」というような形式で定めることは殆どありません。一般的には、評議員会に出席したときに日額報酬として支払われることから、例えば「1万円」、あるいは「2万円」という額が評議員会に出席の都度、直接支払われることになります。

　この場合でも、定款の規定方法としては、㋐評議員会に出席の都度「1万円」を支払うという方法と、㋑評議員全員の年間に支払う予定総額を定款に規定し、その範囲内で評議員会において別に定める「役員等の報酬等の支給基準」に従い、日額報酬として支払う方法が考えられます。いずれの方法を採用するかは、当該法人の自由です。

② 月額報酬

極めて少ないが、評議員会に出席すること以外に常勤又は非常勤として評議員としての職務を行う場合、月額報酬として支払われる場合があります。この場合にも定款で定める総額報酬の範囲内で、評議員会において別に定める「役員等の報酬等の支給基準」に従い、月額報酬として支払われることになります。

③ 退職慰労金（退職金）

評議員の退職に伴う退職慰労金（退職金）の支給については、評議員会において別に定める「役員等の報酬等の支給基準」に従って算定した金額を支給することになります。

一般法人法89条の解釈においては、退職慰労金（退職手当）は「財産上の利益」に含まれるとされていますので、公益法人認定法5条13号と同様に、退職慰労金（退職金）を支給する場合には、退職時の月例報酬に在職年数に応じた支給率を乗じて算出した額を上限に、評議員会が決定する方法が許容されるものと考えられます（FAQ問Ⅴ－6－⑥：②）。

④ 報酬等の多寡

公益法人認定法5条13号は、評議員等に対する報酬額について、「内閣府令で定めるところにより、民間事業者の役員の報酬等及び従業員の給与、当該法人の経理の状況その他の事情を考慮して、不当に高額なものとならないような支給の基準を定めているものであること」と定め、また同法施行規則3条（報酬等の支給の基準に定める事項）において、「評議員等に対する報酬等の支給の基準においては、評議員の勤務形態に応じた報酬等の区分及びその額の算定方法並びに支給の方法及び形態に関する事項を定めるものとする」とされています。

以上のことから、評議員に対して報酬等を支給する場合には、当該法人の資産、収支の状況等からみて、余り高額なものは不適当ということになります。

Q040 評議員の候補者の決定と理事会の決議

評議員の選任を評議員会の決議により行う場合、その候補者の決定は理事会の決議により行う必要がありますか。また評議員会の招集通知には、評議員候補者はどのように記載等するのですか。

A040

I 評議員会の招集に際し理事会において決定すべき事項

評議員会を招集する場合には、理事会の決議によって、次に掲げる事項を定めなければなりません（法181条1項）。

① 評議員会の日時及び場所（法181条1項1号）
② 評議員会の目的である事項があるときは、当該事項（同項2号）
③ 上記①及び②に掲げるもののほか、法務省令で定める事項（同項3号）

法務省令で定める事項は、評議員会の目的である事項に係る議案（当該目的である事項が議案となるものを除く。）の概要（議案が確定していない場合にあっては、その旨）であると規定しています（法施行規則58条）。

5月又は6月に開催される定時評議員会において、決算の承認、定款の変更等のほかに評議員の改選が関係している場合には、決算理事会において、「第〇号議案　定時評議員会の招集の決定の件」の会議の目的事項の1つとして、評議員会の招集通知に記載・記録される評議員候補者を決定することになります。

II 評議員候補者の決定

評議員会の目的事項は、理事会の決議によって定めなければならないことか

Q040 評議員の候補者の決定と理事会の決議

ら、評議員会の招集通知には、評議員の選任に関する場合にあっては、「議題」に加えて当該事項に関する「議案の概要」を記載しなければなりません（法182条3項・法施行規則58条）。招集通知に議案が記載・記録されなければ、評議員としては、十分な準備ができない可能性があるからです。

「議案の概要」としては、評議員候補者の氏名、生年月日、略歴等を記載することになります。

評議員候補者をどのような方法で選ぶかについては、役員等候補者選出委員会などを設け、そこで理事会で審議する評議員候補者（案）を決定することも1つの方法であると考えられます。

いずれの方法によるにしても、理事会において評議員候補者を審議するに際しては、例えば下記のような「評議員候補者に関する略歴等参考資料」を基に、検討し、決定することになると考えられます。

評議員候補者に関する略歴等の書式例

候補者番号	氏　名 (生年月日)	略歴その他
1	○○○○ (昭和○○年○月○日生)	○○○○○○○○○○○○○○○○○○ ○○○○○○○○○○○○○○○○○○
2	△△△△ (昭和○○年○月○日生)	○○○○○○○○○○○○○○○○○○ ○○○○○○○○○○○○○○○○○○

以上のことから、評議員会の招集通知には評議員の選任に関する「議案の概要」として、前記「評議員候補者に関する略歴等参考資料」の様式等に準じた

Q041 評議員の辞任・解任

評議員は、いつでも辞任できますか。評議員を解任する場合には、どのような手続きで行うのですか。

A041

Ⅰ 評議員の辞任

　評議員も理事や監事と同様に任期満了、辞任、解任、死亡、欠格事由に該当する場合、破産手続開始の決定により退任します。ここでは評議員の退任の1つである辞任について説明します。

　一般財団法人と評議員との関係は、委任に関する規定に従うとされている（法172条1項）ので、評議員は在職中であってもいつでも辞任することができます（民法651条1項）。

　辞任の効力は、辞任の意思表示が当該一般財団法人に到達した時に生じます（昭和54年12月8日民四第6104号民事局第四課長回答参照）。

　ただし、辞任の結果、一般法人法又は定款で定めた評議員の員数を欠くことになった場合には、辞任により退任した評議員は、新たに選任された評議員（一時評議員の職務を行うべき者を含む。）が就任するまで、なお評議員としての権利義務を有します（法175条1項）。これに該当する場合には、新たに選任された評議員（一時評議員の職務を行うべき者を含む。）が就任するまで、辞任による退任の登記を申請することはできません。

　例えば、評議員の員数を定款で「3人以上6人以内」と定めている法人で、3人が在職しているがその中の1人から辞任届が提出された場合、辞任によって一般法人法173条3項及び定款で定めた員数の最低限を欠くことになります。

ものを記載・記録されることになると解されます。

　なお、公益財団法人、一般財団法人の中には、評議員の選任に関する評議員会の招集通知に「第〇議案　評議員〇名選任の件」とのみ記載され、それに関する議案の概要が記載されていないものがあります。

　「議案の概要」を記載すべき場合において、これを記載しなかった場合には、招集通知の内容に不備があることになります。不備の程度によっては、評議員会の決議の取消事由である招集手続の法令違反に該当し（法266条1項1号）、あとは裁量棄却（法266条2項）の可否が論じられることになると考えられます。

評議員の定款の員数の定め方として、「3人以上6人以内」としているような場合には、1人が辞任あるいは死亡したようなときには欠員とならないように、4人又は5人としておくことが必要ではないかと考えられます。

　なお、辞任についてはその理由は問われませんから、自己の都合によっても辞任することができますが、病気などやむを得ない事由による場合を除き、法人にとって不都合な時に辞任したことにより法人に損害を与えた場合には、その損害を賠償しなければならない可能性があります（民法651条2項）。

　地方公共団体の外郭団体の場合、当該地方公共団体の現職公務員が評議員となっていることにより、当該公務員の3月31日付の退職、あるいは4月1日付の人事異動により、3月31日付で評議員を辞任し、後任者が4月1日付で就任するという例がしばしば見受けられます。このような事例は、旧民法法人の時代においても行われていたもので、依然としてこの実態は変わっていません。

　年度末の3月31日付の辞任者の扱いについては、定時評議員会の招集も近いことから、これに支障のないような配慮が必要と考えられます。

Ⅱ　評議員の解任

1　評議員の解任と一般法人法との関係

　評議員の「選任及び解任」は、定款の必要的記載事項ですので、評議員の解任に関する事項は、定款に規定する必要があります（法153条1項8号）。ただし、理事又は理事会が評議員を選任し、または解任する旨の定款の規定は無効とされています（法153条3項1号）。

　解任の場合には、一般法人法175条1項（評議員に欠員を生じた場合の措置）の規定の適用はないので、解任の結果、一般法人法又は定款で定めた評議員の員数を欠くことになっても、解任による退任の登記を申請する必要があります。

　一般財団法人と評議員との関係は、一般法人法上、委任に関する規定に従うと定められています（法172条1項）。しかし、評議員の解任についての規定は

Q041　評議員の辞任・解任

設けられていません。したがって、法人（委任者）は評議員（受任者）に対していつでも、一方的な意思表示によって、解任することができ、また何らかの解任の理由を示す必要もないと解されています（民法651条1項）。

なお、評議員の職務は、理事や監事のそれと異なることから、解任ということが発生することは殆どないと思われます。

以上により、評議員の解任につき一般法人法等との関係は、次のように整理することができます。

① 評議員の解任については、定款に定めていることが必要であること（法153条1項8号）

② 評議員の解任の権限を理事や理事会と定款で定めることはできないが、評議員会以外の機関、例えば評議員選定委員会等が行うことができる旨を定款で定めることができること

③ 評議員の解任事由は、委任者である当該法人において自由に定めることができ、理由なく解任することも可能であること

2　評議員会で評議員の解任を行う場合の手続き

評議員を評議員会で解任する場合には、次のような手続きを経て行うことになります。

① 理事会での議題の決定

評議員会の招集通知には、会議の目的事項（議題）を記載しなければならないことから（法182条3項・181条1項2号）、理事会においては、「評議員○○○○氏解任の件」等という議題を決定することになります。

② 評議員会の招集通知に記載する議案の概要

評議員会の招集通知には、議案の概要を記載しなければなりません（法182条3項・181条1項3号、法施行規則58条）。しかしながら、評議員の解任議題は、そのまま「議案となるもの」であるので、招集通知には「議案の概要」につき記載する必要はありません（法施行規則58条）。

評議員会の招集通知に記載するのは「議案の概要」であって、「議案」ではありませんが、一般的には、「議案」を記載することにしています。法律的には解任理由を記載する必要はありませんが、一般的には、解任理由を記載することとしています。何故ならば、評議員を解任するには、解任すべき相当の理由があってのことですから、解任の理由も記載するのが妥当と考えられます。

　なお、評議員会の招集通知とは別に議案書等を添付する場合には、招集通知には、「議案の概要」として、議案書の該当箇所を表示する方法でも差し支えないと解されます。

3　解任の効力発生時期

　評議員の解任決議がなされた場合に、解任の効力は当該決議によって直ちに生ずるのか、それとも当該被解任者に対し告知をすることによって生ずるのかについては、学説上の通説は、被解任者に対する解任の告知の日（意思表示の到達の日）と解しています。実務上は、解任の決議のあった日とみるべきであるとし、被解任者に対する告知を要しないと解されています（最高裁昭和41年12月20日参照。この事案は、取締役会設置会社の取締役会における代表取締役解任の決議に関するものです。）。

Q 042 評議員会の地位と権限・決議

改正前の民法法人である財団法人にも定款に評議員会が設けられていましたが、新法人制度における評議員会の地位は、どのように変わったのですか。また、評議員会の権限、決議に関する規律は、一般法人法上どのようになっていますか。

A 042

I　評議員会の地位

1　改正前民法の財団法人における評議員会の位置付け

　指導監督基準（4機関(4)評議員及び評議員会）及びその運用指針において、評議員及び評議員会の位置付けなどが定められています。

　民法法人たる財団法人は、社団法人と異なり、意思決定機関である社員総会を有しないため、理事の職務権限が強大で、そのため事業運営に当たり、独断専行的に行われやすいという問題があります。そこで、民法上、評議員及び評議員会に関する規定はありませんが、理事等の執行機関を客観的な立場から牽制し、業務執行の公正、法人運営の適正化を図る機関として、評議員及び評議員会を設置する必要があると定められています。

　そして、評議員会の権限としては、理事等の業務執行の適正化を図る役割を果たすため、⑦理事の選任機能や重要事項の諮問機能を持たせるほか、④理事の監督、重要事項の決定等を行わせることも可能であるとし、⑦また、評議員会と理事会の相互牽制の観点から、評議員は理事会で選任することとする必要があるとしています。

以上のことを前提に、旧主務官庁は所轄の各財団法人に対し、定款にこれらに関係する規定を整備することを指導し、監督を行ってきたのが実態です（改正前民法67条1項。「法人の業務は、主務官庁の監督に属する。」）。

2 新法人制度における評議員会の地位（位置付け）

① 一般法人法における機関設計の基本構造

一般法人法における一般財団法人は、設立者が一定の目的のために拠出した一団の財産に法人格を付与する制度であり、その性質上、一般社団法人における社員総会のような機関が元来存在しないため、業務執行機関である理事（法91条1項・197条）が、法人の目的に反するような恣意的な行為を行うことが懸念されます。

また、一般法人法に基づき設立される一般法人に関しては、改正前民法に基づき設立された民法法人と異なり、主務官庁による監督（改正前民法67条1項参照）もないことから、法人の機関設計上、理事の業務執行を他の機関が監督するといったガバナンスの仕組みを構築することが重要と考えられています。

その意味において、一般財団法人においては、評議員会制度を創設するほか、理事、理事会及び監事を必置機関とし、そして会計監査人を任意の機関として置くことができるとしています（法170条）。

② 評議員会の地位（位置付け）

評議員会は、3人以上（法173条3項）の「評議員」全員で構成される会議体であり（法178条1項）、一般財団法人における法定の必置機関です（法170条1項）。

そして、評議員会には、理事、監事及び会計監査人の選任、定款の変更等、一般財団法人の基本的事項について決議する権限を与え、これを通じて理事を牽制・監督する役割を担わせることとされました。

評議員会は、以上のような役割を担う機関であることから、当然、業務執行に関する意思決定を行う機関ではなく、また、一般社団法人の社員総会のような万能な権限を持つことは本来の目的を超えることとなるため、一般法人法に

規定する事項及び定款で定めた事項に限り、決議をすることができることとされています（法178条2項）。

II　評議員会の権限

評議員会は、一般法人法に規定する事項及び定款で定めた事項に限り、決議をすることができます（法178条2項）。

評議員は、設立者の意思を尊重し、一般財団法人の目的達成のために一般財団法人のために行動することが求められますが、評議員会は、一般社団法人の社員総会のように法人の意思そのものではないことから、評議員会を最高万能な議決機関とすることはできません。そこで、理事会設置一般社団法人における社員総会と理事会との権限分配に倣うこととしたものです。

したがって、一般法人法の規定により評議員会の決議を必要とする事項について、理事、理事会その他の評議員会以外の機関が決定することができることを内容とする定款の定めは、その効力を有しないものとされています（法178条3項）。

定款において、評議員の選解任の方法（法153条1項8号）を評議員会の権限とすることは可能ですが、定款の定めによっても、理事会に法律上付与された権限（法197条・90条等）を奪って、評議員会の権限とすることはできないと解されています。

評議員会の権限としては、一般法人法上次の3つ（普通決議・特別決議・総評議員の同意）に分類することができます。

1　普通決議

評議員会の普通決議は、定款に別段の定めがある場合を除き、議決に加わることができる評議員の過半数が出席し、その過半数をもって行われます（法189条1項）。

評議員の議決権については、いずれも定款で過半数を上回る割合に変更することにより加重することが可能ですが、過半数を下回る割合にすることは認め

られません。

なお、評議員会における普通決議の例としては、次のようなものがあります。

① 理事、監事及び会計監査人の選任（法63条1項・177条）
② 理事、会計監査人の解任（法176条）
③ 理事の報酬等の決定（定款にその額を定めていない場合。法89条・197条）
④ 監事の報酬等の決定（定款にその額を定めていない場合。法105条1項・197条）
⑤ 計算書類の承認（法126条2項・199条）
⑥ 評議員会に提出された資料等の調査者の選任（法191条）
⑦ 会計監査人の評議員会への出席（法109条2項・197条）

2　特別決議

次の評議員会の決議については、一般財団法人における重要な決議事項であるため、議決に加わることができる評議員の3分の2（これを上回る割合を定款で定めた場合にあっては、その割合）以上に当たる多数をもって行われる特別決議によらなければなりません（法189条2項）。

① 監事の解任（法176条1項）
② 役員等の法人に対する責任の一部免除（法113条1項・198条）
③ 定款の変更（法200条）
④ 事業の全部譲渡（法201条）
⑤ 解散後の法人の継続決定（法204条）
⑥ 合併契約の承認（法247条、251条1項、257条）

3　総評議員の同意

理事、監事若しくは会計監査人又は評議員の一般財団法人に対する損害賠償責任の免除については、総評議員の同意が必要とされています（法112条・198条）。

Ⅲ　評議員会の決議

評議員は、評議員会において、1人1個の議決権を有します。ただし、一般

Q042 評議員会の地位と権限・決議

　法人法189条1項の決議（普通決議）及び2項の決議（特別決議）について、特別の利害関係を有する評議員は、議決に加わることができず（法189条3項）、採決の計算からも除かれます。

　一般法人法においては、個人的な能力や資質に着目して信任を受けた評議員が、自ら評議員会に出席して議論をし、執行機関に対する牽制と監督を行う機関としてその役割を果たすことが求められています。

　そのことから、一般社団法人の社員総会における代理人による議決権の代理行使（法50条）、書面等による議決権の行使（法51条・52条）が認められているのと大いに異なります。

　特別の利害関係を有する場合の例としては、例えば、評議員の解任が評議員会の議決の対象となっている一般財団法人においては、評議員を解任する議案については、当該評議員は、特別利害関係人に該当すると解されます。

　なお、特別利害関係人である評議員の評議員会審議への参加の可否については、他の評議員が許容する限度で参加が認められるものと解することができます。

Q 043 評議員選定委員会による評議員の選解任

評議員の選任及び解任の方法につき、評議員選定委員会により行うこととする場合、具体的にはどのような手続きに基づき行うことになるのですか。

A 043

I 評議員の選任及び解任の方法に関する定款の定め

評議員の選任及び解任の方法について、一般法人法には規定はありません。しかし、これについては、必ず定款で定めることとされています（法153条1項8号）。ただし、その方法として、理事又は理事会が評議員を選任し、または解任する旨の定款の定めは無効とされています（法153条3項1号）。

定款において、評議員の選任及び解任の方法につき規定する方法としては、次の3つの方法が考えられます。

① 「評議員の構成を公益法人認定法5条10号及び11号に準じたものにする」旨を定める方法
② 評議員の選任及び解任をするための任意の機関として、中立的な立場にある者が参加する機関を設置し、この機関の決定に従って評議員を選任及び解任する方法
③ 外部の特定の者に評議員の選任及び解任を委ねる方法

なお、①の方法については、一般財団法人には公益法人認定法の適用がないので、この方法の採用に関しては、留意する必要があります。

以上3つの方法のうち、②の方法（評議員選定委員会）につき説明します。

Ⅱ 評議員選定委員会に関する定款の定め

　評議員選定委員会に関する定款の定めについては、「移行認定又は移行認可の申請に当たって定款の変更の案を作成するに際し特に留意すべき事項について」（平成20年10月10日内閣府公益認定等委員会）の「Ⅱ各論（定款の変更の案を作成するに際し特に留意すべき事項）」の「6 評議員の構成並びに選任及び解任の方法・76頁」に示されており、一般的にはこの規定形式が採用されています。なお、ここでは定款上の規定形式については省略します。

　評議員選定委員会に関する定款に定める基本的事項は、次のような事項と考えられます。

1　委員構成

　委員構成を3人とするか、または5人とするかは、一般的には5人としている法人が多いようです。この場合には、評議員1人、監事1人、法人事務局職員1人と外部委員2人という構成になると考えられます。

　外部委員の選任は、理事会において選任し、当該法人又は関連団体の業務を執行する者又は使用人（過去にこれらの者となったことがある者を含む。）、あるいはこれらに該当する者の配偶者、3親等内の親族等は、外部委員に選任できないとされています。

2　評議員候補者の推薦

　評議員選定委員会において審議する評議員候補者については、理事会又は評議員会がそれぞれ推薦することができます。一般的には、理事会が推薦する方法を採るところが多いようです。

3　評議員候補者

　評議員選定委員会においては、推薦者側から下記事項のほか、当該評議員候補者が評議員として適任であると判断した理由を説明することとされています。

　① 当該評議員候補者の経歴

② 当該評議員候補者を候補者とした理由
③ 当該評議員候補者と当該法人及び当該法人の理事、監事及び評議員との関係
④ 当該評議員候補者の兼職状況

4　評議員選定委員会の決議

　評議員選定委員会の決議は、選定委員の過半数が出席し、その過半数をもって行うこととします。これは、過半数決議の場合の原則です。そして、外部委員のうち1人以上は必ず出席し、かつ外部委員の1人以上の賛成があることが必要とされています。外部委員制度を設けている以上、必要なことと考えられるためです。

Ⅲ　評議員選定委員会運営規則の制定

　評議員選定委員会の運営について、これを定款にすべて規定することは、定款の性質上困難であるので、細則については規則に定めるのが一般的です。評議員選定委員会運営規則としては、下記のようなものとなります。

評議員選定委員会運営規則の例

評議員選定委員会運営規則

（目的）
第1条　この規則は、公益（一般）財団法人○○○○協会定款第○条第○項に規定する評議員選定委員会（以下「選定委員会」という。）の運営に関する必要事項を定め、それによって選定委員会の適正かつ円滑な運営を図ることを目的とする。

（招集）
第2条　選定委員会は、代表理事（理事長）が招集する。

2　代表理事（理事長）に事故あるときは、各理事が招集する。

（招集通知）

第3条　代表理事（理事長）は、選定委員会の日の1週間前までに、選定委員会の各委員に対して書面でその通知を発しなければならない。ただし、選定委員会の委員全員の同意があるときは、招集の手続きを経ることなく開催することができる。

（議長）

第4条　選定委員会の議長は、当該選定委員会において、出席した選定委員の中から選出する。

（決議）

第5条　選定委員会の決議は、選定委員の過半数が出席し、その過半数をもって行う。ただし外部選定委員の1人以上が出席し、かつ、外部選定委員の1人以上が賛成することを要する。

（議事録）

第6条　選定委員会の議事については、議事録を作成しなければならない。

2　議事録は書面をもって作成し、出席した選定委員は、これに記名押印しなければならない。

3　議事録は、次に掲げる事項を内容とするものでなければならない。

(1)　選定委員会が開催された日時及び場所

(2)　選定委員会の議事の経過の要領及びその結果

(3)　選定委員会に出席した理事の氏名

(4)　選定委員会の議長の氏名

4　代表理事（理事長）は、選定委員会が終了したときは、その議事録を理事会に提出しなければならない。

5　議事録は、選定委員会の日から10年間、その主たる事務所に備え置かなければならない。

（任期）
第7条 選定委員会の委員の任期は、就任後4年以内に終了する事業年度のうち、最終のものに関する定時評議員会の終結の時までとする。ただし、再任を妨げない。

2　定款で定めた選定委員会の委員の員数が欠けた場合には、辞任により退任した選定委員は、新たに選任された選定委員が就任するまでは、なお選定委員としての権利義務を有する。

（改廃）
第8条 この規則の改廃は、理事会の決議を経て行う。

（補則）
第9条 この規則に定めるもののほか、選定委員会の運営に関する必要な事項は、代表理事（理事長）が別に定める。

　　附　則

この規則は、平成〇年〇月〇日から施行する。

Q044 評議員会の決議の省略の方法により、複数の役員、評議員を選任する方法

評議員会の決議の省略の方法により、複数の役員又は評議員を選任する場合、それぞれの候補者ごとに同意を求めるのではなく、包括して同意を求める方法でも差し支えないでしょうか。

A044

Ⅰ 評議員会の決議の省略の場合の必要要件

一般法人法194条1項は、「理事が評議員会の目的である事項について提案をした場合において、当該提案につき評議員（当該事項について議決に加わることができるものに限る。）の全員が書面又は電磁的記録により同意の意思表示をしたときは、当該提案を可決する旨の評議員会の決議があったものとみなす。」と定めています。

つまり、評議員会の決議の省略の場合には、次の2つの要件が必要とされることになります。

① 理事が評議員会の目的事項について、当該目的事項につき議決に加わることができる評議員の全員に対し、同意してほしい旨を提案すること
② 当該提案に対し、議決に加わることができる評議員の全員の書面又は電磁的記録により同意の意思表示があること

Ⅱ 提案・同意の方法

提案方法については法定されていませんが、各評議員の同意の対象となる提

案の内容を明確にするため、実務上は書面又は電磁的記録によることが適当と考えられます。

なお、評議員会の決議の省略の場合について、理事（代表理事・理事長）は理事会の決議（法181条1項。理事会の決議の省略を含む。）を経ないで提案することができるかという問題があります。一般的には、理事会の決議が必要とされ、理事会の決議を経ないで提案したときは、決議取消事由（法266条1項1号）になると解されています。

1 提案書の書式例

事案として、一般財団法人で理事の員数10人のところ、死亡、辞任により3人が欠員、監事の員数は「3人以内」で欠員はなく、評議員の員数10人のところ辞任により2人が欠員となったことにより、これを臨時評議員会を招集しないで、評議員会の決議の省略の方法により、理事3人と評議員2人の補充を行うことを前提として説明します。

「評議員に対する提案書の書式例」としては、下記のようなものとなります。

評議員に対する提案書の書式例

平成〇年〇月〇日

評議員各位

一般財団法人〇〇協会
代表理事（理事長）　〇〇〇〇

提　案　書

拝啓（時候の挨拶）

　さて、一般社団法人及び一般財団法人に関する法律第194条第1項及び定款第〇条の規定に基づき、評議員会の決議事項について、下記のとおり提案をいたします。

Q044　評議員会の決議の省略の方法により、複数の役員、評議員を選任する方法

　つきましては、下記「提案事項」につき、別紙「同意書」に記載の上、平成〇年〇月〇日（〇曜日）までに、当協会に必着すべくご送付下さいますようお願い申し上げます。

　　　　　　　　　　　　　　　　　　　　　　　　　　　敬具

　　　　　　　　　　　　　　　記

提案事項
　1　評議員2人選任の件
　　評議員〇〇〇〇氏及び〇〇〇〇氏の辞任に伴う後任の評議員に、〇〇〇〇氏及び〇〇〇〇氏を選任すること。
　2　理事3人選任の件
　　理事〇〇〇〇氏の病死、〇〇〇〇氏及び〇〇〇〇氏の辞任に伴う後任の理事に、〇〇〇〇氏、〇〇〇〇氏及び〇〇〇〇氏を選任すること。

　　　　　　　　　　　　　　　　　　　　　　　　　　以　上

2　同意書の書式例

　評議員からの同意は、書面又は電磁的記録により行う必要があります（法194条1項）。同意は、当該決議事項について、議決に加わることができる全評議員から行われる必要があり、1人でも反対の評議員がいる場合や、同意が取れない評議員がいる場合には、評議員会の決議の省略があったとみなすことはできません。

　複数の評議員又は理事の選任を評議員会の決議の省略で行う場合、同意の方法については、提案書に記載された候補者につき、個別に同意を得ることが必要であるのか、または提案書に記載されたような形式で包括的に同意を得る方法でも差し支えないのかという問題があります。

① 個別同意方式

　複数の理事の選任議案を評議員会で決議する方法について、例えば、事例により3人の理事の選任議案の決議（採決）を3人一括で決議（採決）することとした場合には、一つひとつの議案（一人ひとりの理事の選任議案）ごとに賛成又は反対の意思表示をすることができるはずの評議員に対して、全議案についてすべて賛成か又はすべて反対かという投票を強制することとなることから、評議員会で理事の選任議案を採決するには、各候補者ごとに決議する方法を採ることが望ましいとされています。したがって、評議員会の決議の省略により3人の理事を選任する場合にも、同様に個別に同意するか又は同意しないかの意思表示を明白にした様式にし、3人の理事候補者のうち、1人につき評議員8人（事例員数）全員の同意が得られなかったものは、選任されなかったことになります。

　この場合の「同意書の書式例」としては、下記のようなものとなります。

評議員の同意書の書式例（個別同意方式）

平成〇年〇月〇日

一般財団法人〇〇協会
　代表理事（理事長）　〇〇〇〇殿

氏名　〇〇〇〇　㊞

同　意　書

　私は、一般社団法人及び一般財団法人に関する法律第194条第1項及び定款第〇条の規定に基づき、平成〇年〇月〇日付け提案書にて提案のありました評議員会の決議事項について、下記のとおり回答いたします。

記

代表理事（理事長）〇〇〇〇の提案事項

Q044 評議員会の決議の省略の方法により、複数の役員、評議員を選任する方法

1　評議員2人選任の件

評議員候補者名	提案に同意します	提案に同意しません
A	○	
B	○	

2　理事3人選任の件

理事候補者名	提案に同意します	提案に同意しません
C	○	
D		○
E	○	

以　上

(注)1　D理事候補者につき、評議員8人中1名でも反対者（非同意者）がいれば、理事には選任されないことになります。
　　2　同意印については、認印で差し支えありません。

②　包括同意方式

　包括同意方式は、代表理事（理事長）からの提案に対して包括的に同意を与えるものです。この方法の場合、候補者のうち1人につき同意されない者がいれば、全員について同意の効力が発生しないことになります。

　「包括同意書の書式例」としては、下記のようなものとなります。

評議員の同意書の書式例（包括同意方式）

平成○年○月○日

一般財団法人○○協会
　代表理事（理事長）　○○○○殿

　　　　　　　　　　　　　　　　氏名　〇〇〇〇　㊞
　　　　　　　　　同　意　書
　私は、一般社団法人及び一般財団法人に関する法律第194条第1項及び定款第〇条の規定に基づき、平成〇年〇月〇日付け提案書にて提案のありました評議員会の決議事項についてなされた下記「提案事項」について同意します。
　　　　　　　　　　　　記
　代表理事（理事長）〇〇〇〇の提案事項
　1　評議員2人選任の件
　　　評議員〇〇〇〇氏及び〇〇〇〇氏の辞任に伴う後任の評議員に、〇〇〇〇氏及び〇〇〇〇氏を選任すること。
　2　理事3人選任の件
　　　理事〇〇〇〇氏の病死、〇〇〇〇氏及び〇〇〇〇氏の辞任に伴う後任の理事に、〇〇〇〇氏、〇〇〇〇氏及び〇〇〇〇氏を選任すること。
　　　　　　　　　　　　　　　　　　　　　　　以　上

（注）同意印については、認印で差し支えありません。

Ⅲ　個別同意方式と包括同意方式の採用についての考え方

　個別同意方式は、相互に関連しない事項、例えば、定款の変更（法200条）と役員の損害賠償責任の一部免除（法113条・198条）は、個別同意方式になると考えられます。

　また、複数の理事等の選任を行うときには、包括同意方式ではなく個別同意方式が望ましいと解されています（平成20年10月10日内閣府公益認定等委員会「移行認定又は移行認可の申請に当たって定款の変更の案を作成するに際し特に留意すべき

Q044 評議員会の決議の省略の方法により、複数の役員、評議員を選任する方法

事項について」の「Ⅱ各論4社員総会及び評議員会の決議要件〔定足数〕及び理事の選任議案の決議方法」参照）。

　包括同意方式は、個別同意を必要としないもので、包括同意とすることに合理性のある事項がこれに該当すると考えられます。

　ところで、理事等の選任についての包括同意方式の採用については、法人において理事等の選任につき評議員会の決議の省略の方法により行うに当たっては、実務上はあらかじめ各評議員に事前に選任の同意の内諾を得ておくことが必要になるものと考えられます。内諾の得られない理事等の候補者については、評議員会の決議の省略の対象としないか、または決議の省略の方法では選任しないということ（通常の評議員会で選任すること）になると考えられます。

　そのようなことから、評議員全員から必ず同意が得られる場合には、一般財団法人にあっては、包括同意方式を採用することも可能と思われます。

Chapter3 理事・理事会

1　理事……………Q045〜Q093

2　理事会……………Q094〜Q101

> **Q045　理事の資格を定款で制限することができるか**
>
> 当一般社団法人は、従来から理事をすべて社員（会員）から選任してきましたが、今後もそのような取扱いを続けるため、定款にそのような定めを設けたいと考えていますが、可能でしょうか。また、社員（会員）は一定年齢の者に限ることと定款に定め、理事の高齢化の防止をも図りたいと考えていますが可能ですか。

A045

I　理事は社員（会員）に限定する定款の定め

1　改正前民法法人である社団法人における制限

改正前民法には、旧商法254条2項（「会社ハ定款ヲ以テスルモ取締役ガ株主タルコトヲ要スベキ旨ヲ定ムルコトヲ得ズ。」）のような規定がないため、定款又は寄附行為に別段の定めがない限り、原則的には誰でも理事になることができる（例外的に理事になることができない場合を除く。）とされていました。

そのため、社団法人の場合にあっては、理事の資格を定款において社員（会員）に限定しているところもあれば、一定数の理事については、社員（会員）以外の者から選任できると規定しているところもありました。

一般的に、理事の資格につき社員（会員）であること以外の制限を定款で定めることは差し支えありませんが、その制限は個々の法人の具体的事情に照らして不合理であってはならないと解されていました。

2　一般法人法の下における理事の資格に関する定款の定め

一般法人法においては、改正前民法と同様に一般社団法人の理事の資格につ

き、これを限定する規定が設けられていません。会社法においては、公開会社（その発行する全部又は一部の株式の内容として譲渡による当該株式の取得について株式会社の承認を要する旨の定款の定めを設けていない株式会社。会社法2条5号）においては、旧商法254条2項と同様に「取締役が株主でなければならない旨を定款で定めることができない」と規定されていますが（会社法331条2項本文）、非公開会社の場合には、実態が従来の有限会社に近いため、旧有限会社法における取扱いを維持し、定款により取締役を株主に限定することも認めることとされています（会社法331条2項ただし書）。

　一般法人法には、会社法331条2項本文に相当するような規定が設けられていないことから、一般社団法人の定款で、理事の資格を「社員（会員）に限る」と規定することは可能と解されます（FAQ問Ⅱ－1－①－1参照）。

　ところで、定款で理事の資格につき「社員（会員）である団体の代表者」と限定している場合、その代表者の資格を失った場合、理事を自動的に退任することになるかという問題があります。

　法人会員における理事の資格につき、「社員（会員）である団体の代表者」に限定している場合、一般社団法人との関係は、理事個人との委任関係に基づくものであることから（法64条）、会員団体の代表者でなくなっても、退任という問題は生じないと解されます。

　「社員（会員）である団体の代表者」に限定する旨の制限は、理事選任の要件と解すべきと考えられます。

　そのため、定款に「法人会員の理事は、当該法人における代表者の地位を失ったときは退任する」旨の規定がない限り退任しないことになると考えられます。

　実務上の取扱いとしては、定款にこのような規定が設けられていない場合においても、定時社員総会において、法人会員の代表者に変更があった場合には、後任理事の選任を行うこととしているのが一般的であると考えられます。

Q045 理事の資格を定款で制限することができるか

Ⅱ　社員（会員）の年齢制限と理事の選任

　一般社団法人で事業活動の性格上、社員（会員）の資格につき一定の年齢制限をせざるを得ない場合があります（例えば、青年会議所の会員資格につき、その例が見られます。）。

　「理事は社員（会員）から選任する」と定款に定められている場合にあっては、高齢者の社員（会員）が多い法人では、これらの者が理事に選任されることがあり得ると考えられます。

　高齢者（例えば、80歳、90歳）の理事が大勢いる法人にあっては、定款に理事の定年制を設けようと考えていても、高齢者の理事から問題提起がされない限り、理事会においてこれを議題とすることが難しいというのが実態であると思われます。

　ところが、一般社団法人の実施事業の性格上、社員（会員）の年齢が大きなウエイトを占めるものについては、社員（会員）の資格要件の1つとして、例えば、社員（会員）の年齢は20歳以上40歳未満、あるいは30歳以上60歳未満とし、そして事業年度内に40歳あるいは60歳を越えた場合には、「翌年度の定時社員総会の終結の時まで社員（会員）としての資格を有する」とするなどとし、社員（会員）の年齢制限との関係において、理事の高齢化を必然的に防止している法人も存在しています。

　しかしながら、実態的に社員（会員）の資格として年齢の限度を設けることができない一般社団法人にあっては、この制度の実施は困難であると思われます。しかし、社員（会員）の資格要件として、一般的に、例えば70歳未満とするようなことは考えることができるのではないかと思われます。

Q046 理事の選任決議に法令・定款の違反があった場合

理事の病気による辞任に伴い、社員総会（評議員会）において後任理事の選任を行いました。しかし、社員（会員・評議員）の1人からこの理事の選任手続につき問題があるとの指摘を受けました。法人としては、これに対しどのように対処すべきでしょうか。

なお、この理事の選任手続に法令違反があったとしても、社員総会（評議員会）の決議の取消しの訴えが提起されなければ、この理事選任決議は有効になると解することになるのでしょうか。

A046

I 社員総会等の決議の取消しの訴え

理事の選任決議に法令・定款違反があるなど、社員総会等（社員総会及び評議員会）の招集手続又は決議の方法に法令・定款違反があった場合には、社員総会（評議員会）の決議の取消しの訴えを提起することができるとされています（法266条1項1号）。

1 社員総会等の決議の取消しの訴えの要件

社員総会等の決議の取消しの訴えは、次の場合に提起できますが、社員総会等の決議の日から3か月以内に提起しなければなりません（法266条1項）。当該決議の取消しは、訴えによる必要があるので、決議の取消訴訟を提起しなければ、決議の無効等を主張することはできません。

Q046 理事の選任決議に法令・定款の違反があった場合

① 社員総会等の招集の手続又は決議の方法が法令若しくは定款に違反し、または著しく不公正な場合（法266条1項1号）
② 社員総会等の決議の内容が定款に違反するとき（法266条1項2号）
③ 社員総会の決議について特別の利害関係を有する社員が議決権を行使することによって、著しく不当な決議がされたとき（法266条1項3号）

本事例は、社員総会等における理事の選任手続に問題があることが指摘されたことであるので、上記①の場合に該当すると解されることから、社員総会等の決議の取消しの訴えの対象となります。

Ⅱ　社員総会等の決議の取消しの訴えの当事者・管轄・効力

1　当事者

この訴えを提起することができるのは、社員（会員）、評議員、理事、監事又は清算人ですが、当該決議の取消しにより、社員（会員）等（一般法人法75条1項〔法177条及び210条4項において準用する場合を含む。〕又は法175条1項の規定により理事、監事、清算人又は評議員としての権利義務を有する者を含む。）となる者も訴えを提起することができます（法266条1項）。

なお、社員総会で除名決議がなされた社員（会員）は、当該決議の取消しによって社員（会員）たる地位を回復することができるので、原告となることができます。

この訴えの相手方（被告）は、当該法人であり（法269条5号）、裁判所の管轄は被告となる当該法人の主たる事務所の所在地を管轄する地方裁判所の管轄に専属します（法270条）。

2　判決の効力

社員総会等の決議の取消しの訴えにかかる請求を認容する判決が確定したときは、その効力は第三者に対しても及び、当事者以外の者でもこの判決の効力を争うことはできません（法273条）。

また、この認容判決によって取消しの対象となった決議は、決議のときに遡って無効となります。
　したがって、この訴えによって社員総会等の決議が取り消されたときは、当該法人は、改めて社員総会等を開催し、法令及び定款に従った選任手続を行う必要があります。

3　裁量棄却

　社員総会等の招集の手続又は決議の方法が法令又は定款に違反するときであっても、裁判所は、㋐その違反する事実が重大でなく、かつ、㋑決議に影響を及ぼさないものであると認めるときは、当該決議取消訴訟の請求を棄却することができます（法266条2項）。

Ⅲ　提訴期間内に決議の取消しの訴えが提起されなかったときの効果

　社員総会等の決議の取消しの訴えには、3か月という提訴期間の制限があります（法266条1項）。
　決議の取消しの訴えに提訴期間の制限があるのは、決議の取消事由は比較的軽微な瑕疵と考えられており、そのような軽微な瑕疵のために、社員総会等の決議の効果がいつまでも争われるとすると、法人関係における法律関係が不安定になるため、一般法人法は、社員総会等の決議の取消しの訴えについて、決議の日から3か月以内という提訴期間を定めているのです。
　取消しを求められている社員総会等の決議は、たとえ瑕疵があるとしても取り消されるまでは、一応有効と取り扱われます。
　また、社員総会等の取消しの訴えが、提訴期間内に提起されなかったときは、その決議は有効に成立したものとみなされ、理事の選任による登記の申請は受理されます。
　登記の実務においては、登記すべき事項について無効又は取消しの原因があ

Q046 理事の選任決議に法令・定款の違反があった場合

るときは、登記申請の却下事由に該当することとなり、その登記の申請は受理されません（法330条・商登法24条10号）。

ただし、登記すべき事項にかかる無効又は取消しの原因が訴えによってのみ主張できる場合において、その訴えがその提訴期間内に提起されなかったときは、登記申請の却下事由に該当しないこととされています（法330条・商登法25条1項）。この場合には、法人の所在地を管轄する地方裁判所に対して、決議の取消し等の訴えがその提訴期間内に提起されなかったことの証明書を請求し、この証明書を登記申請書に添付して、登記の申請をすることができるとされています（法330条・商登法25条2項・3項）。

Q047 社員総会・評議員会の招集通知発送後に理事候補者が死亡した場合の対応措置

社員総会（評議員会）の招集通知に記載した理事候補者のうち1名が、招集通知発送後に死亡した場合、どのように対応したらよいでしょうか。

A047

I　一般社団法人の社員総会招集通知と社員総会参考書類の送付

社員（会員）が書面による議決権行使や電磁的方法による議決権行使をできるとした場合には、社員総会の招集通知は社員総会の2週間前までに発する必要があります（法39条1項ただし書）。この招集通知には「社員総会の目的である事項（議題）」を記載又は記録しなければならないとされています（法38条1項2号・39条4項）。

また、この招集通知には社員総会参考書類を添付することとされています（法41条1項・42条1項）。

「社員総会参考書類」には、理事の選任に関する議案に関しては、理事候補者の氏名、生年月日、略歴等を記載するのが一般的です（法施行規則5条、会社法施行規則74条参照）。これは、社員（会員）が議決権行使について判断する際に参考となる情報を提供するためのものであり、また、特に社員総会に出席せず議決権を行使しようとする社員（会員）にとっては、適切な議決権行使の確保のために重要なものといえます。

一方、書面による議決権行使や電磁的方法による議決権行使を認めない場合には、社員総会の招集通知は社員総会の1週間前までに発すればよく（法39条1項）、

社員総会参考書類の交付は義務付けられていません。ただし、議案が理事の選任である場合の理事会設置一般社団法人の書面又は電磁的方法による招集通知には、議案の概要を記載することが必要とされています（法施行規則4条3号イ）。

II 一般財団法人の評議員会招集通知

　一般財団法人は、原則として評議員会の日の1週間前までに、評議員に対し書面又は電磁的方法によって通知を発しなければなりません（法182条1項・2項）。この評議員会の招集通知には、評議員会の目的事項である議題を記載又は記録する必要があります（法182条3項）。

　なお、評議員会の招集通知には、評議員会において審議の具体的な内容となる議案の概要を記載することとされています（法181条1項3号・法施行規則58条）。

III 理事候補者の死亡

1 招集通知発送後の議案の取下げ

　理事候補者が死亡した場合、既に発送した招集通知及び社員総会参考書類（一般社団法人の場合）で議案とされている当該理事候補者については、理事選任議案を取り下げざるを得ないことになります。

　招集通知に議案の概要の記載が求められていますが、これは重要な議題についての不意打ちを防ぎ、社員（会員）・評議員が適切に議決権を行使することができるようにするためであるといえます。したがって、既に社員（会員）・評議員に通知されている議案であっても、議案を取り下げることは、通常は社員（会員）・評議員に対して特段の不利益を与えるものではないと考えられますので、議案の取下げは可能と考えられます。

　取下げの具体的な方法としては、社員総会・評議員会当日に事情を説明し、議案として取り下げることで足りると考えられます。時間的な余裕があるときには、事前に当該議案を取り下げる旨の通知を社員（会員）・評議員に対して

行うことは、最も望ましい対応方法と解されます。

2　招集通知発送後の議案の修正

　招集通知発送後に死亡した理事候補者に代えて新たな理事候補者を立てる場合は、議案の修正となります。この場合、法や定款で規定された招集通知の期間等の手続きを遵守できるのであれば、変更された議案が記載された招集通知や社員総会参考書類（一般社団法人）を社員（会員）・評議員に対して発送することで、新たな理事候補者を理事に選任する旨の議案を追加することは、特に問題はないと解されます。

　しかし、法や定款で定められた招集手続を遵守できない場合には、後日、社員総会・評議員会を開催して改めて理事選任決議を行うことになります。

　なお、全社員（全会員）・全評議員が同意するのであれば、招集手続の省略（法40条、183条）が可能であり、また社員総会・評議員会に社員全員（会員全員）・評議員全員が出席して当該議案の提出を認める場合も、問題はないと解されます。

　株式会社においては、株主総会で修正動議によって株主総会参考書類に記載した候補者に代えて別の候補者を立てることは、株主総会に出席しない株主の利益を害することになり、書面投票制度も適正に機能しないことになるため許されないと解されています。そして、このような方法でなされた株主総会決議は、総会の招集手続に違反があるものとして、株主総会決議の取消しの訴えの原因になるとされています（会社法831条1項1号）。

　また、招集通知発送後に取締役候補者の死亡といった緊急の事態において、これにより法又は定款で定める取締役の員数を欠くことになるような場合には、仮に2週間前という期間が確保できなかったとしても、新たな内容の株主総会参考書類を発送した上で別の候補者を選任したのであれば、株主総会決議の取消しの訴えにおける裁量棄却事由（会社法831条2項）として、その選任決議が取り消されない場合もあると考えられています。

Q048 理事に就任した者が登記前に死亡した場合の必要な措置

社員総会・評議員会の決議により理事に選任され、理事に就任した者が、その就任による変更登記前に死亡した場合、どのような手続きが必要となりますか。

A048

I 後任理事の選任

社員総会・評議員会の決議によって理事に選任（法63条・177条）され、就任した者が、その就任による変更登記前に死亡するようなケースも実際には生じることがあり得ます。それにより理事が欠けたり、一般法人法や定款に定められた理事の員数（法65条3項・177条。理事会設置一般社団法人、一般財団法人は、3人以上）が欠けたりしたときには、速やかに後任の理事を選任しなければなりません。

したがって、新たに社員総会・評議員会を招集し（社員総会・評議員会の決議の省略〔法58条1項・194条1項〕）、理事の選任決議をする必要があります（法63条1項・177条）。ただし、あらかじめ補欠の理事を選任した場合には、その補欠の理事が理事に就任するので、新たな理事を選任する必要はありません。

しかしながら、理事に就任した者が死亡しても、理事に欠員が生じない場合（定足数に影響しない場合）には、必ずしも新たな理事を選任する必要はなく、法人において後任の理事をどうしても選任する必要があると判断した場合に選任すれば足りることになります。

Ⅱ 死亡した理事の就任及び退任登記の要否

　理事の氏名は登記事項（法301条2項5号・302条2項5号）であるので、後任の理事を選任した場合には、選任時から2週間以内に、理事の就任による変更登記を申請しなければなりません（法303条）。

　また、退任した理事がいる場合には、退任の登記も申請しなければなりませんが、理事が任期満了又は辞任で退任したことにより、理事が欠けたり、または一般法人法や定款に定めた理事の員数を欠いたりしたときは、登記実務上、その退任登記は、後任理事の就任登記と同時に申請しなければ受理されないこととなっています（大正2年11月14日民第823号司法省法務局長回答参照）。

　これは、このような場合には、退任した理事は後任者が就任するまで引き続き理事の権利義務を有することになりますが（法75条1項・177条）、登記手続上、権利義務理事の登記という制度がありませんので、後任者の就任登記と同時でなければ、退任登記を受理しない扱いにして退任理事の地位を公示しているからです。

　そこで、このような登記実務から死亡した理事の登記の要否を考えるとき、死亡した理事の前理事が任期満了又は辞任したことにより理事に欠員が生じる場合には、死亡した理事の就任及び退任登記は省略できないと考えられています。

　何故ならば、理事に欠員が生じている場合に死亡した理事の就任及び退任の登記を省略すると、登記簿上、死亡した理事の後任理事が就任するまでは、前任理事が権利義務理事としての地位を有しているように公示されてしまいますが、しかしこのような公示は実体に反するからです。

　理事の選任が行われ就任したが、その就任登記を未だしていないうちに死亡等したような場合には、中間の事実を省略することなく、起こった事実どおりに登記をしなければならないとされています。登記は正確でなければならないので、事実を忠実に反映すべきものと解されています。したがって、起こった

Q048 理事に就任した者が登記前に死亡した場合の必要な措置

事実を忠実に登記簿に反映するためには、中間を省略することなく、出来事どおりに登記申請をする必要があります。

したがって、前任理事の任期満了又は辞任により理事に欠員が生じる場合には、法人は、㋐前任理事の退任登記、㋑死亡した理事の就任登記、㋒死亡した理事の退任登記、㋓後任理事の就任登記を同時に申請することになります。

一方、前任理事が退任したとしても、その退任事由が死亡等の場合や理事に欠員が生じない場合には、その者が権利義務理事として公示されることがないため、死亡した理事の就任及び退任登記を省略することができると解されています。したがって、この場合には、法人は、㋐前任者の退任登記をするとともに、後任者を選任したときは、㋑後任者の就任登記を申請すれば足りることになります。

Q 049 社員総会・評議員会の定足数不足により理事の選任ができない場合の理事の職務執行

定時社員総会・定時評議員会において、理事の選任決議に必要な議決権の定足数を確保することができず、任期満了に伴う理事の選任決議を行うことができなかった場合、任期満了の理事の職務執行は今後、誰が行うことになるのですか。

A 049

I 理事選任決議の定足数

社員総会の普通決議は、定款に別段の定めがある場合を除き、総社員（総会員）の議決権の過半数を有する社員（会員）が出席し、出席した当該社員（会員）の議決権の過半数をもって行います（法49条1項）。

一方、評議員会の普通決議は、議決に加わることができる評議員の過半数（これを上回る割合を定款で定めた場合にあっては、その割合以上）が出席し、その過半数（これを上回る割合を定款で定めた場合にあっては、その割合以上）をもって行う（法189条1項）ものとされています。

理事は、社員総会・評議員会の決議によって選任されますが（法63条1項・177条）、その選任決議は普通決議事項です。

このため、理事の選任決議に関しては、定足数を満たす社員（会員）・評議員の出席が確保できない事態が実務上も十分起こりうることが考えられます。

そして、仮に定時社員総会・定時評議員会において理事の選任決議に必要な定足数を満たす社員（会員）・評議員の出席が確保できなかった場合には、理

事全員の任期が当該定時社員総会・定時評議員会の終結の時までであったとしても、当該定時社員総会・定時評議員会において理事の選任決議をすることはできないこととなります。

Ⅱ　理事に欠員を生じた場合の措置

「役員が欠けた場合又は一般法人法若しくは定款で定めた役員の員数が欠けた場合には、任期の満了又は辞任により退任した役員は、新たに選任された役員が就任するまで、なお役員としての権利義務を有する。」ものとされています（法75条1項・177条）。

なお、複数の理事が同時に退任して理事が欠けた場合又は一般法人法若しくは定款で定めた員数を欠くこととなった場合や、新たに理事が選任されたが、それでもなお一般法人法若しくは定款で定めた理事の員数を欠く場合には、同時に退任した理事の全員が理事としての権利を有し、義務を負担するものと解されています。

したがって、当該定時社員総会・定時評議員会の終結時に全理事の任期が満了する場合や、（理事の半数改選を採用している法人において）当該定時社員総会・定時評議員会の終結後も任期が残っている理事だけでは、一般法人法又は定款の定める理事の員数を欠くこととなる場合であるにも関わらず、理事の選任決議に必要な議決権の定足数を確保することができず、新たな理事の選任を行うことができなかった場合には、新たに一般法人法又は定款の定める員数の理事が選任され、就任するまで、任期の満了により退任した理事全員が引き続き理事としての権利を有し義務を負うこととなります。

この措置により、退任後も理事としての権利を有し義務を負う者（以下「理事権利義務者」という。）の権利及び義務には制限はなく、理事としてのあらゆる権利を有し、義務を負うことになります。

また、理事権利義務者が引き続き権利を有し義務を負う期間にも制限はあり

ません。しかしながら、この措置はあくまでも理事としての職務を行う者がいなくなった場合の混乱を防止するための緊急措置であることに鑑みれば、理事権利義務者は、できる限り速やかに社員総会・評議員会を招集し（決議の省略を含む。）、新たな理事が選任されるようにすることが必要とされます。

Ⅲ 代表理事（会長・理事長）に欠員を生じた場合の措置

　「代表理事（会長・理事長）が欠けた場合又は定款で定めた代表理事（会長・理事長）の員数が欠けた場合には、任期の満了又は辞任により退任した代表理事（会長・理事長）は、新たに選定された代表理事（会長・理事長）が就任するまで、なお代表理事（会長・理事長）としての権利義務を有する。」ものとされています（法79条1項・197条）。

　代表理事（会長・理事長）は、任期満了等によりその地位を退任することになりますが、代表理事（会長・理事長）に欠員が生じた場合、本条1項の規定に基づき、任期満了等により退任する代表理事（会長・理事長）は、新たに選定される代表理事（会長・理事長）が就任するまで、引き続き代表理事（会長・理事長）としての権利及び義務を有することになります。

　ここで、本条1項の適用がある者は、任期満了等により代表理事（会長・理事長）の地位を退任するが、なお理事の地位を有する者、または理事の権利及び義務を有する者（法75条1項・177条）であると解されています。

　代表理事（会長・理事長）であった者が理事の地位を失うと当然に代表理事（会長・理事長）も退任となりますが、その者の理事の退任が任期満了等による場合、その理事は、新たに選任される理事が就任するまでの間は、引き続き理事としての権利及び義務を有することになりますので、その間、新たな代表理事（会長・理事長）が選定され就任するまでは、代表理事（会長・理事長）としての権利及び義務を有することになります。

　以上により、定時社員総会・定時評議員会において、理事の選任決議に必要

Q049 社員総会・評議員会の定足数不足により理事の選任ができない場合の理事の職務執行

　な議決権の定足数を確保する事ができず、任期満了に伴う理事全員の選任ができなかった場合には、理事全員が一般法人法75条1項（法177条）の適用を受け、新たに選任される理事が就任するまでの間、理事としての職務を行うことになります（専務理事、常務理事等はそのまま業務執行を行うことになります。）。

　一方、代表理事（会長・理事長）は理事であることが前提とされるので、理事として一般法人法75条1項（法177条）の適用を受けた代表理事（会長・理事長）については、代表理事（会長・理事長）として一般法人法79条1項（法197条）の適用を受けることにより、新たに代表理事（会長・理事長）が選定され、就任するまでの間、代表理事（会長・理事長）としての職務執行ができますので、法人運営に特別に支障はないことになります。

　しかしながら、一般法人法75条1項（法177条）、79条1項（法197条）の適用は、法人の業務執行上の不都合ないし混乱を回避するための一時的な措置として認められるものであるため、できる限り早い時期に解消されるべきことが必要と解されます。

Q050 補欠理事を選任するとき

当法人では理事が急に辞めたり、死亡したような場合に業務に支障が出ないようにするため、補欠理事を選任しておきたいと考えています。その場合どのような手続きが必要でしょうか。

A050

I 補欠理事の概要

死亡や辞任等により、理事がいなくなった場合や一般法人法若しくは定款で定めた理事の員数を欠く場合には、当該法人の業務執行に支障が生じます。

この場合、新たな理事を選任する手続きをとらなければなりませんが（法342条13号）、社員総会・評議員会を招集して選任決議をするためには時間がかかり、その間法人の業務が停滞してしまいます。

補欠理事とは、上記のような場合に備えて、あらかじめ選任しておく補欠の理事のことをいいます（法63条2項・179条）。

II 補欠理事の選任方法

1 社員総会・評議員会の普通決議

補欠理事の選任は、理事が欠けた場合又は一般法人法若しくは定款で定めた理事の員数を欠くことになった場合を停止条件とする停止条件付の理事の選任であり、その選任決議の手続き及び要件は、通常の理事の選任決議と同様です。

2 必要的決議事項

補欠理事の選任には、以下のような特有の決議事項があります。

① 補欠理事の選任決議では、当該候補者が補欠の理事である旨を定めること（法施行規則12条2項1号・61条）
② 当該候補者を1人又は2人以上の特定の理事の補欠の理事として選任するときは、その旨及び当該特定の理事の氏名（法施行規則12条2項2号）
③ 同一の理事（2人以上の理事の補欠として選任した場合にあっては、当該2人以上の理事）につき2人以上の補欠の理事を選任するときは、当該補欠の理事相互間の優先順位を決議すること（法施行規則12条2項3号）

Ⅲ 補欠理事の選任決議の有効期間

補欠の理事の選任に係る決議が効力を有する期間は、定款に別段の定めがある場合を除き、当該決議後最初に開催する定時社員総会・定時評議員会の開始の時までとされています（法施行規則12条3項本文・61条）。ただし、社員総会の決議・評議員会の決議によって、その期間を短縮することが可能です（法施行規則12条3項ただし書・61条）。

補欠理事の選任に係る決議が効力を有する期間が、原則として、その決議後最初に開催する定時社員総会・定時評議員会の開始の時までとされているのは、その選任決議が条件付決議の一種であることから、これを無制限に認めると、多数者間の法律関係の画一的確定を妨げることになり、しかも将来の社員（会員）・評議員の議決権を実質的に制限することになるからです。

補欠理事の選任決議が効力を有する期間は、通常の社員総会・評議員会の決議では、これを伸長することはできませんが、定款で別段の定めを設ければ、この有効期間を伸長することは可能です（法施行規則12条3項本文）。

Ⅳ 補欠理事の就任

補欠理事は、「理事が欠けた場合」又は「一般法人法若しくは定款で定めた理事の員数が欠けた場合」に、正式に理事となることができます（法63条2項・

177条)。

「理事が欠けた場合」とは、理事が0人になることを意味します。

「一般法人法・定款で定めた理事の員数が欠けた場合」とは、理事の員数が一般法人法又は定款により定める理事の最低員数を割ることを意味します。

V 補欠理事が理事に就任した場合の任期

補欠理事の選任は停止条件付の理事の選任であり、理事の任期は選任時を起算として定められている（法66条・177条）ため、補欠理事が理事に就任した場合の任期も就任時ではなく、選任時を起算として判断されることとなります。

VI 補欠理事の選任の取消し

補欠理事の選任決議において、補欠理事が正式に理事に就任するまでの間に、その選任の取消しを行う場合があるときは、その旨及び取消しを行うための手続きを定めておくことができます（法施行規則12条2項4号・61条)。

正式な理事として就任するまでは理事ではないので、簡易な手続きにより取り消すことができる旨を定めることもできます。

例えば、社員総会・評議員会の普通決議による方法や理事会決議による方法等が考えられます。

Q051 業務執行理事（役付理事）の設置

現在、当法人には代表理事（会長・理事長）以外に業務執行理事は存在しませんが、今後、業務執行理事（専務理事）の設置を検討しています。代表理事（会長・理事長）と業務執行理事では、どのような点が異なりますか。また、役付理事と業務執行理事はどういう関係にありますか。

A051

I 代表理事（会長・理事長）の意義

　理事会設置一般社団法人・一般財団法人においては、理事会の業務執行の決定を受けて、それを実行する機関が必要であり、しかもその実行としての業務執行には、対内的なものと対外的なものとがあります。そして対外的な業務執行の場合には、法人を代表する機関が必要となることから、その役割を果たすのが代表理事（会長・理事長）です。

　代表理事（会長・理事長）は、法人の業務執行について包括的な権限を有しており、その対外的な行為は、法人を代表する行為となります（法77条4項・197条）。すなわち、代表権とは、当該機関（代表理事・会長・理事長）による対外的な業務執行が法人の行為とされる権限をいいます。代表権に制限を加えても善意の第三者には対抗できず、相手が善意である場合は当該取引は有効とされます（法77条5項・197条）。

　代表理事は、必要的常設機関であり、法的な地位を示す用語です。

Ⅱ　代表理事（会長・理事長）以外の業務執行理事の意義

　代表理事（会長・理事長）以外の業務執行理事とは、以下①、②のいずれかの者をいいます（法115条1項・198条）。
　①　代表理事（会長・理事長）以外の理事であって、理事会の決議によって一般社団法人・一般財団法人の業務を執行する理事として選定されたもの
　②　一般社団法人・一般財団法人の業務を執行したその他の理事

Ⅲ　理事会で選定された代表理事（会長・理事長）以外の業務執行理事（選定業務執行理事）の権限

　理事会設置一般社団法人・一般財団法人は、理事会の決議によって、代表理事（会長・理事長）とは別に内部的な業務執行のみを担当する機関として、業務執行理事を選定することができます（法91条1項2号・197条）。

　当該理事会において選定された業務執行理事（以下「選定業務執行理事」という。）の権限は、法人の業務執行の統一性を確保する必要上、代表理事（会長・理事長）の包括的な代表権に基づく指揮命令系統の下で、理事会の決議又はこれに基づき定められた職務権限規程などの範囲で、自ら決定し、かつ執行する権限を有します。

　一方、当該選定業務執行理事は代表理事（会長・理事長）のように対外的業務執行権は有していないため、対外的業務執行を行う場合には、代表理事（会長・理事長）からの委任を受けて法人を代理することになります。

Ⅳ　選定業務執行理事の義務

　選定業務執行理事も理事ですから、一般的義務として善管注意義務（民法644条）・忠実義務（法83条・197条）を負い、代表理事（会長・理事長）ないし他の選定業務執行理事の業務執行を監視する義務を負います。

さらに、選定業務執行理事は、内部的業務執行を行う際には関係職員を指揮しますので、善管注意義務に基づき関係職員の行為を監督する義務を負います。

そして、原則として3か月に1回以上（定款で毎事業年度に4か月を超える間隔で2回以上その報告をしなければならない旨を定めた場合は、それによる。）、自己の職務の執行の状況を理事会に報告する必要があります（法91条2項・197条）。

V 役付理事と選定業務執行理事との関係

法人において、定款をもって会長・理事長・専務理事・常務理事等の名称を付した理事を設ける場合が多いと思われます。このような名称を付した理事を役付理事といいます。役付理事の選定については、一般法人法には規定がありませんが、定款で理事会が選定すると定められていることが一般的です。

一般的に、専務理事は代表理事（会長・理事長）の業務執行の全般について補佐し、常務理事は、事業や経理等法人業務の部門的事項につき、代表理事（会長・理事長）や専務理事の業務執行を補佐します。このように、専務理事・常務理事という肩書は、通常指揮命令系統の上位（代表理事〔会長・理事長〕に次ぐナンバー2、あるいはナンバー3の職位等）にある者に付けられます。

なお、専務理事・常務理事は法定の機関ではないため、一般法人法上の概念である代表理事・選定業務執行理事とは必ずしも一致しませんが、通常は専務理事・常務理事は選定業務執行理事として選定され、場合によっては代表理事として選定されることもあります。

Q052 社員（評議員）から理事の選任議案が提案された場合の取扱い

今回の定時社員総会（定時評議員会）において理事全員が任期満了となるのに伴い、社員（評議員）から理事の選任議案の提案が見込まれています。当法人（理事会設置一般社団法人・一般財団法人）では初めてのケースであるため、これにつき検討していますが、理事の選任議案が実際に提案された場合の対応について、ご教示下さい。

A052

I　議題提案権の要件

1　理事会設置一般社団法人の場合

理事会設置一般社団法人の場合は、理事会非設置一般社団法人と異なり、社員が単独で理事に対し、一定の事項を社員総会の目的（議題とすること〔法43条1項〕）を請求することができず、総社員（総会員）の議決権の30分の1（これを下回る割合を定款で定めた場合にあっては、その割合）以上の議決権を有する社員（会員）に限り、議題を提案することができます（法43条2項前段）。

その議題提案権の請求は、社員総会の日の6週間（これを下回る期間を定款で定めた場合にあっては、その期間）前までにする必要があります（同条2項後段）。

2　一般財団法人の場合

評議員は、理事に対し、一定の事項を評議員会の目的とすることを請求することができます（法184条前段）。すなわち、議題の提案は、評議員単独で行うことができます。

Q052 社員（評議員）から理事の選任議案が提案された場合の取扱い

その議題提案権の行使は、評議員会の日の４週間（これを下回る期間を定款で定めた場合にあっては、その期間）前までにする必要があります（同条後段）。

なお、理事会設置一般社団法人の上記１の６週間、評議員会のこの４週間の期間は、社員総会（評議員会）においては、社員総会（評議員会）は、招集通知に掲げられた社員総会（評議員会）の目的である事項以外の事項については、決議をすることができないとされており（法49条３項・189条４項）、社員（会員）提案、評議員提案に係る議題も、招集通知に記載・記録する必要があるので、そのための期間を設ける必要があるために定められたものです。

Ⅱ 社員（会員）・評議員の請求に応じなかった場合

社員（会員）・評議員から適法に議題提案がなされたにも関わらず、当該事項を社員総会（評議員会）の議題としなかった場合には、社員総会（評議員会）の招集手続に法令違反の瑕疵があることになり、社員総会（評議員会）の決議取消事由となります（法266条１項１号）。

また、社員（会員）・評議員から適法に議題提案がなされたにも関わらず、当該事項を社員総会（評議員会）の議題としなかった理事は、100万円以下の過料に処せられます（法342条10号）。

Ⅲ 理事選任議案に関する社員（会員）・評議員の議題提案権に対する対応

1 対応例

① **法人**

理事会設置一般社団法人・一般財団法人

② **定時社員総会・定時評議員会**

理事全員の任期満了に伴う改選に関する定時社員総会・定時評議員会

③ 定款上の理事の員数

　　4名以上6名以内

④ 理事候補者数

　ⅰ　法人側提案の理事候補者数　6名

　ⅱ　社員（会員・評議員）提案の理事候補者数　4名

2　定款上の理事の員数を超える理事候補者数と定款違反との関係

　法人側の提案した理事候補者の数（6名）と社員（会員・評議員）が提案した理事候補者の数（4名）を合計したものが定款で定める理事の員数（6名）を超えることとなっても、社員（会員・評議員）の行った提案が定款に違反することにはなりません。

　なぜなら、本例の社員（会員・評議員）の提案した議案は、定款に定める理事の員数を超える数の理事を選任することとなる内容のものではなく、社員総会（評議員会）は、定款に定める員数（6名）の範囲内で理事の選任を行えば足りるからです。

3　選任決議

① 社員総会（評議員会）の普通決議

　理事選任議案は、各候補者ごとに1つの議案であるので、社員総会において各候補者ごとに過半数の賛成（法49条1項）・評議員会において各候補者ごとに議決に加わることができる評議員の過半数の賛成（法189条1項）を得ることが必要です。

　その結果、8名の候補者が過半数の賛成を得た場合には、定款上の理事の員数は6名であるので、2名の候補者につき誰を理事として選任すべきかを決定する必要があります。

② 選任順位の決定の仕方

　上記①の場合において、過半数の賛成を得ている者が8名いる場合に、誰を理事として選任すべきかについての方法は、一般法人法には規定はありません。

Q 052 社員（評議員）から理事の選任議案が提案された場合の取扱い

i 選任方法を得票の多少によることとすること

選任方法を得票の多少によることとすることには、一定の合理性があると認められるので、この選任方法を採用する旨を当該社員総会（評議員会）において取り決めた上で、またはこの選任方法によることを社員総会（評議員会）において定める社員総会運営規則（評議員会運営規則）に規定化し、その旨を招集通知に記載することで、全理事候補者の中から得票順に上位から定款に定める員数内（本例では6名）で選任することとするのは妥当と解されます。

ii 法人側提案の候補者と社員（会員・評議員）側提案の候補者が重複して同一の人物を候補者としている場合

全体の理事候補者（10名）のうち、例えばA、B候補者の2名が重複している場合には、A、Bについては過半数の賛成により選任するものとし、残りの6名の候補者については、過半数の賛成と得票順に上位4名までを理事として選任することも1つの選任方法と解されます。

iii ii の方法の修正提案と解する場合

A、Bについては、過半数の賛成により選任するものとし、その他の候補者（6名）については、例えば法人側提案の残り4名と社員（会員・評議員）側提案の2名とを、定められた付議の順序で審議採決し、定款に定める員数（6名）の枠に達すれば、その他の候補者については否決されたものとして取り扱うことも可能と解されます。

Q053 使用人兼務理事の設置について

当法人には、専務理事、常務理事の役付理事の業務執行理事はいますが、使用人を兼務するような理事はいません。使用人兼務理事を置く場合の選任や報酬決定の手続きについて教えて下さい。

A053

Ⅰ 使用人を兼務する理事を選任することの実益

　我が国では、改正前民法法人の時代において、理事兼法人事務局長等、理事と使用人とを兼務する例が見られました。使用人として長年勤務してきた者が法人内で昇進し、使用人としての地位を有したまま理事に就任する場合です。これは、新しい法人制度に移行した現在においてもその実態は変わりがないと考えられます。

　使用人兼務理事は、理事としての報酬のほか使用人としての給与も受け取ることができるため、法人としては、社員総会・評議員会で決定することが求められている理事報酬額をある程度低く設定することができるという実益があります。

Ⅱ 理事と使用人との兼任の可否

　理事会設置一般社団法人、一般財団法人の場合、理事は理事会の構成員として理事会に出席し、法人の業務執行について決定したり、代表理事（会長・理事長）等の職務執行を監督する（法90条2項1号・2号・197条）一方、使用人は代表理事（会長・理事長）等の指揮・命令に服することになるため、両者を兼

Q053 使用人兼務理事の設置について

任することには疑義がないわけではありません。

しかし、一般法人法には理事と使用人との兼任を禁止する規定がないことなどから、法律上認められるものと解されています（最高裁昭和43年9月3日。株式会社の取締役が使用人たる地位を兼ねることを認めた事例参照）。

Ⅲ　法人との法律関係

使用人兼務理事は、理事として法人との間で委任関係（法64条・172条1項）に立つと同時に、使用人として法人との雇用関係（民法623条）に基づいて、使用者である法人の指揮命令に従い労務を提供する義務があります。

使用人兼務理事は、このような相互に矛盾する立場を併せ持つことになりますが、使用人であるからといって、理事としての責任が軽減されるものではありません。

Ⅳ　報酬と給与の決定

理事としての報酬は、定款又は社員総会（評議員会）の決議により定められます（法89条・197条）。社員総会（評議員会）で理事報酬を定めるときは、実務上、「理事報酬は年額〇〇万円以内とし、その中には使用人兼務理事の使用人分の給与を含まない」というような定め方をして、理事報酬と使用人分の給与を明確にしています。

このように使用人兼務理事は、理事報酬とは別に使用人としての給与を受領することができ、その場合には、理事と法人との利益相反取引として理事会の承認を得なければなりませんが（法84条1項2号・197条）、あらかじめ理事会で決定された給与体系に基づいた額の支給を受けているときは、その都度改めて理事会の承認を得る必要はないとされています（前記最高裁昭和43年9月3日参照）。

なお、定款において理事は無給とされている法人の場合には、使用人兼務理

事のうち理事についての報酬は支給されず、全額使用人の給与として支給されることになります。

V 使用人兼務理事の選任手続

使用人兼務理事も理事として原則どおり社員総会（評議員会）の決議によって選任します（法63条1項・177条）。

社員総会（評議員会）の理事選任の議案において、当該理事が使用人を兼務することを明らかにする必要はありません。理事に選任された者は、その就任を承諾することによって理事に就任します。

使用人について、その者が法人の重要な使用人（例えば、法人の事務局長、部長等）に該当する場合には、理事会での決議が必要となります（法90条4項3号・197条）。

したがって、理事の任期満了により理事に再任された場合で事務局長等を兼務する場合には、改めて重要な使用人として理事会の決議が必要になると解されます。

VI 使用人兼務理事の義務

1 理事としての義務

使用人兼務理事も理事であることから、理事としての義務を負います。理事としての一般的義務として、善管注意義務・忠実義務（法83条・197条）を負うことから、善管注意義務をもって理事会への出席や代表理事（会長・理事長）等の業務執行の監督という理事としての職務を遂行しなければなりません。

また、善管注意義務・忠実義務を具体化したものとして、競業規制や利益相反取引規制（法84条1項・197条）に服することになります。

なお、使用人兼務理事も理事である以上、原則として、使用人として代表理事（会長・理事長）等の指揮・命令に従わなければならないことを理由に、監

督義務が軽減されることはありません。

2　使用人としての義務

　使用人兼務理事は、使用人としての地位も有しているので、代表理事（会長・理事長）等業務執行の権限を有する者の指揮・命令に従って、誠実に労務を提供する義務を負います。

Q054 理事の定年制

当法人の理事の高齢化が顕著になってきたため、理事に定年制を設けたいと考えています。定年制の方法については、どのように定めればよいのでしょうか。

A054

I　理事の定年制の意義

　理事の定年制の問題は、改正前民法法人（改正前34条に基づく公益法人）にあっても、理事の定年制につき各般において論じられてきました。しかし、理事の定年制については、現実に理事会においてこれを採り上げて議論するには、当該理事会の構成員の中に定年制の基準を設けようとするに当たり、既にその基準に達している理事も含まれているというようなことがあることから、意見の調整ができないということで、多くの場合これまで見送られてきたというのが実態であると考えられます。

　この実態は、新しい法人制度に移行した現在においても同じであるといえます。特に、一般財団法人、公益財団法人の場合にあっては、法人の設立経過との関係において、理事長等を20年、30年と務めている者がいる法人にあっては、財政的に退職慰労金を支払うことができない状態にあるところもあります。

　民間企業の経営者の若返りが一層進んでいる現況下にあって、一般法人、公益法人において、理事の高齢化に伴う経営の硬直化が顕著に見られる現状下にあっては、理事の定年制は、検討されるべき問題であると考えられます。理事の定年制を設ける場合、⑦定款で定める方法と、④法人の規則で定める方法とが考えられます。

Q054　理事の定年制

Ⅱ　定款で定年制を設ける方法

そもそも理事の定年制は、理事の資格を制限することになるので、定款で理事の資格を制限できるかが問題となります。

一般法人法には、理事の資格に関する法律上の制限として、理事の欠格事由（法65条1項1号〜4号・177条）や兼任禁止規定（法65条2項・177条、173条2項）が存在します。

定款自治の一環として、理事の資格に合理的な制限を設けることは一般に許されると解されています。例えば、年齢による資格制限は、理事の高齢化や人事の停滞を防止し、事業の活力向上にもつながるため、合理的な制限であると考えられています。したがって、定款により理事の定年制を設けることは許されると考えられます。

Ⅲ　定款で定年制を定めた場合の効果

例えば、定款において「80歳に達した理事は、直ちに退任する」と定めた場合には、80歳を迎えた理事は、理事の資格を喪失することになります。また、「80歳に達した者を理事に選任することができない」と定めた場合には、80歳以上の者を理事に選任した場合には、その決議は定款違反としてその選任決議は取消事由となります（法266条1項2号）。

Ⅳ　定款で定年制を定める場合の手続き

定款により理事の定年制を導入する場合には、定款変更の手続きをとる必要があります。すなわち、社員総会・評議員会を招集して、理事の定年制導入に係る定款変更の議案につき、社員総会・評議員会の特別決議を経る必要があります（法146条・49条2項4号、200条1項本文・189条2項3号）。

定款に定める規定形式としては、「理事の定年日は、満〇歳に達した日の属

する定時社員総会・定時評議員会の終結の日とする。」と規定するような場合が多いと考えられます。この規定形式は、後任理事の選任との関係を考慮したものと解されます。

　また、定款において定年制を設けた場合、定款附則において経過措置として、例えば、「現在在任している理事で、定年年齢を超える者は、その任期が終了するまで定年を延長する」等の規定が一般的に設けられるものと考えられます。

V　法人の規則で定年制を定めた場合の効力

1　法人規則による定年制の可否

　理事の定年制との関係において、法人規則で理事の資格を制限することができるかという問題があります。

　これに関して、一般法人法においては、理事の選任（法63条1項・177条）及び解任（法70条1項・176条1項）は、社員総会・評議員会の決議によるものとされています。また、理事の任期は、原則として2年以内に終了する事業年度のうち最終のものに関する定時社員総会・定時評議員会の終結の時までと定められており、定款又は社員総会の決議（一般社団法人の場合）により、これを短縮することができるとされています（法66条・177条）。

　このような一般法人法の規定に鑑みると、理事の資格及び任期に関する事項は、社員（会員）・評議員に利害を与える重要事項であるため、法令、定款若しくは社員総会決議によって定めるべき事項であると考えられます。そして、理事の定年制はまさに理事の資格若しくは任期に関わる事項であるため、法人規則によって理事の資格を制限することはできないと解されます。したがって、法人規則によって理事の定年制を設けたとしても、この規定には法的効力は認められないと解されます。

2　法人規則で定年制を定めた場合の効力

　法人規則で定年制を設ける方法としては、㋐一定年齢に達した時点で辞任

Q054　理事の定年制

（退任）する、④一定年齢に達した場合、当該任期満了日に退任するというものが考えられます。

①　一定年齢に達した時点で辞任（退任）する場合

一定年齢に達した時点で辞任（退任）すると規則に定めても、この規定に基づき理事を退任させることは認められません。

なお、一定年齢に達した理事が自発的に辞任した場合にはその規定は問題とならず、理事の年齢に関する基準を提示するものとしての意味をもたせるということも考えられます。しかし、当該年齢に達した理事のうち、自発的に辞任する者と辞任しない者とが生じて、公平を欠くなどの問題も発生しかねないため、このような形式で規則を定めることには慎重に検討すべきものと考えられます。

②　一定年齢に達し、当該任期満了日に退任する場合

一定年齢に達した場合、当該任期満了日に退任するという形式の場合ですが、任期満了時に理事の地位を失うことは当然であり、この規定は法的には特別の意味はありません。ただし、このような規定が存在する場合、理事候補者を選出するときには、年齢を考慮するという推薦基準としての意味を持つことにはなります。

以上のように、法人規則で定年制を設けた場合、その意味が全くないわけではありませんが、一定の年齢に達した理事は任期の満了後には、次回の社員総会・評議員会の理事候補者として推薦されないという法人の方針を定めたものとして、当該規定は勧告若しくは訓示的な効力を有するものとして理解することになると考えられます。この点において、一定の効果はあると思われます。

Q055 現理事を代表理事（会長・理事長）に予選することは可能か

当法人の理事全員（6名）は、5月末に開催される予定の定時社員総会（定時評議員会）の終結時に任期が満了することになっています。現代表理事（A・会長・理事長）は、体調不良につき、現理事（B）に代表理事（会長・理事長）の職を譲りたいと考えていますが、Aは近く入院の予定のため、次回開催の定時社員総会（定時評議員会）に出席できそうにもありません。そのため、B理事を次の代表理事（会長・理事長）に予選しておきたいと考えています。このような場合、現理事を次の代表理事（会長・理事長）に予選することはできますか。またその場合、どのような手続き・条件が必要となるのでしょうか。

A055

I　代表理事（会長・理事長）の予選の可否

　理事会設置一般社団法人・一般財団法人の理事会は、すべての理事で組織され（法90条1項・197条）、理事会は、理事の中から代表理事（会長・理事長）を選定しなければなりません（法90条3項・197条）。

　「予選」とは、現任役員の任期満了前に後任役員の選任決議をし、現任役員の任期満了の時に、その選任決議の効力を生じさせる選任方法をいいます。この予選の決議は無制限に許されるわけではなく、前任者の退任日までの期間が比較的短く、予選することについて合理的な理由がある場合に限られると解さ

Q 055　現理事を代表理事（会長・理事長）に予選することは可能か

れています。

　一般的に、理事会の決議に条件や期限を付することは、それらが強行法規、定款又は法人の本質に反するような不合理なものでなければ許されると解されています（最高裁昭和37年3月8日。株主総会決議に関して、参照）。

　したがって、代表理事（会長・理事長）の予選について、それが不合理でない限りは認められることになります。

　理事会設置法人における代表理事の選定は、本来その選定の効力の発生時における理事会の構成員が決議すべきものですから、有効な予選が行われるためには、予選時と予選の効力発生時の理事会の構成員に変動がない場合でなければなりません（A、Bを含めた理事全員が再任されることが必要とされます。）。

　すなわち、このように理事全員に変動がない場合に限って、現任理事によって構成される理事会の決議により、代表理事（会長・理事長）予定者（B）を予選することができることになります。

　ただし、前述のように、前任者の退任日の1か月程度前など合理的な期間の範囲内の予選でなければならないとされています（昭和41年1月20日民事甲271号回答参照）。

　なお、理事でない者を次の社員総会（評議員会）で理事に選任されることを条件にして、次の代表理事（会長・理事長）に選定する場合や予選の前後を通じて理事会の構成員に変動が生じる場合には、代表理事（会長・理事長）の予選は認められないことになります。

II　社員総会（評議員会）における理事の予選

　代表理事（会長・理事長）の予選が有効になされるためには、その前提として社員総会（評議員会）において、予選による理事全員の再選と全員の就任承諾が必要とされます。

　本事例では、理事全員が任期満了となる定時社員総会（定時評議員会）の1

か月程度前に臨時社員総会（臨時評議員会）を開催して、予選による理事全員の再任の手続きをしなければなりません。

Ⅲ　予選された理事及び代表理事（会長・理事長）の就任者

　一般的に、理事が選任されても被選任者の就任承諾がなければ、就任の効果は生じません。予選の場合には、予選後に非選任者が直ちに就任を承諾したとしても、その就任の効果が生じるのは、前任者の退任時であることはいうまでもありません。

　したがって、代表理事（会長・理事長）の予選が認められる場合、現代表理事（A・会長・理事長）の任期満了前の時点で予選された代表理事（B・会長・理事長）が就任を承諾したとしても、理事会の決議した条件である現代表理事（A・会長・理事長）の任期満了時（定時社員総会・定時評議員会の終結時）に、その効力が生じることになります。

Ⅳ　臨時社員総会（臨時評議員会）で理事6名を予選した場合の議事録

　この場合の議事録としては、次のようなものになると考えられます。

第〇号議案　理事6名の予選の件

　議長は、定款の規定により現理事6名が本年〇月〇日開催予定の定時社員総会（定時評議員会）の終結をもって任期満了となるところ、〇〇〇〇の理由により本日理事6名の予選をしたい旨及び候補者につき次に掲げる現理事6名を再任としたい旨を述べた。引き続き議長は、議場に各候補者毎にその賛否を諮ったところ、満場異議なくこれを承認し可決した。

　なお、被選任者は全員議場において、その就任を承諾した。

　理事　〇〇〇〇　〇〇〇〇　〇〇〇〇

○○○○　○○○○　○○○○

V　理事会で代表理事（会長・理事長）を予選した場合の議事録

この場合の議事録としては、次のようなものになると考えられます。

第○号議案　代表理事予定者の選定の件
　議長は当法人代表理事（会長・理事長）Aが○○○○の理由により、本年○月○日開催予定の定時社員総会（定時評議員会）の終結をもって代表理事（会長・理事長）を退任する意向であるため、その後任者としてB氏を次期代表理事（会長・理事長）に予選したい旨を述べ一同に諮ったところ、全員異議なくこれを承認し可決した。
　なお、B氏はその就任を承諾した。

Q056 定時社員総会・定時評議員会を途中で一時中断し、理事会を開催して代表理事（会長・理事長）等を選定することの可否

当法人は、新しい法人制度へ移行する前から、代表理事（会長・理事長）等の選定については、社員総会（評議員会）で新理事が選任された時点で一時中断し、新理事で構成される理事会で代表理事（会長・理事長）等を選定し、その結果を再開後の社員総会（評議員会）に報告する形式を採り、現在でもこれと同じ方法を継続していますが、妥当な方法と解することができますか。ご教示下さい。

A056

Ⅰ　理事の任期

理事の任期は、「選任後2年以内に終了する事業年度のうち最終のものに関する定時社員総会（定時評議員会）の終結の時まで」とされています（法66条本文・177条）。したがって、定時社員総会（定時評議員会）の閉会の時点で、それまでの理事の任期は満了することになります。

一方、定時社員総会（定時評議員会）において選任された理事の任期は、定時社員総会（定時評議員会）の閉会の時から始まり、就任承諾をすることにより、理事に就任することになります。

Ⅱ　新理事による理事会の開催と代表理事（会長・理事長）等の選定

定時社員総会（定時評議員会）において選任された理事で構成される新理事

会は、当該定時社員総会（定時評議員会）の終結後、一般法人法に定める所定の手続き（法94条2項・197条等）を経て開催することになります。

代表理事（会長・理事長）や代表理事（会長・理事長）以外の業務執行理事等は、この定時社員総会（定時評議員会）終結後の最初の理事会で選定されることになります（法90条2項3号、90条4項柱書・197条）。

Ⅲ　定時社員総会（定時評議員会）の終結前の理事会の開催と代表理事（会長・理事長）等の選定とその効力

定時社員総会（定時評議員会）において理事の選任が行われた後、当該定時社員総会（定時評議員会）を一時中断し、そこで選任された新理事をもって理事会を開催して、新代表理事（会長・理事長）等の選定を行うことができるかです。

これについては、この方式でも代表理事（会長・理事長）等の選定を行うことができるとする見解があります。

しかしながら、新理事は、前述の1のとおり、定時社員総会（定時評議員会）の終結後に就任することとなるので、定時社員総会（定時評議員会）を一時中断して開催した理事会は、新理事としての資格を有しない者の構成による会議であり、新理事による理事会と認められないと解されます。

したがって、この会議での代表理事（会長・理事長）等の選定はできないと解するのが妥当と考えられます。

Q057 代表理事（会長・理事長）の急病による辞任で欠員が生じた場合の対応方法

当法人は、代表理事（会長・理事長）1名のみを置く理事会設置一般社団法人（一般財団法人）ですが、先般、代表理事（会長・理事長）が突然の重病で入院し、法人の職務を続けることが不可能となりました。その後、本人から辞任の申し出があったため、定款に定める理事及び代表理事（会長・理事長）の員数について、それぞれ欠員が生じることとなりました。このままでは法人の事業活動に支障をきたしますことから、このような場合には、どのような措置をとる必要がありますか。ご教示下さい。

A057

I 理事及び代表理事（会長・理事長）の最低員数を欠いた場合の対応措置

一般的に、役員の退任により法律又は定款で定めた員数を欠くに至った場合において、その退任の事由が任期の満了又は辞任によるときは、その役員は後任者が就任するまで、なお役員としての権利と義務とがあります（法75条1項、79条1項・177条、197条）。

しかし、本事例の重病による辞任のように事実上役員としての職務を続けることが困難な場合には、その役員は権利義務を有するとは考えられませんので、理事及び代表理事（会長・理事長）のそれぞれについて、遅滞なく後任者を選任・選定する必要があると考えられます。

Ⅱ　後任理事の選任

　理事は、社員総会（評議員会）において選任することとされていますが（法63条1項・177条）、何らかの理由により社員総会（評議員会）を開催して遅滞なく後任の理事を選任することができないときは、社員（会員）、理事、監事、評議員等の利害関係人は、法人の主たる事務所の所在地を管轄する地方裁判所に対して、一時に理事の職務を行うべき者（一時理事）の選任を請求することができます（法75条2項・177条、287条1項）。

Ⅲ　後任代表理事（会長・理事長）の選定

　理事会設置一般社団法人、一般財団法人においては、代表理事（会長・理事長）は理事会において選定しなければなりません（法90条2項3号・197条）。理事会は、原則として各理事に招集する権限があります（法93条1項本文・197条）。
　一般法人法又は定款に定めた理事の員数に欠員が生じても、現存する理事によって理事会を開催し、現存する理事の中から後任の代表理事（会長・理事長）を選定することができます（昭和40年7月13日民事甲1747号回答参照）。ただし、この場合の理事会の定足数は、一般法人法又は定款に定めた最低の員数を基礎として計算します。例えば、定款に定めた理事の最低の員数が6名で、現存する理事の総数が5名の場合には、定款に別段の定めがない限り、過半数である4名以上の出席が必要となります。
　現存する理事の中に後任の代表理事（会長・理事長）に就任する者がなく、社員総会（評議員会）を開催して遅滞なく理事を選任することができないときは、一時理事の選任を地方裁判所に請求し、選任された一時理事を含めた理事会を開催して、後任の代表理事（会長・理事長）を選定することになります。
　また、理事の中に後任の代表理事（会長・理事長）に就任すべき者がいる場合でも、何らかの理由により理事会を開催することができないような事情があ

るときは、利害関係人は、地方裁判所に対し現存理事の中から、一時代表理事（会長・理事長）の職務を行うべき者を選任するよう請求することができます（法79条2項・197条）。

Ⅳ　登記手続

1　辞任による退任の登記

　理事会設置一般社団法人・一般財団法人において、理事及び代表理事（会長・理事長）が辞任したことによって一般法人法で定めた最低の員数（理事は3名、代表理事〔会長・理事長〕は1名）を欠くことになった場合、辞任による退任の登記の申請は、後任者の就任の登記の申請と同時でなければ受理されません（大正3年1月30日法務局民1217号法務局長通牒参照）。

2　後任者の就任の登記

　代表理事（会長・理事長）が1名のみの法人においては、辞任した理事及び代表理事（会長・理事長）の退任の登記を、後任の代表理事（会長・理事長）が申請人となって、後任者の就任後2週間以内に主たる事務所の所在地の登記所に申請することになります（法303条）。

3　一時理事等の登記

　一時理事が裁判所によって選任されたときは、裁判所がその登記を登記所に嘱託します（法315条1項2号イ）。また、新たに理事が選任されると一時理事は当然その地位を失うことになるので、新たな理事の就任の登記がされたときに登記官の職権により一時理事の登記が抹消されることになります（法登規則3条、商登規則68条）。

　なお、一時代表理事（会長・理事長）が選任されたときも同様です。

Q058 理事就任後、欠格事由に該当していることが判明した場合の法人の対応

昨年の定時社員総会（定時評議員会）において選任したA理事が、就任以前に勤務していた法人で、特別背任罪により罰金刑を受けていたことが判明しました。この場合、法人はこれに対しどのように対応したらよいでしょうか。

A058

Ⅰ 理事の欠格事由

　一般法人法においては、理事になることができない事由として、次の4つを定めています（法65条1項・177条）。これらの事由に該当する者は、理事になることができません。在任中にこれらの事由に該当することとなったときは、理事としての資格を喪失することになります。

① 法人
② 成年被後見人若しくは被保佐人又は外国の法令上これらと同様に取り扱われている者
③ 一般法人法若しくは会社法の規定に違反し、または民事再生法、外国倒産処理手続の承認援助に関する法律、会社更生法、破産法に規定する罪を犯し、刑に処せられ、その執行を終わり、またはその執行を受けることがなくなった日から2年を経過しない者
④ 上記③以外の法令の規定に違反し、禁錮以上の刑に処せられ、その執行を終わるまで又はその執行を受けることがなくなるまでの者（刑の執行猶予中の者を除きます。）

本事例の場合、A理事は、理事就任前に勤務していた法人で、特別背任罪（法334条）により罰金刑に処せられたりしたのですから、刑の執行（罰金の支払）から２年を経過していないときは、一般法人法65条１項３号の理事の欠格事由に該当することになりますので、理事になることはできません。

Ⅱ　理事の欠格事由を看過した選任の効力

　理事の欠格事由に該当することを看過して理事に選任した場合、その選任の効力については、次のように考えられます。

1　対内的効力

　理事の欠格事由に該当する者を理事に選任しても、その社員総会（評議員会）の選任決議は、決議の内容が法令に違反しているため、当然に無効であると解されており、決議無効確認の訴えの請求理由になります（法265条２項）。

　そこで、理事の欠格事由に該当する理事の行為は、対内的には無効であると解されます。

　なお、理事の欠格事由に該当する者を選任したことにより、法人に損害が生じた場合、欠格事由に該当する者であることを秘して理事に就任した者は、法人に対して不法行為による損害賠償責任を負うことになります（民法709条）。

　また、欠格事由があることを知り、または知り得べきでありながら候補者として推薦した他の理事も、法人に対し損害賠償責任を負います（法111条１項・198条、83条・197条）。

2　対外的効力

　欠格事由に該当する者が理事として行った対外的な行為は、権限のない者の行為であることから、原則として無効であると解されます。しかし、法人は社員総会（評議員会）において理事を選任すれば、その就任の登記をするのが通常であり、その場合、法人は故意又は過失により不実の事項の登記をしたことになるため、その理事の選任が無効であることを善意の第三者に対抗すること

ができません（法299条2項）。在任中に理事が欠格事由に該当するに至り、退任したがその登記がなされていない場合についても同様です（法299条1項）。

また、善意の第三者として、表見代理（民法109条）、あるいは表見代表（法82条・197条）に関する原則によって保護される場合もあります。その結果、法人は理事の欠格事由に該当する者が行った行為について、責任を負うことになります。

3 理事会の効力

欠格事由のある者が理事として参加した理事会決議の効力については、㋐単に欠格事由のある者が理事会の一員として決議に加わったということで直ちに無効となることはないとする見解と、㋑その者の参加によってなされた理事会の決議は無効であるとする見解、とがあります。

もっとも、単に欠格事由のある者が参加していたにとどまらず、その者が招集して行われた理事会については、無効とされる可能性が高いものと考えられます。

このような場合には、実務的には可能な限り、早急に欠格事由のある理事を除いた他の理事の構成で再度理事会決議を行っておくべきものと考えられます。

4 就任の登記の抹消

欠格事由に該当することを看過して理事を選任し、就任の登記を行っている場合には、法人としては、損害の発生を最小限に止めるためにも、登記された事項につき無効の原因があることを理由として、速やかにその就任の登記の抹消を管轄の登記所に申請する必要があります（法330条・商登法134条1項2号）。

Q059 代表理事（会長・理事長）が職務に支障を来すような事態（重病）に陥ったときの法人の対応

最近、当法人の代表理事（会長・理事長）の言動がおかしくなったため、家族の方で病院で診察を受ける手続きを執ったところ、認知症と診断されました。このような精神状態では法人の職務執行に支障があるため、辞任してもらうのが最も適切な方法と考えられますが、そのような対応が難しい場合、法人としてはどのように対応をすればよいのでしょうか。

A059

I 代表理事（会長・理事長）の職務・権限・地位

　代表理事（会長・理事長）は、法人の業務に関する一切の裁判上又は裁判外の行為をする権限を有しています（法77条4項・197条）。この代表理事（会長・理事長）の権限には、法人を代表する権限と法人の業務執行をする権限とがあります。

　業務執行には、対内的なものも対外的なものもあり、対外的な業務執行は、その行為の効果が法人に帰属するという点において、法人の代表であります。

　このように重要な機関である代表理事（会長・理事長）が認知症と診断され、言動がおかしく、法人の業務執行に支障を来たしている場合には、このまま放置しておくと、法人、社員（会員）、評議員その他法人関係者に重大な問題が発生するおそれがあります。そのためには、代表理事（会長・理事長）の地位を速やかに退いてもらうことの必要性があると考えられます。

Q059 代表理事(会長・理事長)が職務に支障を来すような事態(重病)に陥ったときの法人の対応

Ⅱ 代表理事(会長・理事長)の解職等

1 代表理事(会長・理事長)の解職と新たな代表理事の選定

　代表理事(会長・理事長)が自分の病状を自覚し本人から辞任の申し出があれば、問題は円滑に解決することができます。しかし、辞任勧告等にも応じない場合には、代表理事(会長・理事長)の解職と新たな代表理事(会長・理事長)の選定が、当面の問題として検討されるべきことになります。代表理事(会長・理事長)の選定及び解職は、理事会設置一般社団法人・一般財団法人においては、理事会の決議で行うことができます(法90条2項3号・197条)。

　なお、理事会が、職務に支障を来すような状態(重病)に陥った代表理事(会長・理事長)を解職しなかったため、法人の業務執行に支障を来し、法人に損害が発生すれば、理事は、当該法人又は第三者に対し、監督上の任務懈怠があったとして、損害賠償責任を負う可能性があります(法111条1項・117条1項・198条)。

2 新たな代表理事(会長・理事長)を選定できない場合の一時代表理事(会長・理事長)の選任

　代表理事(会長・理事長)の解職については、理事会の意見が一致しても、新たな後任の代表理事(会長・理事長)の選定については、意見が分かれて選定ができないことも考えられます。

　このような場合には、理事等の申立てにより、裁判所において一時的に代表理事(会長・理事長)の職務を行うべき者(一時代表理事・会長・理事長)を選任してもらう必要があります(法79条2項・197条)。

3 理事の解任

　代表理事(会長・理事長)を解職しても、それだけでは、理事としての地位は残ることになります。したがって、理事の地位も退いてもらうためには、社員総会(評議員会)において、理事の解任決議を行う必要があります(法70条

1項・176条1項2号)。

Ⅲ　成年後見開始又は保佐開始の審判

　職務の執行に支障を来すような状態（重病）に陥った代表理事（会長・理事長）が自ら辞職しない又は辞職することができない場合には、理事会等の機関において、理事・代表理事（会長・理事長）を解任・解職し、新たに代表理事（会長・理事長）を選定せざるを得ません。しかしながら、何らかの事情で上記のような手段を講じることができない場合には、成年後見開始又は保佐開始の審判（民法7条、11条）を求める方法も考えられます。

　成年被後見人及び被保佐人は理事となることができないため（法65条1項2号・177条）、理事に選任された者が、選任後に成年被後見人又は被保佐人になった場合には、理事の終任事由に該当し、当然にその地位を失うことになります。

　代表理事（会長・理事長）が、精神上の障害により事理を弁識する能力を欠く常況、または著しく不十分であれば、家庭裁判所の審判を受けることにより、代表理事（会長・理事長）及び理事の地位が終了することになります。

　この場合には、理事会等の機関は、速やかに後任の代表理事（会長・理事長）を選定しなければなりません。また、理事の地位が失われたことにより一般法人法・定款で定めた理事の員数に不足が生じた場合には、速やかに社員総会（評議員会）において新たな理事を選任しなければなりません（法63条1項・177条）。

　なお、後見開始の審判、保佐開始の審判の申立てを行うことができる者は、本人、配偶者、4親等内の親族等の一定の者に限られています（民法7条・11条）。

Ⅳ　登記

　以上により、当該代表理事（会長・理事長）の地位が終了した場合には、直

Q059　代表理事(会長・理事長)が職務に支障を来すような事態(重病)に陥ったときの法人の対応

ちにその旨の登記をする必要があります(法303条)。退任の登記がなされないうちに、その代表理事(会長・理事長)であったものが、法人を代表して取引を行ったような場合には、法人は、その行為の効果が法人に帰属しないことを善意の第三者に主張できなくなるからです(法299条1項)。

Q060 代表理事（会長・理事長）の行方が分からなくなった場合の法人の対応

当法人は、理事会設置一般社団法人（一般財団法人）であり、定款において代表理事（会長・理事長）1名を置くと定めています。ところが、当該代表理事（会長・理事長）が経営する株式会社の借入金の返済の問題で、突然行方不明となり連絡もとることができない状態が継続しております。このままでは法人の運営に重大な支障が生じることになります。このような場合、法人としてどのような措置をとるべきでしょうか。

A060

I 理事会の招集権者

理事会は、原則として各理事が招集することができるとされています（法93条1項本文・197条）。しかし、この原則によるときは、各理事が自由に理事会を招集することができることになり、無用な混乱が生じかねません。

そこで、定款又は理事会の決議によって、特定の理事に対してのみ招集権を与える旨を定めることができることとされました（法93条1項ただし書・197条）。

一般法人・公益法人においては、一般的に定款等で代表理事（会長・理事長）に理事会の招集権を与えています。しかし、何らかの理由（事故、自然災害等）により代表理事（会長・理事長）が理事会を招集することができない場合には、原則に戻り各理事に招集権があることになります。

実務上は、各理事に招集権を与えるという形にすると、誰が招集する責任を

負うのか不明瞭になりがちであるという考え方から、例えば、副会長（副理事長）、専務理事等という特定の理事が招集するという旨を定款又は理事会決議で定めておくようにしています。

したがって、本事例の場合には、当該法人の定款の定めに従い、代表理事（会長・理事長）以外の理事が理事会の招集権者となり、理事会を招集することになります。

II 理事会での検討事項

Ⅰにより緊急に招集される理事会においては、今後の当該法人の運営をどのようにするか、以下のような点につき検討・審議されることになります。

① 代表理事（会長・理事長）の行方不明の原因
② 理事会開催日現在における代表理事（会長・理事長）に関する情報提供
③ 法人の業務執行上の問題点の検討

　法人の定款には、代表理事（会長・理事長）に事故ある場合の対応につき、例えば「代表理事（会長・理事長）に事故あるときは、あらかじめ定める順番で理事が代表理事（会長・理事長）の業務執行に係る職務を代行する」旨の規定を設けているのが一般的です。

　このような規定が定款に定められている場合には、短期間においては専務理事等の業務執行理事によって業務執行を行うことができるので、問題はないと考えられます。

④ 代表理事（会長・理事長）の解職の検討

　代表理事（会長・理事長）の行方不明が長期間になると見込まれる場合には、代表理事（会長・理事長）の解職も検討される必要があります。

Ⅲ 代表理事（会長・理事長）の解職及び後任代表理事（会長・理事長）の選定

　代表理事（会長・理事長）と法人との関係は、委任の関係にあると解されており（法64条・172条1項）、理事会においてはいつでも代表理事（会長・理事長）を解職することができるとされています。

　代表理事（会長・理事長）が行方不明となり実際に法人の業務執行を遂行できないことは、その理由にもよりますが、自発的に失踪したような場合には、法人に対する忠実義務（法83条・197条）に違反する行為に該当すると解され、当該代表理事（会長・理事長）を解職する正当な事由に該当すると解されます。

　したがって、代表理事（会長・理事長）を解職するには、定款等の定めに従って理事会を招集し、議決に加わることができる理事の過半数が出席し、その過半数で解職することができます（法95条1項・197条）。

　また、在任している理事の中から後任の代表理事（会長・理事長）を選定できる候補者がいる場合には、当該理事会において後任の代表理事（会長・理事長）を選定することもできます。

　なお、代表理事（会長・理事長）を解職しても理事としての資格を有するので、理事を解任する場合には、別途、社員総会の決議（法70条）、評議員会の決議（法176条1項1号）が必要となります。

Ⅳ 代表理事（会長・理事長）から理事及び代表理事（会長・理事長）の辞職願いが提出された場合

　理事会において代表理事（会長・理事長）の解職及び理事の解任の方針が決定されるまでの間に、何らかの方法で代表理事（会長・理事長）及び理事の辞職願いが提出された場合には、これを認めるという方法が考えられます。

Q060　代表理事（会長・理事長）の行方が分からなくなった場合の法人の対応

　この場合には、後任の代表理事（会長・理事長）の選定は必要となりますが、理事の辞任に伴う後任者の補充については、その補充の必要がなく、かつ、辞任が定款上の員数内であるときには、理事の選任は行う必要がないことになります。

V　定款による代表理事（会長・理事長）の追加選定

　何らかの理由により行方不明となった代表理事（会長・理事長）を解職することが妥当でないか、あるいは代表理事（会長・理事長）解職の決議が否決されたような事情があるときは、定款を変更して代表理事（会長・理事長）の員数を増加し、新たに代表理事（会長・理事長）を追加することが考えられます。

　しかし、一般法人、公益法人の場合にあって、代表理事（会長・理事長）の行方不明を原因として代表理事（会長・理事長）の員数を追加することは、一般的には難しいのではないかと解されます。

　なお、一般法人法においては、代表理事（会長・理事長）に欠員が生じた場合には、利害関係人は裁判所に一時代表理事（会長・理事長）の選任を申し立てることができるとされていますが（法79条2項・197条）、代表理事（会長・理事長）が単に行方不明になったに過ぎない場合には、ここでいう代表理事（会長・理事長）の欠員には該当しないと解されることから、この一時代表理事（会長・理事長）は選任できないとされています。

Q 061 代表理事（会長・理事長）の解職手続

当法人の代表理事（会長・理事長）は、性格が横暴で、かつ自分勝手なことばかり言っていて、理事会の運営もうまくいきません。理事の間では解職すべきだという意見も出ています。代表理事（会長・理事長）を辞めさせるためにはどうしたらよいのでしょうか。その手続きを教えて下さい。

A 061

Ⅰ 代表理事（会長・理事長）の解職・理事の解任

代表理事（会長・理事長）を強制的に辞めさせる方法としては、㋐代表理事（会長・理事長）の理事としての地位を社員総会（評議員会）の決議等で解任（法70条1項・176条1項）する方法と、㋑理事会の決議等で代表理事（会長・理事長）を解職（法90条2項3号・197条）する方法の2つが考えられます。

1名のみの代表理事（会長・理事長）を解職するときには、代表理事（会長・理事長）の解職に併せて、新たな代表理事（会長・理事長）を選定することが必要となります。

以下、「代表理事（会長・理事長）の理事としての解任」の場合と「代表理事（会長・理事長）の解職」の場合とに区分して説明します。

Ⅱ 代表理事（会長・理事長）の理事としての解任

代表理事（会長・理事長）は、理事会設置一般社団法人・一般財団法人においては、理事会において理事の中から選定されるので（法90条3項・197条）、代

Q061 代表理事（会長・理事長）の解職手続

表理事（会長・理事長）が理事の地位を失うと、当然に代表理事（会長・理事長）の地位も失います。

1　理事の解任

そのため、代表理事（会長・理事長）を強制的に辞めさせようとする場合には、その代表理事（会長・理事長）の地位の前提である理事の地位を解任するという方法が考えられます。

ところで、理事は、他の役員と同様に、社員総会（評議員会）の決議（普通決議）によって選任されます（法63条1項・177条）。解任の決議も選任と同様の普通決議により行われます。

一般社団法人の場合は、解任に正当な理由は必要ありません（法70条1項）。理事を含む役員は、いつでも社員総会の決議によって解任することができます（同条）が、解任された理事等は、その解任について正当な理由がない場合には、法人に対し、解任によって生じた損害の賠償を請求することができます（法70条2項）。

一方、一般財団法人の場合は、一般法人法176条1項に該当するときは、評議員会の普通決議（法189条1項）により解任することができます。

2　理事の解任の訴え

また、理事の職務の執行に関し、不正の行為又は法令・定款に違反する重大な事実があったにもかかわらず、その理事を解任する旨の議案が社員総会（評議員会）において否決されたときは、総社員（総会員）の議決権の10分の1以上の議決権を有する社員（会員）、または評議員は、当該社員総会（評議員会）の日から30日以内に、訴えをもってその理事の解任を請求することができます（法284条）。

なお、解任される理事が社員（会員）である場合、社員総会において、自己の解任議案に対し、社員（会員）として反対の議決権を行使することは、禁止されていません。

解任対象である理事である社員（会員）を、議案に利害関係を有するとして、その解任議案の社員総会の議決から排除することはできません。

Ⅲ　代表理事（会長・理事長）の解職

　理事会設置一般社団法人・一般財団法人においては、理事会がその決議で、代表理事（会長・理事長）を解職することができます（法90条2項3号・197条）。また、社員総会の決議により代表理事（会長・理事長）が選定された場合には、社員総会の決議によります。

　なお、代表理事（会長・理事長）の解職は、決議により代表理事（会長・理事長）の地位がなくなると直ちに効力が生じ、その決議が本人に告知される必要はないと解されています（最高裁昭和41年12月20日参照。）。

　解職された代表理事（会長・理事長）は、代表理事（会長・理事長）としての地位を失いますが、理事の地位は維持されます。理事も解任するには、別途、理事の解任手続（上記Ⅱ参照）が必要となります。

Ⅳ　代表理事（会長・理事長）の解職と特別利害関係

　一般的に、理事会の決議については、特別の利害関係を有する理事は、議決に加わることができません（法95条2項・197条）。これは、決議案に利害関係を有する理事は、その利害関係を離れて、理事として忠実義務（法83条・197条）に従った議決権行使することを要求できないと考えられるからです。

　それでは、代表理事（会長・理事長）の選定・解職についてはどう考えるべきでしょうか。まず、代表理事（会長・理事長）の選定議案については、その候補者である理事の議決権の行使は、業務執行の決定への参加にほかならず、特別利害関係に当たらないとして、議決権行使が許されると解されています。

　次に、代表理事（会長・理事長）の解職議案については、反対説もあります。しかし、その代表理事（会長・理事長）が私心を去って法人に対する忠実義務

に従い議決権を行使することはできないため、特別利害関係に当たり、その議決権の行使は禁止するのが相当と解されています（最高裁昭和44年3月28日参照）。

したがって、代表理事（会長・理事長）の解職議案の決議については、利害関係人として、その代表理事（会長・理事長）の理事としての議決権を排除し、その議案については、その代表理事（会長・理事長）は理事会の定足数からも除外する必要があります。

決議について利害関係を有する理事は、特別利害関係人として議決権がないため、その決議案について理事会における意見陳述権もなく、退席を要求されればその指示に従わなくてはならないと解されます。

また、仮に退席を要求されなくても、解職対象理事は、その議案の決議につき理事会の議長を務めることができないと解されています（東京高裁平成8年2月8日参照）。したがって定款や理事会決議で定められている次順位の理事（例えば、副会長・副理事長、専務理事など）が当該理事会の議長となり、その解職決議について議事を進めることになります。

V 代表理事（会長・理事長）の解職と理事会招集通知

理事会において代表理事（会長・理事長）を解職する場合、事前に、代表理事（会長・理事長）の解職が議題として各理事に通知されていなかったとしても、代表理事（会長・理事長）の解職決議に瑕疵があるとはいえないと解されています（東京地裁平成2年4月20日参照）。

一般的に、理事会を招集するに当たっては、会議の目的たる事項の通知は要しない（法94条1項・197条参考）とされています。この上記判例は、これを代表理事（会長・理事長）の解職の決議の場合にも認めたものであるので、解職の決議をするに当たっては、あらかじめこれを議題として各理事に通知する必要がないことになります。

Ⅵ　代表理事（会長・理事長）の解職登記

　代表理事（会長・理事長）の氏名及び住所は登記事項ですので（法301条2項6号、302条2項6号）、代表理事（会長・理事長）を解職した場合には、解職した日から2週間以内（法303条）に、その主たる事務所の所在地において、代表理事（会長・理事長）の解職による変更登記をしなければなりません。

　なお、代表理事（会長・理事長）が1人の場合で解職された場合には、これと併せて新たな代表理事（会長・理事長）の選定が必要となります。

Q 062 代表理事（会長・理事長）が理事会を無視して独断専行を繰り返している場合の問題点は何か

当法人の代表理事（会長・理事長）は、重要な業務執行に該当する行為を理事会の決議を経ないで、繰り返し行っています。法人事務局からいくら提言しても言うことを聞いてくれません。この場合、法律上いろいろな問題が発生すると懸念しています。どのような問題が考えられるか、ご教示下さい。

A 062

I 理事会の決議事項

理事会は、法人の業務執行（法人運営）事項全般について決議により、法人意思を決定します。社員総会・評議員会の招集（法38条2項・181条1項）等個別規定により理事会の専決事項とされている事項が多数ありますが、一般法人法90条4項は、重要な業務執行の決定の例示として1号から6号までを挙げ、これらの業務執行行為を理事会の専決事項としています。

これらの理事会専決事項について、理事会の決議なくして代表理事（会長・理事長）が独断で行った場合の当該行為の効力が問題となります。

II 代表理事（会長・理事長）が理事会決議を経ないで行った行為の効力に関する解釈

代表理事（会長・理事長）が、一般法人法90条4項（法197条）各号に掲げる事項その他の重要な業務執行につき、理事会の決議を経ないで行った場合の効

力についての明文の規定は一般法人法にはありません。そのため、その効力については解釈によって決せられることになります。

すなわち、行為の内容に応じて、理事会決議を要求して代表理事（会長・理事長）の専横を防ごうとする法人の利益と、代表理事（会長・理事長）が有効な内部手続を経て取引行為を行っていると信頼して行った相手方の利益とを比較衡量して検討すべきものと解されています。

Ⅲ　法人内部に関する理事会の専決事項について、決議を欠く場合

代表理事（会長・理事長）・業務執行理事の選定・解職、重要な使用人の選任・解任、従たる事務所その他の重要な組織の設置・変更・廃止などの法人内部に関する事項について理事会の決議を欠く場合には、当該法人行為は、確定的に無効となり効力は生じません。

Ⅳ　理事会決議による承認を経ることなく行った取引行為の効力

個々的な対外的取引である重要な財産の処分・譲受けや多額の借財については、当該行為が無効とされると債権者や取引先等の第三者に影響を与えるため、取引の安全性の観点から、いろいろな議論がされています。

1　判例

理事会の専決事項である重要な取引行為であるにもかかわらず、代表理事（会長・理事長）が、理事会決議による承認を受けることなく個々的な取引行為をした場合の当該行為の効力に関する参考となる判例の代表的なものに、次の判例があります（最高裁昭和40年9月22日。取締役会の決議を経ずに会社の不動産〔土地・建物〕、機械等を売却する契約を締結した事案）。

同判決は、「株式会社の一定の業務執行に関する内部的意思決定をする権限が取締役会に属する場合には、代表取締役は、取締役会の決議に従って、株式会社を代表して右業務執行に関する法律行為をすることを要する。しかし、代

Q062 代表理事（会長・理事長）が理事会を無視して独断専行を繰り返している場合の問題点は何か

表取締役は、株式会社の業務に関し一切の裁判上又は裁判外の行為をする権限を有する点にかんがみれば、代表取締役が、取締役会の決議を経てすることを要する対外的な個々的取引行為を、右決議を経ないでした場合でも、右取引行為は、内部的意思決定を欠くに止まるから、原則として有効であって、ただ、相手方が右決議を経ていないことを知りまたは知り得べかりしときに限って、無効である。」と判示しました。

なお、この場合、立証責任は会社にあり、会社は相手方が、当該取引行為について取締役会決議を経ていないことについて悪意又は過失を立証しなければなりません。

2　学説

取締役会の承認を経ない重要な財産の処分、譲受け（会社法362条4項1号）及び多額の借財（同項2号）の効力について、相手方が善意無過失である場合にしか保護されないのは問題であるとして、法的構成はさまざまですが、悪意（ないし重大な過失）がある相手方に対してのみ無効を主張することができると解するのが一般的とされています。

この考え方は、一般法人法90条4項1号・2号の解釈についても、同様に解することができると考えられます。

3　無効主張を法人以外の第三者が行うことができるかについて

法人の代表理事（会長・理事長）が理事会の決議を経ないで重要な業務執行に該当する取引をしたことを理由に、法人以外の第三者が同取引の無効を主張することができるかどうかという問題があります。

一般法人法90条4項（法197条）が「重要な業務執行についての決定を理事会の決議事項と定めたのは、代表理事（会長・理事長）への権限の集中を抑制し、理事相互の協議による結論に沿った業務の執行を確保することによって、法人の利益を保護しようとする趣旨」からすれば、法人の代表理事（会長・理事長）が理事会の決議を経ないで重要な業務執行に該当する取引をした場合、理

事会の決議を経ていないことを理由とする同取引の無効は、原則として法人のみが主張することができ、法人以外の者は、当該法人の理事会が上記無効を主張する旨の決議をしているなどの特段の事情がない限り、これを主張することはできないと解されています（最高裁平成21年4月17日参照）。

V 法人に対する責任

1 代表理事（会長・理事長）の法人に対する責任

代表理事（会長・理事長）を含む理事は、法人に対し、その任務を怠ったことにより生じた損害を賠償する責任を負います（法111条1項・198条）。

したがって、代表理事（会長・理事長）が理事会の決議を無視して独断専行をしたことにより、法人に損害が生じた場合には、代表理事（会長・理事長）は法人の損害を賠償する責任を負うことになります。

2 理事の法人に対する責任

理事は、理事会の構成員として他の理事の違法行為につき、監視・監督する義務があります。したがって、代表理事（会長・理事長）が理事会を無視して独断専行するのを放置した理事は、監視・監督義務を怠ったとして、法人に生じた損害を賠償する責任を負うことになります（法111条1項・198条）。

VI 第三者に対する責任

1 代表理事（会長・理事長）の第三者に対する責任

代表理事（会長・理事長）を含む理事がその職務を行うについて、悪意又は重大な過失があったときは、当該理事は、連帯して、これによって第三者に生じた損害を賠償する責任を負います（法117条・118条・198条）。そして、代表理事（会長・理事長）が理事会を無視して独断専行することは、代表理事（会長・理事長）がその職務を行うことについて少なくとも重大な過失があったと言えることから、当該代表理事（会長・理事長）は、これによって第三者に生

Q062 代表理事(会長・理事長)が理事会を無視して独断専行を繰り返している場合の問題点は何か

じた損害を賠償する責任を負うことになります。

2 代表理事以外の理事の第三者に対する責任

代表理事(会長・理事長)が理事会を無視して独断専行するのを放置した理事は、その放置の程度にもよりますが、監視・監督義務を怠ったことに重大な過失があったとして、これによって第三者に生じた損害を賠償する責任を負う場合が考えられます。

Ⅶ 代表理事(会長・理事長)以外の他の理事の責務

代表理事(会長・理事長)以外の他の理事は、理事会を招集し、必要に応じて代表理事(会長・理事長)を解職するなどして、代表理事(会長・理事長)の独断専行を止めなければならない責務があり、これを怠ると、前記Ⅴ、Ⅵの損害賠償責任を負う場合が考えられます。

理事会設置一般社団法人、一般財団法人の場合、代表理事(会長・理事長)以外の他の理事が行うべき具体的な対応策として、次のような事項が考えられます。

① 理事会の招集を求め又は自ら招集し(法93条・197条)、理事会において発言して他の理事の注意を喚起するとともに、代表理事に是正を求めること(法90条2項2号・197条)

② 監事に報告し監査権限の発動を促す(法85条・197条)。監事は、理事の法令・定款に違反する行為により法人に著しい損害が生ずるおそれがあるときは、その行為の差止めを当該理事に対し請求することができること(法103条1項・197条)

③ 理事会において、代表理事(会長・理事長)を解職すること(法90条2項3号・197条)

④ 社員総会・評議員会の招集を求め、その理事の解任を求めること

Q063 ある理事が法人の秘密事項を口外した場合の責任

理事は、法人に対して善管注意義務及び忠実義務を負い、その一内容として守秘義務を負っていますが、法人の秘密事項を口外した理事の責任はどうなるのでしょうか。また、法人の秘密事項の漏洩を防止するための対策としては、どうしたらよいでしょうか。

A063

I　法人の秘密事項とは何か

　法人の保持する秘密事項については、株式会社のような場合にあっては、新製品開発に関する情報、顧客リスト、生産技術や新製品の製造方法といったノウハウ、投資や販売の計画などの商業上の秘密、会社の機構、人事などの会社の内部の情報等極めて広範囲に及ぶものと考えられます。

　一般社団法人・一般財団法人の場合には、株式会社とは異なり、実施する事業の内容・範囲も異なるので、法人の秘密事項はそれに即応して検討する必要があると解されます。

　保護に値する秘密事項の内容は、個々の法人によって異なりますが、秘密事項に当たるかどうかは、それが他に漏れると法人の優位性が失われたり、法人の信用を害したりしないかどうかによって決められることになると考えられます。

II　秘密事項を口外した理事の責任

1　責任の前提として理事の義務

　理事は、法人に対して受任者の地位に立っているので、その職務執行につ

き善管注意義務を負うとともに（法64条・172条1項、民法644条）、自己の利益を図って法人の利益を犠牲にしてはならないという忠実義務を負っています（法83条・197条）。したがって、理事はこのような義務の一内容として、法人が保護する秘密事項に対する守秘義務を負っており、秘密事項を口外してはならないことはもちろんであり、同時に秘密事項が法人外に漏れることによって、法人の利益が害されないように、秘密事項を管理する義務も負っています。

2　法人及び第三者に対する責任

理事がこのような義務に違反して、法人の秘密事項を口外したなどの場合には、善管注意義務及び忠実義務の任務を怠ったものとして、法人に対し、秘密事項の口外の結果、法人に生じた損害を賠償しなくてはなりません（法111条1項・198条）。

また、秘密事項を口外した結果、第三者が損害を被った場合には、第三者に対しても損害賠償責任を負うことになります（法117条1項・198条）。

3　刑事責任

理事が法人の秘密事項を売って金銭を得るなど自己の利益を得る目的、第三者に利益を与える目的あるいは法人に損害を加える目的で、法人の秘密事項を口外したときは、特別背任罪（法334条）になる場合があります。また、法人の名誉・信用を害したときには、名誉毀損罪（刑法230条）となる場合もあります。

Ⅲ　他の役員の責任

法人の秘密事項の保持は、法人全体の利益に関する問題であるので、法人全体でその管理体制の維持運営がなされなくてはなりません。

したがって、秘密事項の保持について、十分な管理体制をとっていなかった場合は、直接秘密事項を口外しなかった理事についても、法人の秘密事項の管理を怠ったものとして、善管注意義務違反として法人の損害を賠償する責任を負わなくてはなりません。

また、一部の理事の業務執行行為を漫然と許していたところ、その結果として法人の秘密事項が口外されてしまったなどの場合にも、他の理事に対する監視義務違反として同様の責任を負わなくてはなりません（法111条1項・198条）。

Ⅳ　秘密事項の口外による損害額

法人の保持する秘密事項が法人の利益に関与していることは、間違いありません。しかし、その秘密事項自体の利益の価値を数量的に確定することは、実際上困難と考えられます。

また、法人の秘密事項が漏洩されれば、法人が損害を被ることは間違いありませんが、その損害額を明確に算定することも困難であると思われます。

理事が法人の秘密事項を口外した場合の損害賠償責任の額については、一般法人法111条2項の規定を類推適用して、法人の秘密事項を取得した者がそれにより取得した利益が、口外した理事の賠償すべき損害額であると解することができると思われます（その他不正競争防止法5条参照）。

Ⅴ　口外理事に対する法人の対応措置

法人は、法人の秘密事項を口外した当該理事に対して、その秘密漏洩行為が守秘義務違反に当たるので、債務不履行責任に基づき法人が被った損害の賠償を請求することができます。

また、法人は、法人の秘密事項を口外した理事について、その任務違反を理由に解任することができます（法70条、176条1項1号）。

法人は、法人の秘密事項を口外した理事以外の理事に対しても、秘密の漏洩に関して何らかの義務違反があると認められる場合には、法人が被った責任の賠償を請求することができます。

法人が理事に対して訴えを提起する場合には、監事設置一般社団法人・一般財団法人においては、監事が法人を代表することになります（法104条1項・197条）。

Ⅵ 法人の秘密事項に関する漏洩防止対策

　法人の重要な業務執行の決定は、理事会において審議・決定され、その内容は理事会議事録に記載されます（法95条3項・197条、法施行規則15条・62条）。そして、理事会の日から10年間その主たる事務所に備え置かなければなりません（法97条1項・197条）。

　社員（会員）、債権者が理事会議事録の閲覧又は謄写の請求をするときは、裁判所の許可を得なければできません（法97条2項、3項・197条。評議員については、一般財団法人の業務時間内であれば、理事会議事録の閲覧又は謄写請求ができます。法197条・97条2項）。

　理事については、理事会の構成員として理事会議事録には、原則として署名又は記名押印しなければなりません（法95条3項・197条）。このように、理事は、理事会で決議された重要事項のほか、法人全体に関わる事項についても知り得る立場にあることから、これを口外することができないのは、法人との委任関係等からも当然です。

　法人が理事会運営規則等を作成するに当たっては、理事会で審議・決議された法人の秘密事項につき、これを口外してはならないことを明確に規定化しておくことが必要ではないかと考えられます。

Q 064 他の理事の不正行為の調査の実施方法

理事は、他の理事の職務執行に対して監視義務を負い、その内容として他の理事の不正行為調査義務を負っています。この場合の他の理事の不正行為調査は、具体的にはどのような方法で行うのですか。その調査の方法についてご教示下さい。

A 064

I 理事の監視義務としての不正行為調査実施義務の根拠

　一般法人法上明文で定められていませんが、理事には他の理事の職務執行に対する監視義務があると解されています。

　判例（最高裁昭和48年5月22日。取締役の監視義務に関する事案）は、「株式会社の取締役会は会社の業務執行につき監査する地位にあるから、取締役会を構成する取締役は、会社に対し、取締役会に上程された事柄についてだけ監視するにとどまらず、代表取締役の義務一般につき、これを監視し、必要があれば、取締役会を自ら招集し、あるいは招集することを求め、取締役会を通じて業務執行が適正に行われるようにする義務を有するものと解すべきである。」と判示しています。一般社団法人・一般財団法人の理事についても同様と解されます。

　理事会設置一般社団法人・一般財団法人における理事会には、「理事の職務の執行の監督」をする権限と義務が規定されています（法90条2項2号・197条）。

　しかし、理事会は会議体の組織で常時開催されてはいませんので、理事の職務の執行を常に監督できるわけではありません。そこで、理事会の構成員である個々の理事が、理事会の監督義務を実効あらしめる役割を当然に担うものと

Q064　他の理事の不正行為の調査の実施方法

考えられています。

　また、理事の監視義務は、理事の善管注意義務・忠実義務（法64条・172条1項、民法644条、法83条・197条）を根拠とするとも考えられますので、理事会非設置一般社団法人においても、同様に他の理事の職務執行について監視義務を負うものと解されています。

　具体的な監視義務の内容は明確ではありませんが、理事の監視義務が理事会の監督義務を実効あらしめるために認められる義務であることから、具体的には、他の理事の職務執行について情報収集し、それによって得られた情報を理事会に提供して、理事会の監督権限の発動を促すことだと考えることができます。

　このように、理事は理事会が不正を認識し、適切な是正措置を執ることができるように、他の理事の不正行為を調査する義務を負っていると解することになります。

Ⅱ　不正行為調査実施義務の具体的内容

　理事は、四六時中他の理事の職務執行を見張っていなければいけないわけではありません。法人と各々の理事との関係は、信頼関係があることが前提となっていることから、理事の法人に対する不正を常に疑う必要はありません。

　他の理事の職務執行について、不正行為の存在を疑わせるような事情を理事が認識したときに、それに対して調査をなすことが求められています（福岡地裁平成23年1月26日参照）。

　具体的には、代表理事（会長・理事長）は、法人の業務執行について全般的な権限を有していることから、不正行為の存在を疑わせるような事情を認識したときは、自ら不正行為の調査を実施し、または誰か他の人に不正行為の調査を実施するよう命じることができ、これが不正行為調査実施義務の内容となります。

　これに対して、代表理事（会長・理事長）以外の理事は、理事会を通じて他

の理事を監視するということになっています。したがって、不正行為の存在を疑わせるような事情を認識した際には、理事会において、不正行為を行っていると疑われる理事に説明や資料提出を求め、または代表理事（会長・理事長）に対して不正行為調査を行うよう求めることが、不正行為調査実施義務の内容になると考えられます。

Ⅲ 不正行為調査実施義務違反の責任

　他の理事の職務執行について、何らかの疑うべき事情がありながら、理事が当該不正行為の調査を実施しなかった場合には、監視義務違反によって生じたと認められる損害については、不正行為を行った理事とともに法人に対して、また対外的にも損害賠償義務を負うことになると解されます（法111条1項、117条1項・198条）。

　損害賠償の範囲は、他の理事の不正行為によって生じた損害のすべてではなく、不正行為の調査の実施を怠ったことや、不正行為の調査が不適切であったことと相当因果関係が認められる範囲につき賠償責任が認められることになります。

　したがって、理事が他の理事の職務執行について、何らかの疑うべき事情を認識した時点以降に生じた損害が、損害賠償の範囲となります。また、不正行為の調査の実施を怠ったことによる損害への寄与度に応じて、割合的な損害賠償責任が認められることもあり得ると考えられます。

Ⅳ 不正行為の調査実施方法

　不正行為の調査の実施は、法人内に監査部門等が設置されているような場合には、当該監査部門等が主体となって調査を行う方法のほかに、法人内に調査委員会、第三者委員会などを設置して行う方法も考えられます。

　調査については、不正行為の調査を単に実施したというだけでは、不正行為

Q064　他の理事の不正行為の調査の実施方法

調査実施義務を尽くしたことにはなりません。不正行為の存在を疑わせる事情に応じて、適切な調査を行うことが必要と考えられます。

　したがって、不正行為につき代表理事（会長・理事長）の関与が疑われるような場合、あるいは社会的影響が大きいと考えられるような場合には、調査の独立性・中立性を担保する観点から、外部の専門家を加えた法人内調査委員会・第三者委員会を設置し、調査を行うことが望ましいと解されます。

Q065 理事会において発言をしなかった理事の責任

理事は、社員総会・評議員会において選任され、理事会の構成員として、また法人運営の専門家として法人の運営を委託されている者であり、そして会議体である理事会に出席して互いに議論を交わして意思決定を行います。

しかし、理事の中には理事会には出席するが、殆ど意見を言わず、提出された議案について賛成している者もかなり存在していると思われます。賛成した議案につき任務懈怠があったような場合、発言しなかった理事にはどんな責任があるのでしょうか。

A065

I　理事の理事会への出席義務

　一般法人法上、理事について、理事会への出席義務を規定した条項はありません。しかし、理事は、等しくその職務執行につき善管注意義務（法64条・172条1項、民法644条）を負っています。

　理事会においては、法人の重要な業務執行についての決議が行われるほか、理事の職務の執行の監督を行うため、業務執行する代表理事（会長・理事長）及び代表理事（会長・理事長）以外の業務執行理事から原則として3か月に1回以上職務の執行状況の報告が行われます（法91条2項・197条）。

　そのため、理事が善管注意義務を果たすためには、理事会に出席し、法人の業務執行の状況に関する情報を収集したり、それらの情報を基に形成した自らの意見を理事会決議に反映させることが重要と解されます。その意味において、

Q065 理事会において発言をしなかった理事の責任

善管注意義務を果たすためには、理事は常勤であろうと非常勤であろうと、原則として理事会には出席しなければならないといえます。

II 理事の法人に対する責任

理事には、いろいろな義務や規制が課せられていますが、最も基本となる理事の義務は、善管注意義務と忠実義務（法83条・197条）です。

法人と理事との関係は、委任に関する規定に従うため（法64条・172条1項）、理事は、委任契約において受注者が委任者に対して負う民法上の義務、すなわち委任の本旨に従い、善良な管理者の注意を尽くして委任事務（民法644条）として、法人に対して善管注意義務を負います。

また、理事は、法令・定款・社員総会の決議（一般社団法人の場合）を遵守し、法人のために忠実にその職務を行わなければなりません（忠実義務。法83条・197条）。

そのため、理事がその任務を怠り、すなわち善管注意義務・忠実義務に違反し、その結果法人に損害が生じた場合には、任務を懈怠した理事は損害賠償責任を負うことになります（法111条1項・198条）。

法人に対して損害賠償責任を負う理事は、善管注意義務・忠実義務に違反した行為を行った理事だけでなく、その行為が理事会において決議された場合には、その決議に賛成した理事も、決議に賛成したことにつき任務懈怠があれば、損害賠償の責任を負うことになります。なお、利益相反取引に関する理事会決議において、その決議に賛成した理事については、任務懈怠が推定されます（法111条3項・198条）。

III 理事会において発言をしなかった理事の責任

理事会に提案された議案について、その審議の過程において発言をしなかった理事が、理事会決議の採決に際し最終的に賛成した場合、賛成したことにつ

いて任務懈怠があれば損害賠償責任を負います。

　また、理事会で何も発言をしなかったものの、理事会の議事録に異議をとどめなかった理事は、その決議に賛成したものと推定されます（法95条5項・197条）。そのため、この場合にも当該理事につき、任務懈怠があれば損害賠償責任を問われるおそれがあります。

Q066 法人葬の手続き

当法人の代表理事（会長・理事長）は、法人設立時から代表理事（会長・理事長）を務めているため、その在職期間は30年を超えています。そのため、代表理事（会長・理事長）が亡くなった場合には、法人葬とすべきかどうかの問題が提起されると考えられます。法人葬を行う場合の基準などはあるのでしょうか。また、法人葬を行う場合の諸手続きについてもご教示下さい。

A066

Ⅰ　法人葬を行うか否かの判断基準

　一般的な用語として、「法人葬」とは、法人の費用で法人が執り行う葬儀のことをいうとされています。

　法人葬は、一般的には代表理事（会長・理事長）経験者などその法人に対して特に大きな功績を残した人が亡くなった場合（例えば、平成27年11月20日福岡の本場所中に亡くなった公益財団法人日本相撲協会の第55代横綱の北の湖理事長）に行われることが多いと思われます。しかし、法人葬を行う場合の基準、規程等についての一般法人法上の定めは存在しません。

　株式会社の場合、「役員・社員社葬取扱要領」などを定めているところがありますが、このような取扱要領等が定められている場合には、これに従って法人葬を行うことになると解されます。

　これに対して、そのような取扱基準等がない場合には、法人のガバナンスの中で制御されることになると考えられます。

Ⅱ 公益法人が法人葬を行う場合の問題点

　公益法人の代表理事（会長・理事長）等が亡くなった場合の法人葬については、公益法人認定法５条３号（「その事業を行うに当たり、社員、評議員、理事、監事、使用人その他の政令で定める当該法人の関係者に対し特別の利益を与えないものであること。」。法人の内部の関係）及び５条４号（「その事業を行うに当たり、株式会社その他の営利事業を営む者又は特定の個人若しくは団体の利益を図る活動を行うものとして政令で定める者に対し、寄附その他の特別の利益を与える行為を行わないものであること。ただし、公益法人に対し、当該公益法人が行う公益目的事業のために寄附その他の特別の利益を与える行為を行う場合は、この限りでない。」。法人の外部の関係）が問題視されています。なお、公益法人認定法５条３号及び４号と法人葬との解釈上の問題点については、『公益・一般法人』（2016年２月１日号・No.910　全国公益法人協会）掲載の税理士上松公雄氏、国立民族学博物館教授出口正之氏による解説を参照されたい。

　これまで、国立大学の元学長の大学葬、学校法人の前学園長・理事長の学園葬、近くは公益財団法人日本相撲協会の法人葬なども行われていますが、一般的に社会通念上相当と認められるものについては、公益法人認定法との関係においても考慮する必要はないと解釈されています（社葬等と法人税法との関係では、社葬費用につき「社葬を行うことが社会通念上相当と認められるときは、その負担した金額のうち社葬のために通常要すると認められる部分の金額は、その支出した日の属する事業年度の損金の額に算入することができる」〔法人税基本通達９－７－19〕とされています。）。

Ⅲ 法人葬についての法人機関による決定

　法人葬を行う場合の手続き等につき、一部株式会社において前述のような「役員・社員社葬取扱要領」などを規定化しているところもありますが、人間

Q066　法人葬の手続き

の死につながるようなことについて、これを規定化しているところは一般的にはあまりないと思われます。

1　理事会の招集と決定

代表理事（会長・理事長）が亡くなったような場合には、法人葬を行うか、行わないかにかかわらず、緊急理事会の招集（法94条2項・197条の規定に基づく招集手続の省略による。）が行われることになると考えられます。

法人葬を行う場合、その費用及び規模等から、法人の業務執行の決定を機関の判断を経ることが相当と思われることから、その手続きを経ることが必要と考えられます。

なお、法人葬につき、亡くなった代表理事（会長・理事長）等の遺族から辞退する旨の申し出があった場合は、実施しないことになります。

2　理事会において審議・決定すべき事項

法人葬を行うと決定した場合、理事会で審議し、決定すべき事項としては、次のようなことが考えられます。

① 　葬儀委員長の決定

代表理事（会長・理事長）以外に専務理事等も代表理事（会長・理事長）となっている場合には、当該専務理事等が葬儀委員長になるものと考えられます。代表理事（会長・理事長）が1人制の場合は、副会長（副理事長）、専務理事、常務理事等の役付理事が葬儀委員長になるのが一般的のようです。

② 　葬儀実行委員長等の決定

葬儀委員長を補佐し、葬儀の円滑な運営を図るため、実質的な執行責任者を決定することが必要です。例えば、法人事務局長がこの任に当たることも考えられます。

葬儀実行委員長は、法人事務局職員の中から、㋐法人役員等に対する連絡事務を担当する者、㋑外部の関係者に対する連絡事務を担当する者、㋒亡くなった代表理事（会長・理事長）の遺族との連絡事務を担当する者、㋓会計事務を

担当する者、など必要な事務担当者を定めてその任に当たらせることが必要になると思われます。

③ 香典・供花類の取扱い

　法人葬に当たっては、葬儀当日における香典・供花類は、原則として一切これを辞退するのが一般的といわれています。

Q067 理事全員が退任等した場合の対応方法

新しい法人制度の下、公益法人として法人運営を行ってきましたが、一部職員の不正行為により法人に大きな損害が発生しました。この責任をとって理事全員が辞任することとなりました。このような場合、新たに理事が選任され、就任するまでの間、誰が理事の権限を有するのでしょうか。

また、何かの原因で理事全員が死亡したような場合は、どうなるのでしょうか。

A067

I 理事全員辞任の場合

1 理事の監視・監督義務

理事は、自身が善管注意義務を果たして職務を行うとともに、理事会の構成員として、他の理事や職員の行為が法令・定款を遵守し、適法かつ適正になされていることを監視し、理事会を通じて監督する義務を負っています。

業務執行理事の場合には、業務執行する場合に、具体的には担当職員に行わせます。そうするとその職員を監督しなければなりません。職員が違法行為等を行おうとしていることを発見した場合には、これを阻止する義務を負います。この任務を怠り、違法行為等を事前に差し止めることができたにも関わらず、これを行わなかった場合には、監視・監督義務違反による責任を負うことになります。

2 職員の不正行為に対する理事の責任

職員の不正行為を数年にもわたり発見することができず、その損害額が多額

となるような場合には、単に当該業務執行理事の責任にとどまらず、代表理事（会長・理事長）をはじめとする理事全員の監視・監督義務違反として責任を負うことになることも考えられます。

本事例においては、理事全員が責任をとって辞任することになったものですが、この方法も理事の責任を明確にするという関係において、一般的にとられている方法です。

3　辞任した理事の権利義務

一般法人法75条1項（法177条）は、「役員が欠けた場合又はこの法律若しくは定款で定めた役員の員数が欠けた場合には、任期の満了又は辞任により退任した役員は、新たに選任された役員（次項の一時役員の職務を行うべき者を含む。）が就任するまで、なお役員としての権利義務を有する。」と定めています。

本事例では、理事全員が辞任し、その結果、法律又は定款で定めた最低員数を下回っているので、一般法人法75条1項（法177条）に従い、新たに選任された理事が就任するまでの間は、辞任した理事が理事としての権限を有することになります。

そのため、代表理事（会長・理事長）、専務理事、常務理事等の役付理事（業務執行理事）も、引き続きその職務を執行することになります。

後任理事の選任に当たっては、辞任した理事のうちから、適任者を再任する理事の候補者として選ぶことは差し支えないと解されます。

4　後任理事の選任・代表理事等の選定

後任理事の選任は、通常の選任手続により理事会において理事候補者を定款に定める員数の範囲内において決定し、臨時社員総会・臨時評議員会を招集し、後任理事を選任することになります。

代表理事（会長・理事長）・専務理事等の選定は、新しく選任された理事により構成される理事会において選定することになります。

Ⅱ 理事全員死亡の場合

　理事全員が死亡したような場合には、前記Ⅰの全員辞任の場合と異なり、引き続き理事としての権利義務を有する者がいないことになります。したがって、社員総会・評議員会において新たな理事を選任するほかありませんが、新たな理事が選任されるまでの間、理事の職務を遂行する者として、社員（会員）、監事、評議員等の利害関係人が、一時理事の選任を裁判所に請求すべきです（法75条2項・177条）。

　理事会設置一般社団法人・一般財団法人の場合には、さらに一時代表理事（会長・理事長）の選定をも併せて裁判所に請求する必要があります（法79条2項・197条）。

　一時理事が選任された後は、一時理事が理事としての権限を有することになります。しかし、一時理事は、あくまでも一時的に理事の職務を行う機関に過ぎませんので、可及的速やかに新たな理事を選任する社員総会・評議員会を招集する必要があります。

　なお、この場合の社員総会・評議員会の招集手続は、一時理事（一時代表理事〔会長・理事長〕）により行われ、その手続内容は通常の理事（代表理事〔会長・理事長〕）による招集手続と同一です。

Q068 死亡した理事の死亡退職金の支給手続

理事が死亡により退任した場合の死亡退職金は、誰に対してどのような手続きに従い支給すればよいのでしょうか。

A068

Ⅰ 死亡退職金の性質

　理事の死亡に伴う死亡退職金（退職慰労金）は、実質は、死亡以外の事由により退任した場合の退職慰労金と何ら変わりなく、基本的には、在職中の職務執行に対する報酬であると解されます。

　したがって、死亡退職金の支給額や支給時期等の決定は、退職慰労金と同様、一般法人法89条（法197条）に基づいて行うことになります。

　そのため、定款に定めがあればそれに従い、定款に定めがない場合には、社員総会・評議員会の決議により支給額や支給方法等を定めることになります。

Ⅱ 退職慰労金支給規程に定める場合の具体的な手続き

　一般社団法人・一般財団法人、公益法人において、役員等に退職慰労金を支給することとしている場合、一般的には「○○法人役員等の退職慰労金支給規程」等を社員総会（評議員会）の決議を経て定めています。

　原則的には、退職理事の退職慰労金の支給に当たっては、支給総額につき社員総会（評議員会）の決議を得、具体的には退職慰労金支給規程に基づき理事会の承認を得ることとすると解されます。

　しかしながら、一般社団法人・一般財団法人にあっては、社員総会（評議員会）の決議を経て定められた退職慰労金支給規程において、具体的に支給金額

の計算方法・支給方法等が定められている場合には、これに基づく退職理事についての退職慰労金については、理事会の承認を経て支給できるものと解されます。

Ⅲ 死亡退職金の受給権者と相続財産との関係

　死亡した理事の退職金の受給権者は、死亡退職金が相続財産であるか否かという点と関連するとされています。

　遺族の生活保障という点に重点を置けば、死亡退職金を受給することは、遺族の固有の権利と解することができます。他方、在職中の職務執行の対価という点に重点を置くならば、本来は被相続人が受給すべきものとなりますので、相続財産であるとする考え方も強く出てきます。

　株式会社のこれに関する判例において、退職慰労金支給規程の有無、受給権者の範囲・順位を定めた法令等の適用の有無、株主総会決議における受取人の指定の有無等により、その結論は異なっています。

1　死亡退職金は相続財産であるとする判例

　㋐東京地裁昭和45年2月26日の判決は、受給権者に関する法令等の適用がなく、退職慰労金支給規程も置かれていなかった事案であり、㋑神戸家裁尼崎支部昭和47年12月28日審判は、株主総会で受取人を定めなかった事案についてです。

2　死亡退職金は相続財産でないとする判例

　㋐最高裁昭和60年1月31日の判決は、死亡退職金を受給する遺族の順位に関し、退職慰労金支給規程において、民法所定の相続人とは異なる定めが置かれている事案につき、死亡退職金の受給権は遺族固有の権利であり、相続財産ではないとして、内縁の妻に受給権を認めています。㋑東京地裁平成24年10月26日の判決は、会社による死亡退職金の受給権者の範囲及び順位の指定方法が公序良俗違反で無効であると主張された事案につき、範囲及び順位の指定に当たっては、必ず考慮すべき基準等が存在するものではなく、会社が自由に指定

することができると判示しています。

　なお、広島高裁平成12年2月16日の判決においては、役員に対する退職慰労金は、基本的には在職中の職務の功労に対する報奨であるが、残された遺族の生活保障の役割を果たすことや、退職慰労金が株主総会決議により発生するものであることにも鑑み、退職慰労金が相続財産に属するか否かは、支給を決定した株主総会決議が相続財産とする趣旨で、相続人を支払対象者としてなされたか否かによって決せられる、と判示されています。

3　一般的な考え方

　株式会社の場合、退職慰労金支給規程等において、役員と会社との間で死亡退職金の受給権者についての定めがある場合には、それに従い、そのような定めがない場合には、株主総会決議が相続財産とする趣旨で行われたものか、相続人を支給対象者としてされたものか等の事情を考慮して決するのが相当であると解されています。

Ⅳ　一般社団（財団）法人・公益法人の理事の死亡退職金の遺族（補償を受ける者）の範囲・支給順位

　一般社団（財団）法人・公益法人が定める役員等の退職慰労金支給規程において、亡くなった役員等の死亡退職金の扱いについて規定している例はあまりないと思われます。

　規定内容としては、㋐死亡退職金は、遺族に支給する。㋑遺族（補償を受ける者）の範囲及び支給順位については、労働基準法施行規則42条から45条までの規定を準用することとしている例が見受けられます。

　株式会社の役員退職慰労金支給規程においても、㋐死亡役員の退職慰労金は、死亡当時その者と生計を維持していた遺族に支給し、遺族の範囲及び支給順位については、従業員退職給与規程に準じ、㋑死亡役員の退職慰労金は、遺族に支給し、遺族には労働基準法施行規則42条から45条までの規定に定める順位に

Q068 死亡した理事の死亡退職金の支給手続

従って支給する、などと規定化されている例が見受けられます。

労働基準法施行規則42条等の規定は、労働者が業務上死亡した場合における遺族補償を受ける者の遺族の範囲・支給順位を定めています。一般社団（財団）・公益法人の理事の死亡退職金の遺族の範囲及び支給順位を定めるに当たっても、同規則42条以下の規定を準用し、適用することは有益と解されます。以下、死亡した理事につき同規定を準用・適用した場合には、次のようになります。

1　遺族（補償を受ける者）の範囲

① **配偶者**

婚姻の届出をしなくても事実上婚姻と同様の関係にある者を含みます。以下同じです（同規則42条1項参照）。

② **配偶者がいない場合**

配偶者がいない場合には、子、父母、孫及び祖父母で、理事の死亡当時その収入によって生計を維持していた者又は理事の死亡当時これと生計を一にしていた者（同条2項前段参照）。

③ **上記に該当する者がいない場合**

上記①及び②に該当する者がいない場合においては、子、父母、孫及び祖父母で、上記②の規定に該当しない者並びに兄弟姉妹（同規則43条1項参照）。

2　支給順位

① **配偶者**

② **配偶者がいない場合**

上記1②の場合には、1②に掲げる順序によります。この場合において、父母については、養父母を先にし実父母を後にします（同規則42条2項後段参照）。

③ **遺族の範囲に該当する者がいない場合**

上記1に該当する者がいない場合には、子、父母、孫、祖父母、兄弟姉妹の順序により、兄弟姉妹については、理事の死亡当時その収入によって生計を維

持していた者又は理事の死亡当時その者と生計を一にしていた者を先にします（同規則43条1項参照）。

④ **遺言等による指定**

理事が遺言又は委任者に対して予告で労働基準法施行規則43条1項に規定する者のうち、特定の者を指定した場合においては、同規則43条1項の規定にかかわらず、退職慰労金を受けるべき者は、その指定した者となります（同規則43条2項参照）。

⑤ **同順位の者が2人以上いる場合**

退職慰労金の支給を受けるべき同順位の者が2人以上いる場合には、その人数によって等分して支給されます（同規則44条参照）。

Q069 一般法人法70条2項の「正当な理由」とは

理事は、いつでも社員総会の決議によって解任することができますが（法70条1項）、「正当な理由」がない場合には、解任によって生じた理事の損害の賠償を法人に対して請求することができる（法70条2項）とされています。どのような場合に「正当な理由」があると認められるのでしょうか。

A069

I 解任された理事に対する損害賠償責任の法的性質

一般社団法人は、いつでも、社員総会の普通決議によって理事を解任することができます（法70条1項）が、その解任につき「正当な理由」がある場合を除き、解任された理事に対し、解任によって生じた損害の賠償をしなければなりません（同条2項）。

この損害賠償責任の法的性質については、㋐一般社団法人に任意の解任権を与えたことと引き換えに、一般社団法人に特別に課された法定責任であるとする見解（法定責任説）、㋑解任が不法行為にあたる場合の不法行為責任であるとする見解（不法行為責任説）、㋒任期中の不解任特約に違反したことを理由とする債務不履行責任であるとする見解（債務不履行責任説）があります。

㋐が学説上の通説的見解であり、裁判例においても通説的見解と同様、特別の法定責任と解しています。

Ⅱ　理事を解任する「正当な理由」

　通説的見解である法定責任説によると、「正当な理由」の範囲や内容は、法人やその社員（会員）の利益と理事の利益の調和との関係において決せられるべきことになりますが、実際には、その調和をどのように図るかが問題となると考えられます。

　では、解任の「正当な理由」とは何か。典型例としては、㋐職務遂行上の著しい法令又は定款違反行為があった場合、㋑心身の故障のため職務遂行に支障がある場合（例えば、持病の悪化のため療養に専念する必要があるとき〔最高裁昭和57年1月21日参照〕）、㋒著しく職務への的確性を欠く場合（能力の著しい欠如〔東京高裁昭和58年4月28日参照。本事案は監査役解任の正当事由に関するものである。〕）などが挙げられます。

Ⅲ　「正当な理由」に関する裁判例

　裁判例は、いずれも株式会社に関するものですが、一般法人法70条2項の「正当な理由」の解釈につき有益なものと考えられることから、参考に記載します。

1　「正当な理由」を認めた裁判例
①　最高裁昭和57年1月21日判決

　代表取締役Aの持病が悪化したため、その有する株式全部を取締役Bに譲渡して代表取締役の地位を交替した後、Bが経営陣の一新を図るため臨時総会を招集し、その決議により、Aを解任した場合、改正前商法257条1項ただし書（会社法339条2項相当。一般法人法70条2項相当）の正当な事由がある、と判示しています。

②　横浜地裁平成24年7月20日判決

　ボウリング事業を行うために取締役に就任したが、当該事業の売上は僅かで

あり、当該取締役にはボウリング事業を展開していくだけの能力がなかったものであり、これによりボウリング事業から撤退するという経営判断を行ったものであるから、会社には当該取締役を解任する「正当な理由」があった、と判示しています。

2 「正当な理由」を認めなかった裁判例

これについては、東京地裁昭和57年12月23日の判決があります。この裁判例は、昭和40年にY株式会社に入社し、昭和46年から取締役を務めていたXが、昭和54年に解任されたという事案についての判断です。

Xは昭和53年頃から社内において孤立化していたが、入社後の経緯からすれば、Xの性格や行状に特段の問題点があったとは考えがたく、ややもすると柔軟性や融通制に欠けることになるきらいはあるものの、基本的には真面目で生一本の性格であり、仕事熱心でYに対してもそれなりに貢献するところがあったと認められるとして、Xを解任する「正当な理由」があるとはいえないと判示しています。

Ⅳ 「正当な理由」の立証責任

「正当な理由」が存在していることについての立証責任については、これまで、解任された理事において「正当な理由」なく解任されたことを立証して、損害賠償を求めるべきであると解されていました（請求原因説）。

多数説は、法人側が解任について正当な理由が存在することを立証して、初めてその賠償責任を免れると解しています（抗弁説）。

Q070 「正当な理由」なく解任した理事に対する法人が賠償すべき損害の範囲

一般法人法70条2項によれば、「正当な理由」なく解任された理事は、法人に対し、解任によって生じた損害の賠償を請求することができますが、その場合の「損害の範囲」についてご教示下さい。例えば、訴訟等に要する弁護士費用もこれに含まれるのでしょうか。

A070

I 損害賠償責任の法的性質

一般法人法70条2項の損害賠償責任の法的性質については、Q069についての解説「I 解任された理事に対する損害賠償責任の法的性質」において述べたとおり、㋐法定責任説、㋑不法行為責任説、㋒債務不履行責任説があります。

これらの見解のうち㋐の法定責任説が通説的見解であり、裁判例も改正前商法257条1項ただし書（会社法339条2項相当、一般法人法70条2項相当）の損害賠償責任について、法定責任であるという立場を採っています。

II 損害賠償責任の範囲

正当な理由がなく解任された理事が、一般法人法70条2項の規定に基づき損害賠償を請求できる損害の範囲については、法定責任説を前提に、「理事を解任されなければ残存任期期間中と任期満了時に得べかりし利益（所得）の喪失による損害」（大阪高裁昭和56年1月30日等参照）と解するのが、裁判例及び多数説です。

Q070 「正当な理由」なく解任した理事に対する法人が賠償すべき損害の範囲

　一般社団法人と理事との間の委任関係からすれば、本来、委任契約の解除による損害賠償（民法651条2項）の範囲は、委任が解除されたこと自体から生ずる損害ではなく、解除が不利益な時期であったことから生ずる損害に限られますが、一般法人法70条2項の責任は、「正当な理由」なく解任された理事等の損害を填補するために法人に課せられた法的責任であるため、賠償されるべき損害の範囲は、民法の委任契約の解除の場合よりも広く解されることになります。
　「残存任期期間中と任期満了時に得べかりし利益」の範囲について、具体的には次のようになると解されています。

1　報酬

　裁判例及び通説的見解の立場からは、理事報酬が一般法人法70条2項の損害に含まれることについて異論はありません。理事報酬については、定款によってその額を定めていないときは、社員総会の決議によって定める（法89条）こととされていますが、いったん社員総会の決議（社員総会の決議を経て定められた役員等報酬規程において、具体的に報酬額が決定されている場合を含む。）がなされれば、その変更の必要がない限り、必ずしも決算期ごとの定時社員総会でこれを決議する必要はなく、当初の理事報酬額が定期的に支払われるべきものだからです。

2　理事賞与

　理事に報酬が支払われている法人の場合でも、賞与については、役員等報酬規程では支給しないこととしているのが一般的です。
　賞与の支給につき、役員等報酬規程において算定基準が定められているような場合には、解任されなければ支給されていた可能性が高いと認めることができますので、理事賞与についても一般法人法70条2項の損害に含まれることになるものと考えられます。

3　退職慰労金

　退職慰労金についても、役員等報酬規程又は役員等退職手当支給規程によっ

て、一定の基準に基づき支給されることになっている場合には、その基準に基づき任期満了時に支給されるべき退職慰労金は、一般法人法70条2項の損害に含まれることになるものと考えられます

4 慰謝料・弁護士費用

　一般法人法70条2項の損害賠償責任の範囲に、残存任期期間中及び任期満了時に得べかりし理事としての報酬等以外の損害が含まれるか否かについては不明確な点が残ります。例えば、慰謝料や損害賠償請求の訴えを提起した場合に要する弁護士費用については、法人に対して賠償請求できる損害には含まれないと解する考え方が一般的です（大阪高裁昭和56年1月30日等参照）。

Q071 理事からの辞任の申出を受ける者・辞任の形式

> 辞任したい理事は、誰に対して辞任の申出をするのですか。辞任の形式は、どのような形式で行うべきですか。一定の形式が決まっているのでしょうか。また辞任等に伴う関係先への挨拶状はどうするのですか。

A071

I　理事と法人との関係

　理事と法人との法律関係については、一般法人法は、委任に関する規定に従うと定めています（法64条・172条1項）。

　委任契約の場合、各当事者がいつでもその解除をすることができるとされていますので（民法651条1項）、理事はいつでも法人に対して辞任の意思表示をすることができます。ただし、法人に不利な時期に辞任したことにより損害が発生した場合には、民法651条2項の規定により損害賠償の責任を負うことがあります。

　理事のような重要なポジションに穴があくことは、法人にとっては不都合であり、また後任者も簡単に選任できるとは限りません。そのため、十分な余裕をもって対応できるようにしておく必要があります。そこで、多くの法人は、理事が辞める場合には、原則として、一定の期間前に届けさせるようにしています。

　法人のために不利な時期に辞任したときは、理事は損害賠償の責任を負わされることがありますが、疾病などやむを得ない事情があったときは、損害賠償の責任は負わされません。「不利な時期」とは、一般的には法人が他に理事を

求めることができない時期をいうと解されています。

Ⅱ　理事の辞任

　理事は、辞任するときには、法人に対して辞任の意思表示を行うことになります。そして、辞任の意思表示を受理することができる権限があるのは、原則として代表理事（会長・理事長）ですので、辞任の意思表示は、代表理事（会長・理事長）に対して行うことになります。

Ⅲ　代表理事（会長・理事長）の辞任

　代表理事（会長・理事長）が理事を辞任する場合、他に代表理事（副会長・副理事長）がいる場合には、理事のときと同様に、当該代表理事（副会長・副理事長）に対して辞任の意思表示を行うことになります。

　他に代表理事（会長・理事長）がいない場合には、代表理事（会長・理事長）から辞任の意思表示を受理する権限を与えられている理事（例えば、専務理事など）がいる場合には、当該理事に対して辞任の意思表示を行います。

　他に代表理事（会長・理事長）等がおらず、理事辞任の意思表示を受理する権限を授与された者がいない場合には、理事会を招集し、理事会で辞任の意思表示を行うことになります。

Ⅳ　辞任の形式

　辞任の意思表示の方法については、口頭でも書面でも差し支えありません。ただし、法人は、理事が辞任した場合、変更の登記を行わなければならず、その登記を行うに際しては、当該理事の退任を証する書面（辞任届）を添付しなければならないとされています（法320条5項）。

　ただし、辞任したことの事実が議事録の記載により明らかにされているときは、当該議事録をもってこれに代えることができます（昭和36年10月12日民事4

Q071 理事からの辞任の申出を受ける者・辞任の形式

発第197号民事局第4課長回答参照)。

　代表理事（会長・理事長）又は代表理事（会長・理事長）である理事（登記所に印鑑を提出した者に限る。）の辞任による変更の登記の申請書に添付する辞任届には、登記所に提出している印鑑を押印する場合を除き、当該代表理事（会長・理事長）等の実印を押印する必要があります（法登規則3条・商登規則61条8項）。

　理事の辞任届の書式例としては、下記のようなものとなります。

理事の辞任届の書式例

　　　　　　　　　　辞　任　届

　私は、今般一身上の都合により（○○のため）、貴協会の理事を辞任いたします。

　上記のとおり、お届けいたします。

　平成○年○月○日

　　　　　　　　　　　　　　　　　　　住所
　　　　　　　　　　　　　　　　　　　　理事　○○○○　㊞

　公益（一般）社団（財団）法人○○協会
　　代表理事（会長・理事長）○○○○　殿

V　辞任の効力

　辞任の意思表示は、法人に到達した時点で効力が発生します。なお、代表理事（会長・理事長）に取扱いを一任して辞任届を提出した場合には、代表理事（会長・理事長）が辞任の手続きを採ったときに辞任の効力が発生します。

理事が辞任した結果、一般法人法又は定款で定めた員数が欠けた場合には、たとえ理事が辞意を表明しても、後任の理事が就任するまでは、理事としての権利義務を有することになります（法75条1項・177条）。

Ⅵ　代表理事等の辞任に伴う挨拶状例

　法人の全体的な役員等の改選ではなく、任期中に諸般の事情により代表理事（会長・理事長）や専務理事等の役付理事が退任した場合、それについての挨拶状を作成して、関係先に送ることがあります。

　理事が10人を超えるような法人では、このような挨拶状は、役付理事の途中交替など、重要な役職の理事に異動があった場合に作成されることが多く、いわゆる平理事の異動の場合は少ないようです。

　代表理事（会長・理事長）等の退任挨拶状には、退任者の退任挨拶と後任者の就任挨拶とを連記するのが一般的です。この場合の挨拶状例としては、下記のような書式のものが一般的と思われます（本書では横書きだが通常は縦書きが基本）。

代表理事（会長・理事長）の退任・就任に伴う挨拶状例

退任のご挨拶

拝啓　時下ますますご清栄のこととお慶び申し上げます。平素は格別のご高配を賜り厚くお礼申し上げます。

　さて、私こと〇月〇日付けをもちまして、代表理事（会長・理事長）を退任いたしました。

　在任中は格別のご懇情を賜り厚くお礼申し上げます。

　なお、後任には〇〇〇〇が就任いたしましたので、私同様一層のご支援を賜りますようお願い申し上げます。

　まずは略儀ながら書中をもってお礼かたがたご挨拶申し上げます。

Q071　理事からの辞任の申出を受ける者・辞任の形式

　　　　　　　　　　　　　　　　　　　　　　　　敬　具

　平成〇年〇月

　　　　　　　　　公益（一般）社団（財団）法人〇〇協会
　　　　　　　　　前代表理事（会長・理事長）　〇〇〇〇

　　　　　　　　　　就任のご挨拶

拝啓　時下ますますご清栄のこととお慶び申し上げます。平素は格別のご高配を賜り厚くお礼申し上げます。
　さて、私こと〇月〇日付けをもちまして、代表理事（会長・理事長）に就任致しました。
　つきましては、前任者同様、格別のご指導ご支援を賜りますようお願い申し上げます。
　まずは略儀ながら書中をもってご挨拶申し上げます。

　　　　　　　　　　　　　　　　　　　　　　　　敬　具

　平成〇年〇月

　　　　　　　　　公益（一般）社団（財団）法人〇〇協会
　　　　　　　　　　代表理事（会長・理事長）　〇〇〇〇

Ⅶ　役員の改選に伴う挨拶状例

　理事や監事の任期は、一般法人法及び定款の定めに従い、同時に終了し、同時に改選が行われることがあります。
　定時社員総会・定時評議員会において改選された新しい役員陣容について、法人は関係先に宛てて「役員就任ご挨拶」などで挨拶状を送ることがあります。
　挨拶状では、簡単な挨拶文を添えて、監事を含めて全役員の氏名、役職名、

兼務職名等を列記することにしています。

　役員を選任した立場にある社員・評議員に対しては、定時社員総会・定時評議員会の終了後に、法人の定める方法により新しい役員の陣容を知らせるという方法を採る法人が多いと思われます。

　役員改選に伴う挨拶状例としては、下記のような書式のものが一般的と思われます。

　なお、役員の改選時期に、代表理事（会長・理事長）の交代も行われた場合には、役員の改選に伴う挨拶状とは別に、新旧代表理事（会長・理事長）連名の異動の挨拶状を作成している法人が多いと思われます。

役員の改選に伴う挨拶状例

役員就任のご挨拶

拝啓　時下ますますご清栄のこととお慶び申し上げます。平素は格別のご高配を賜り厚くお礼申し上げます。

　さて、〇月〇日開催の定時社員総会（定時評議員会）及び理事会において、下記のとおり役員が選任され、それぞれ就任いたしました。

　つきましては、この新陣容でますます当法人の発展のため精励いたしますので、今後とも一層のご厚誼ご指導を賜りますようお願い申し上げます。

　まずは略儀ながら書中をもってご挨拶申し上げます。

敬　具

　平成〇年〇月

　　　　　　　　　　　　公益（一般）社団（財団）法人〇〇協会
　　　　　　　　　　　　　代表理事（会長・理事長）　〇〇〇〇
記
　　　代表理事（会長・理事長）　　〇〇〇〇

副会長（副理事長）	○○○○
専務理事	○○○○
常務理事	○○○○（法人事務局長兼職）
理　　事	○○○○（非常勤）
理　　事	○○○○（非常勤）
監　　事	○○○○（新任）
監　　事	○○○○

Ⅷ　役員等の任期満了についての法人からのお礼の挨拶状例

　定時社員総会・定時評議員会において、理事、監事あるいは評議員（一般財団法人の場合）の任期満了に伴い、改選が2年ないし4年ごとに行われます（法63条1項、66条、67条1項・177条、153条1項8号、174条1項）。

　法人としては、当該社員総会・評議員会の終結の際に、任期満了により退任する理事、監事、あるいは評議員に対して代表理事（会長・理事長）からお礼の挨拶をすることが一般的ですが、退任する理事等の全員が当該社員総会・評議員会に出席しているとは限りません。むしろそれ等の方は、欠席している場合の方が多いのではないかと思われます。そうすると、再任されないで退任される理事等の全員にお礼の挨拶ができないことになってしまいます。

　そのようなことから、定時社員総会・定時評議員会の終結をもって任期満了により退任（再任を除く。）される理事等に対しては、別途書面により、任期満了に伴う退任のお礼の挨拶状を送付するのが一般的と考えられます。

　この場合のお礼の挨拶状例としては、次のような書式のものが、一般的と思われます。

役員等の任期満了についてのお礼状例

理事（監事・評議員）の任期満了についてのお礼

拝啓　時下ますますご清栄のこととお慶び申し上げます。

　平素より当協会の運営につき、特段のご高配を賜り厚くお礼申し上げます。

　さて、貴殿に平成〇年〇月〇日より就任いただいておりました理事（監事・評議員）の任期は、このたび開催されました定時社員総会（定時評議員会）の終結をもちまして満了となりました。

　在任中は公私ともにご多忙の中、ひとかたならぬご協力を賜り誠にありがとうございました。

　貴殿より賜りました当協会事業活動へのひとかたならぬ尽力、ご協力に対しまして心よりお礼を申し上げますとともに、引き続き、ご指導、ご鞭撻を賜りますようよろしくお願い申し上げます。

　まずは略儀ながら書中をもってお礼かたがたご挨拶申し上げます。

敬　具

平成〇年〇月〇日
〇〇〇〇　様

公益（一般）社団（財団）法人〇〇協会
代表理事（会長・理事長）　〇〇〇〇

　なお、再任された理事等に対しては、定時社員総会・定時評議員会の終結時に代表理事（会長・理事長）から、引き続いて法人の適正な運営につき協力方の依頼をするのが一般的ですが、これについての書面による挨拶状は送付しないのが一般的であると考えられます。

Q072 理事が任期の途中で辞任し、欠員が生じた場合の対応方法

当法人の理事の員数は、定款上「5人以上10人以内」と定められていますが、実際は最低限の5人しか設置されていません。そのため、1人でも辞めるようなことになると欠員となってしまいますため、いつも心配をしております。万一、欠員となったときは、どのように対応したらよいのでしょうか。ご教示下さい。

A072

Ⅰ　一般法人法上の理事の員数

　理事会設置一般社団法人・一般財団法人における理事の員数につき、一般法人法には、「理事は、3人以上でなければならない。」と定められています（法65条3項・177条）。

　理事の3人以上という員数については、理事により構成される法律上の必須機関である理事会としては、会議体を構成できるようにするためには、最低員数として、3人は不可欠の員数と解することによるものと考えられます。

　3人は、理事の法定の最低限の員数ですから、法人は定款で最低限を高めて、㋐例えば「5人以上」としてもよいし、㋑定款で最高限を設けて、例えば「10人以内」としても差し支えありません。また、本事例のように、㋒「5人以上10人以内」と定めることも問題はなく、多くの法人が採用している方法です。

Ⅱ　定款に定める理事の員数の確保

　定款において本事例のように理事の員数につき、「5人以上10人以内」と定めている場合、通常は7人ないし8人の理事を選任しているのが一般的と言えます。極端な場合、理事8人の場合、3人が同時に辞めることになっても、最低限の理事5人は残っているので、理事の最低限の員数5人を割ることにはなりません。

　しかしながら、本事例のように理事の選任に当たり、最低限の5人しか選任していない場合には、1人でも辞任したりするときには、欠員という問題が発生します。

　したがって、このような欠員という問題を避けるためには、理事の選任に際しては最低限の5人ではなく、7人ないし8人を選任することがより適切な方法であると解されます。そうでないと、「5人以上10人以内」という規定の趣旨が失われることになるからです。

Ⅲ　理事に欠員を生じた場合の対応措置

　一般法人法75条1項（法177条）には、「役員が欠けた場合又はこの法律若しくは定款で定めた役員の員数が欠けた場合には、任期の満了又は辞任により退任した役員は、新たに選任された役員（次項の「一時役員の職務を行うべき者」を含む。）が就任するまで、なお役員としての権利義務を有する。」と規定されています。

　そのため、辞任した理事は、新たに後任の理事が就任するまでは、辞任したとしても従前と同様の責任があります。

　これは、代表理事（会長・理事長）設置が一般法人法上義務付けられている法人における代表理事（会長・理事長）の場合も同様です（法79条・197条）。

Ⅳ 一時理事（一時代表理事〔会長・理事長〕）の選任請求

　理事に欠員が生じた場合、ただちに臨時社員総会・臨時評議員会を開催して後任の理事を選任する必要がありますが、社員総会・評議員会の開催までには時間がかかるため、後任の理事の選任を待っていては、法人の運営上不都合が生じることもあり得ます。

　一般法人法は、裁判所が必要と認めるときは、利害関係人の申立てにより、一時理事の職務を行うべき者を選任することができると定めています（法75条2項・177条）。また、一時代表理事（会長・理事長）の選定も同様です（法79条2項・197条）。

Ⅴ 補欠理事の選任

　一般法人法は、前記Ⅲに述べたように理事に欠員が生じた場合に備えて、あらかじめ補欠理事を選任することを認めています（法63条2項・177条）。

　そのために、社員総会・評議員会において理事を選任する際に、同時に補欠理事を選任しておけば、理事に欠員が生じた場合にすぐに理事を選任することができます。

　なお、補欠理事は、正式に理事に就任するまでは、理事たる地位ではありませんので、理事の登記はできません。

　実務上、理事選任に際して補欠理事を選任している法人は殆どないと考えられます。なぜなら定款上理事の員数を例えば本事例のように「5人以上10人以内」と定めて、7人ないし8人の理事を選任していれば、同時に理事が3人ないし4人辞任しない限り欠員とならないので、補欠理事の選任は必要がないからです。

Q073 社員総会（評議員会）決議による理事の解任

法人は、社員総会の決議（法70条1項）・評議員会の決議（法176条1項）の規定により、理事を解任することができるとされています。この場合、具体的にはどのような手続きによって解任を行うのでしょうか。ご教示下さい。

A073

I 理事解任の根拠

1 一般社団法人の場合

法人は、理事の任期の定めにかかわらず、いつでも社員総会の決議によって理事を解任することができます（法70条1項）。

この理事を解任する場合の社員総会決議は、いわゆる普通決議です（法49条1項）。

法人は、その解任につき「正当な理由」がある場合を除き、解任した理事に対し、解任によって生じた損害の賠償をしなければなりません（法70条2項）。

2 一般財団法人の場合

法人は、理事が次のいずれかに該当するときは、評議員会の普通決議によって解任することができます（法176条1項、189条1項）。

① 職務上の義務に違反し、または職務を怠ったとき（法176条1項1号）
② 心身の故障のため、職務の執行に支障があり、またはこれに堪えないとき（同項2号）

このように、一般社団法人の社員総会の決議による理事の解任と異なり、一般財団法人の評議員会による理事の解任事由が限定されているのは、評議員会

Q073 社員総会（評議員会）決議による理事の解任

による理事に対する適正な監督権限を確保しつつ、評議員会の権限が強大になり過ぎないようにするためであると解されています。

Ⅱ 理事解任のための社員総会（評議員会）の招集

社員総会の招集、評議員会の招集は、原則として理事会の決議に基づいてなされるため（法38条2項、181条1項）、まずは、理事会が社員総会（評議員会）の目的事項を決定する必要があります。この場合には、例えば「理事A野太郎解任の件」のように具体的に議案を決定し、社員総会（評議員会）の招集通知に記載する必要があります。

Ⅲ 社員提案権・評議員提案権

理事会の決議に基づいて招集された社員総会・評議員会においては、会議の目的事項として事前に社員（会員）、評議員に通知された事項以外の議案を決議することができず（法49条3項、189条4項）、これに反して行われた決議は、取消しの原因となります（法266条1項1号）。

1 理事会設置一般社団法人の社員の議題請求権

上記にかかわらず、理事会設置一般社団法人においては、総社員（総会員）の議決権の30分の1（これを下回る割合を定款で定めた場合にあっては、その割合）以上の議決権を有する社員（会員）に限り、社員総会の日の6週間（これを下回る期間を定款で定めた場合にあっては、その期間）前までに、理事に対して、一定の事項を会議の目的とすること（この場合、理事A野太郎を解任すること）を請求することができます（法43条2項）。

そして、法人はこの請求に拘束されるため、社員（会員）から請求のあった議案を社員総会に提出しなければなりません。

このような方法で、社員（会員）は、社員総会の日の6週間前までに「理事A野太郎解任の件」を社員総会の議案として提案することができます。

2　一般財団法人の評議員の議題提案権

一般財団法人の評議員は、社員（会員）と異なり、議案の提案を単独で行うことができます（法184条前段）が、議題提案権の行使は、評議員会の日の4週間（これを下回る期間を定款で定めた場合にあっては、その期間）前までにしなければなりません（同条後段）。

Ⅳ　社員総会招集権・評議員会招集権

1　一般社団法人の場合

総社員（総会員）の議決権の10分の1（5分の1以下の割合を定款で定めた場合にあっては、その割合）以上の議決権を有する社員（会員）は、理事に対し、社員総会の目的である事項（例えば、「理事A野太郎解任の件」）及び招集の理由を示して、社員総会の招集を請求することができます（法37条1項）。

また、この請求があったのにもかかわらず、法人が社員総会の招集の手続きを行わない場合、または請求後6週間（これを下回る期間を定款で定めた場合にあっては、その期間）以内の日を社員総会の日とする社員総会の招集の通知が発せられない場合には、その請求をした社員（会員）は、裁判所の許可を得て、自らが社員総会を招集することができます（法37条2項）。

2　一般財団法人の場合

評議員は、理事に対し、評議員会の目的である事項（例えば、「理事A野太郎解任の件」）及び招集の理由を示して、評議員会の招集を請求することができます（法180条1項）。

また、この請求があったのにもかかわらず、法人が評議員会の招集の手続きを行わない場合、または請求後6週間（これを下回る期間を定款で定めた場合にあっては、その期間）以内の日を評議員会の日とする評議員会の招集の通知が発せられない場合には、その請求をした評議員は、裁判所の許可を得て、自らが評議員会を招集することができます（法180条2項）。

Q073 社員総会（評議員会）決議による理事の解任

V 理事解任の訴え

　理事の職務の執行に関し不正の行為や法令・定款に違反する重大な事実があったにもかかわらず、社員総会又は評議員会において、理事を解任する旨の議案が否決されたときは、一定の要件を備える社員（会員）・評議員は、当該社員総会・評議員会の日から30日以内に、裁判所に対しその理事の解任を求める訴えを提起することができます（法284条）。

　なお、理事解任の訴えの要件である職務執行に関する不正の行為・法令・定款に違反する重大な事実は、当該理事の解任議案の否決以前に生じた行為・事実でなければならないが、必ずしも当該解任議案を審議する社員総会・評議員会の招集前又は開催前に生じた行為・事実である必要はないと解されています。

Q074 修正動議による理事の解任・選任

社員総会の議題に「理事解任の件」と記載されていなくても、修正動議により理事の解任を求めることはできますか。また、社員総会の議題に「理事選任の件」と記載されている場合、法人が提示した理事候補者以外の者を理事に選任するよう修正動議を提出することは可能ですか。ご教示ください。

A074

Ⅰ 社員総会における動議

社員総会における動議については、社員総会の議事進行に関する手続的動議と、議題及び議案の修正を求める修正動議に分けられます（法44条）。

動議については、社員総会の議事進行は議長の権限となっていることから（法54条1項）、法令の定めにより社員総会の権限とされているもの以外は、議長の裁量により判断して差し支えないこととなっています。ただし、内容によっては、議事に諮らなければ違法となるものもあります（例えば、議長不信任の動議）。

Ⅱ 修正動議による理事解任の可否

修正動議で理事の解任が求められるか否かについては、議案として理事の解任が提案されていない場合には、新たな議案の追加となるため、修正動議としては不適法となり、このような修正動議は認められません。

そのため、修正動議で理事を事実上解任する方法としては、解任を求める理

事の任期が満了し、「理事選任の件」という議題の中に当該理事が理事候補者となっている場合に、その当該理事を再任させないために、別の理事候補者を理事に選任するよう修正動議を行うという方法が考えられます。

もっとも、修正動議を可決させるためには、議決権の過半数がなければなりませんが、それだけの議決権を確保できるのであれば、社員（会員）提案権により事前に理事解任の件を議題とするよう求めればよいことになります（法43条）。

Ⅲ 修正動議による議案の修正の範囲（理事候補者に対する修正動議）

修正動議は、社員総会の招集通知に記載されている議題及び議案を修正することであるので、新たに議題及び議案を追加することはできません。

また、修正が許される範囲については、原案から予見可能か否かという「同一性の範囲」が認められるものに限られるので、原案からかけ離れた修正動議は認められません。例えば、理事候補者の変更については同一性の範囲があるため、修正動議として認められます。

このほか、理事選任の件の場合に、理事選任人数の増減が問題となります。例えば、理事8名を選任するという議案に対して、理事9名を選任するという修正動議は、同一性の範囲になく認められませんが、理事7名を選任するという修正動議は、同一性の範囲があるとして認められます。

Ⅳ 修正動議の可決

修正動議は、委任状出席を含めた出席社員（会員）の議決権の過半数により可決されます。したがって、修正動議を可決させるためには、事前に議決権の過半数を確保しなければならないということになります。

Q075 理事の義務

理事は、法人に対していろいろな法律上の義務を負っていますが、具体的にはどのような義務があるのでしょうか。

A075

　理事が負っている法律上の義務については、善管注意義務、忠実義務のほか競業避止義務等いろいろな義務があります。

　以下、これらの理事の義務について、その概要を説明します。

I　善管注意義務

1　善管注意義務の意味

　理事と法人との関係は、委任に関する規定に従います（法64条・172条1項）。したがって、受任者である理事は、委任の本旨に従い善良なる管理者の注意をもって、委任事務を処理する義務を負います（民法644条）。

　この場合の理事の善管注意義務とは、自分の能力に応じた程度という主観的なものではなく、客観的に要求される程度の注意、すなわち理事として社会的・経済的地位等に応じて、一般的に要求される程度の注意を尽くす義務を意味します。

2　理事の善管注意義務の具体的内容

　理事の善管注意義務は、具体的にどのような局面において理事の責任が問題となるかについては、裁判上、㋐法令違反、㋑自己の業務執行上の判断の誤り、㋒他の理事や職員に対する監視監督義務違反、㋓内部統制システムの構築・運用義務違反（組織管理責任違反）などの場合です。

Ⅱ　忠実義務

　一般法人法83条（法197条）は、「理事は、法令及び定款（並びに社員総会の決議）を遵守し、一般社団法人・一般財団法人のため忠実にその職務を行わなければならない。」と定めています。これが「忠実義務」と呼ばれているものです。

　法人における理事の忠実義務については、理事にとって基本的で広範な義務を定めるものです。忠実義務は、理事にとってその職務を行うに当たって、常にその適切な履行に注意を払っておくことが重要です。

　忠実義務は、法人のための義務であるため、一般的には忠実義務違反は、法人から追及される可能性が高いということがいえますが、忠実義務の中でも、法令、定款、社員総会の決議（一般社団法人の場合）を遵守すべき義務は、法人以外の者からもその義務違反が追及される可能性があります。

　忠実義務を適切に履行するためには、理事としての職務を遂行するに当たり、具体的な職務の内容、前提となる事実関係を適切に認識し、相当な検討を行い、適切な判断を行うことが必要であり、また職務の内容が将来に効果を及ぼす場合には、その予測が相当であるかどうかも判断することが必要です。

　なお、前記Ⅰの「善管注意義務」とこの「忠実義務」との関係については学説上争いがありますが、判例（最高裁昭和45年6月24日、改正前商法254条の2に関する事案）は、「商法254条の2の規定は、同法254条3項、民法644条に定める善管義務を敷衍し、かつ一層明確にしたにとどまるのであつて、所論のように、通常の委任関係に伴う善管義務とは別個の、高度な義務を規定したものとは解することができない。」として、善管注意義務と忠実義務は同質のものと解しています。

Ⅲ　競業及び利益相反取引の承認と報告

1　競業避止義務

　理事は、法人の業務執行の決定に参画している立場上、事業運営上の機密に精通していることから、これに法人との競業を自由に行わせておくと、法人の利益を犠牲にして自己又は第三者の利益を図るおそれがあります。

　そのため、理事が自己又は第三者のために法人の事業の部類に属する取引をする場合には、社員総会（理事会設置法人の場合は、理事会）において、当該取引につき重要な事実を開示し、その承認を受けなければなりません（法84条1項1号、92条1項・197条）。

2　利益相反取引の制限

　理事は、法人に対して善管注意義務及び忠実義務を果たす必要があるため、法人の利益を犠牲にして、自己又は第三者の利益を図ることは認められません。

　そのため、次の一般法人法84条1項2号及び3号の取引については、社員総会（理事会設置一般社団法人・一般財団法人にあっては、理事会）において、当該取引につき重要な事実を開示し、その承認を受けなければなりません（法84条1項2号、3号・92条1項・197条）。

① 　理事が自己又は第三者のために、法人と取引（利益相反取引の直接取引）をしようとするとき（法84条1項2号・197条）
② 　法人が理事の債務を保証することその他理事以外の者との間において、法人と当該理事との利益が相反する取引（利益相反取引の間接取引）をしようとするとき（同項3号・197条）

3　理事会への重要な事実の報告義務

　理事会設置一般社団法人・一般財団法人においては、競業取引・利益相反取引を行った理事は、当該取引後、遅滞なく、当該取引についての重要な事実を理事会に報告しなければなりません（法92条2項・197条）。

この報告は、当該取引について事前に理事会の承認を受けていたか否かに関係なく、行う必要があります。この報告を受けた理事会が、理事に対する責任追及等の措置を講じることが可能なようにしているものです。

IV　内部統制システム構築義務

大規模一般社団法人・大規模一般財団法人（法2条2号、3号）では、法人の活動が社会・経済に与える影響が大きく、その適正なガバナンスの確保が特に重要であると考えられることから、内部統制システムの構築をしなければなりません（法90条4項5号・5項・197条）。

また、理事会設置一般社団法人・一般財団法人の理事は、理事会の構成員として、内部統制システム構築の義務を負うことになります（法90条4項5号・197条）。

それでは、理事は、内部統制システムとして、具体的にどのような体制や事項を構築しなければならないか、これについては、一般法人法施行規則14条（同規則62条）各号に掲げる事項がその内容となります。

V　社員総会・評議員会における説明義務

理事は、社員総会・評議員会において、社員・評議員から特定の事項について説明を求められた場合には、当該事項について必要な説明をしなければなりません（法53条本文・190条本文）。

この理事の説明義務は、社員（会員）・評議員が報告事項を合理的に理解し、決議事項につき賛否を決するにつき合理的な判断の手がかりを提供する点にその目的があることから、社員（会員）・評議員が会議の目的事項を合理的に理解・判断するのに客観的に必要な範囲の説明で足ります。

なお、一定の事項については、説明を拒絶することが認められています（法53条ただし書・190条ただし書、法施行規則10条・59条）。

Ⅵ　理事の監事に対する報告義務

　監事設置一般社団法人・一般財団法人にあっては、「理事は、法人に著しい損害を及ぼすおそれのある事実があることを発見したときは、直ちに、当該事実を監事に報告しなければならない」とされ（法85条・197条）、損害報告義務を理事に課しています。

　この規定の趣旨は、監事は自らは法人の業務執行に直接関与できないため、監査業務の実施にとって重要な情報を入手することに限界がある監事に、実効性のある監査を実施してもらい、法人の損害を未然に防止しようとするところにあります。

Ⅶ　その他の理事の義務

　理事の義務としては上記のほか、㋐理事の監視・監督義務（これについては、次頁の「Q076 理事の監視義務とは」において解説しますので、ここでは省略します。）、㋑理事の基本財産の維持義務等（公益〔一般〕財団法人）、㋒理事の計算書類等の定時社員総会・定時評議員会への提出・提供義務、報告義務（法126条1項、3項・199条）等があります。

Q076 理事の監視義務とは

理事には、自らは不正行為を行っていない場合でも、他の理事の不正行為について責任を追及されることがあるそうですが、それはどのような場合ですか。ご教示下さい。

A076

Ⅰ 理事の監視義務の意義

　理事会設置一般社団法人・一般財団法人においては、理事会が理事の職務の執行を監督する職責を負うため（法90条2項2号・197条）、理事会の構成員である各理事には、理事会を通じて各理事の職務の執行を監視する義務があると解されています。

　なお、この監視義務には、代表理事（会長・理事長）の職務の執行に対する監視義務も含まれます（最高裁昭和48年5月22日参照）。

Ⅱ 監視対象となる不正行為

1 具体的な法令違反行為

　理事の不正行為としては、一般的には背任・横領・情報漏洩、一般法人法等違反その他具体的な法令に違反する行為が挙げられます。

　理事の具体的な法令違反行為については、その行為を認識しさえすれば、当該行為が不正行為に該当することは明らかであるため、他の理事において、求められる監視義務を果たすことは比較的容易と考えられます。

　しかしながら、そのような不正行為は巧妙に隠匿されていることが多いことから、当該不正行為を認識できなかった理事の監視義務違反が問題となります。

2 抽象的な法令違反行為

一方、いわゆる法人の運営判断原則（経営判断原則）の適用を受ける理事の業務執行行為が、善管注意義務違反に当たるような抽象的法令違反行為の場合には、当該理事の行為が不正行為であるか否かが一見して明らかでない場合が多いため、問題となるケースが生じます。

Ⅲ 監視義務違反の判断基準

一般法人法は、理事の責任について過失責任主義を採用していること（法111条1項・198条）から、理事は、その職務執行の結果、すべてに対し責任を負うものではありません。

したがって、ある理事が不正行為を行った場合でも、他の理事においては、その不正行為を「知り又は知ることが可能であるなどの特段の事情がある場合」にのみ、監視義務違反が認められるものと解されています。

理事の不正行為といってもその種類、性質、専門性、行為の隠匿性等は様々であり、また、法人の規模や理事の立場によっても求められる監視義務の程度は異なることから、上記の「特段の事情」については、具体的事例に即した判断が求められることになります。

Ⅳ 不正行為を認識した場合の対応と責任

1 不正行為を認識した場合の対応

理事が他の理事の不正行為を認識した場合には、必要に応じて理事会を自ら招集し、あるいは招集することを求め（法93条2項、3項・197条）、理事会を通じてその業務執行が適正に行われるようにする職責があると解されています（前記最高裁昭和48年5月22日参照）。

また、法人に著しい損害を及ぼすおそれのある事実があることを発見した場合には、直ちに当該事実を社員（会員・監事非設置一般社団法人）、監事（監

Q076 理事の監視義務とは

事設置一般社団法人、一般財団法人の場合）に報告する義務があります（法85条・197条）。

したがって、理事の不正行為を認識した場合には、まずは法人内で理事会や社員（会員・監事設置一般社団法人、一般財団法人では監事）への報告や調査を行うことが求められます。

さらに、その事案による影響が重大で、調査に客観性及び独立性が強く求められる事案においては、第三者委員会などを設置し、事案の調査や解明を行うことの方が妥当である場合もあり得ます。

2 　監視義務違反による責任

理事が他の理事の不正行為を認識し、あるいは認識すべき特段の事情があるにもかかわらず、上記1で述べた調査を行わず、あるいは調査が不十分であるとされた場合には、理事としての監視義務に違反したとして、法人又は第三者に生じた損害を賠償する義務を負うこととなります（法111条1項、117条1項・198条）。

さらに、当該義務に違反した事実が認められれば、これを理由として辞任を求められたり、あるいは社員総会・評議員会において解任（法70条1項、176条1項）が求められる可能性もあります。

Q077 辞任登記をしないまま残存させていた理事の責任

辞任登記をしないままでいた元理事が、辞任後の法人の不法行為によって損害賠償請求などの対象になる場合がありますか。

A077

Ⅰ 理事の辞任と登記

　一般法人法303条は、一般社団法人・一般財団法人において、一般法人法301条2項各号又は302条2項各号に掲げる事項に変更が生じたときは、2週間以内に、その主たる事務所の所在地において、変更の登記をしなければならないと定めています。すなわち、この規定は、変更登記における登記期間の原則について定めたものです。

　登記義務を果たさない、若しくは登記期間内に登記申請を行わないことを「登記懈怠」といいますが、これだけの理由で登記申請が受け付けられないということはありませんが、登記懈怠の場合には、代表理事（会長・理事長）等は一般法人法違反として、過料制裁の対象となります（法342条1号）。ただし、登記懈怠について、故意又は過失がない場合には過料の対象とはなりません。

　ところで、理事が任期満了となり、再任された場合であっても、変更登記が必要ですが（仙台高裁決定昭和46年9月1日参照）、理事が任期途中で辞任した場合には、辞任届を提出し、所定の手続きを経て登記を抹消しなければなりません。

　登記事項に変更が生じた場合、一般法人法上代表理事（会長・理事長）が登記の申請者であるとともに、法人の代表としての職務執行の遂行により登記申

Q077 辞任登記をしないまま残存させていた理事の責任

請する者と解されます。

Ⅱ 辞任した理事の責任と登記との関係

辞任した理事が、辞任後の法人の不法行為について、責任を問われることがあるかという問題があります。

当然のことながら、辞任した理事は、一般法人法117条1項（法198条）で定める「理事」には該当しません。そもそも、辞任した理事には、法人の業務執行に関して何の権限も義務もありませんから、責任発生の基礎を欠くともいえます。

しかし、他方で、理事の氏名は登記事項とされています（法301条2項5号、302条2項5号、303条）。

また、一般法人法は法人の登記事項については、登記の後でなければ、これをもって善意の第三者に対抗することができないと定められています（法299条1項）。さらに、故意又は過失によって不実の事項を登記した者は、その登記が不実であることをもって善意の第三者に対抗することができないとの規定も定められています（同条2項）。

以上の規定との関係で、理事が辞任したにも関わらず辞任登記が行われず、登記が残存していた場合、何らかの責任が発生しないかが問題となります。

1 判例の考え方

上記の問題につき、判例は次のように判断しています（最高裁昭和63年1月26日参照。改正前商法266条の3第1項〔会社法429条1項、一般法人法117条1項相当〕に関する事項）。

すなわち、「株式会社の取締役を辞任した者は、辞任したにも関わらずなお積極的に取締役として対外的又は内部的な行為をあえてしたとか、登記申請権者である当該株式会社の代表者に対し、辞任登記を申請しないで不実の登記を残存させることにつき明示的に承諾を与えていたなどの特段の事情のない限り、

辞任登記が未了であることによりその者が取締役であると信じて当該株式会社と取引した第三者に対しても、商法266条の3第1項に基づく損害賠償責任を負わないものと解するのが相当である」と判示しています（東京地裁平成23年12月14日。旧有限会社法に関する事案についても、同様の判示が行われ、最高裁の判断が維持されています。）。

　これらの判例の立場によれば、たとえ辞任による退任登記が未了であったとしても、辞任した理事は、自らが辞任した後の法人の不法行為については、責任は負わないのが原則となります。

　ただし、上記の判例においては、「特段の事情」が存在する場合、例外的に辞任した取締役が責任を負う場合もあるとされています。

2　不実の登記に対する明示の承諾がある場合の責任

　辞任した理事が、辞任登記を申請しないで不実の登記を残存させることにつき、明示的に承諾を与えている場合、特段の事情があるものとして、理事は辞任後の法人の不法行為に関しても、損害賠償責任を負担することになります（前記最高裁判決参照）。

　辞任した理事は、「辞任の登記が為されていない」という事態になったとき、単にその事実を知っていたとか、その状態を放置していたというだけで、第三者からの責任追及を受けることはありません。あくまでも、辞任登記をしないことに対して「明示の承諾」を与えていた場合にのみ、責任を負担することになります。

Ⅲ　公益法人の行政庁への理事等の変更届出

　公益法人の場合、理事等の変更があったときは、公益法人認定法第13条1項・同法施行規則11条により、登記事項証明書、理事等の氏名、生年月日及び住所を記載した書類等を行政庁に提出することとされています。

　このような関係から、公益法人にあっては理事が辞任したような場合、辞任

Q077 辞任登記をしないまま残存させていた理事の責任

届の提出、登記の抹消手続等は必ず行われているものと考えられます。

したがって、理事を辞任した者が辞任登記をしないまま理事にとどまっているということは、何らかの特別の事情がない限りないと考えることができます。

ところで、移行法人（整備法45条の認可を受けて移行の登記をした一般社団法人又は一般財団法人であって公益目的支出計画の実施の完了の確認を受けていないもの。整備法123条1項）が、公益目的支出計画実施完了の確認を受け（整備法124条）、一般法人となった法人については行政庁による監督もなくなります。最近、この一般法人の中には、理事全員の改選後において、任期中に辞任した理事がいても変更登記をせず、また後任理事についても登記をしない法人が出てきています。

したがって、この法人では登記簿上の理事と実在の理事とが不一致という現象が生じています。これらの法人事務局では、登記については法律上は義務ではないからと勘違いし、問題はないというような考え方に立って、変更登記をしていないのではないかと推察されます。

理事が辞任した場合には、公益法人であろうと、一般法人であろうと、所定の期間内に変更登記を行うことが必要であるということを法人事務局は強く認識すべきです。

Q078 税務調査で追徴課税を受けた場合の理事の責任の有無

税務署による税務調査において否認を受け、追徴課税が発生した場合、理事として責任を追及されることがありますか。

A078

I 税務調査による税務否認

　法人が実施している事業について、一定期間内に税務署における税務調査（行政機関が納税者の申告内容について、帳簿等に基づいて確認し、誤りがあれば是正を求める一連の調査）を受けることがあります。

　法人の事業規模が大きく、また会計処理が複雑な法人の場合にあっては、税理士、あるいは公認会計士と顧問契約を結び、適正な会計処理を行っていると考えられます。また、税務調査の当日には、税理士等は立ち会い、問題となった事案があった場合には、専門的立場から経過説明などを行い正統性を説明するのが一般的であろうと思われます。

　しかしながら、顧問税理士等のいない法人の場合には、税法の知識に詳しい職員もいないので、その対応は難しいと考えられます。

　税務調査では、法人としては正しく申告しているつもりでも、税法の解釈の違いにより否認される場合などいろいろなケースがあり得ます。

　税務調査により税務否認（税務調査の結果、申告の際の科目について、「これは認められない」と指摘を受けること。）された場合には、修正申告に伴う増加分の税金、延滞税や過少申告加算税が追徴して課税されることになります。

339

Ⅱ 税務調査により税務否認され追徴課税を受けた場合の理事の責任

　理事は、法人に対し善管注意義務及び忠実義務を負います（法64条・172条1項、民法644条、法83条・197条）。

　税務署による税務調査で税務否認され追徴課税を受けた場合には、理事は上記義務違反により、法人に損害が生じたとして損害賠償責任を追及される場合があります（法111条1項・198条）。

　ただし、追徴課税された場合、常に理事の善管注意及び忠実義務違反が認められるというわけではありません。裁判例（いずれも株式会社に関する事案）として、次のようなものがあります。

1　従業員が架空又は水増し発注を行って裏金を作り追徴課税された事例（東京地裁平成11年3月4日）

　取締役の善管注意義務又は忠実義務には、従業員の違法・不当な行為を発見し、あるいはこれを未然に防止することなど従業員に対する指導監督についての注意義務も含まれるとしつつ、同義務の懈怠（違反）の有無については、当該会社の業務の形態、内容及び規模、従業員の数、従業員の職務執行に対する指導監督体制などの諸事情を総合して判断するのが相当です。

　その上で、当該会社においては、職務権限規程を定め、取締役の権限を下位の職位者に委譲しており、委譲の内容、態様は合理的であり、委譲された権限に基づき行われる業務の執行について、詳細なマニュアルを作成し、研修を実施し、定期的に考査を行う等の指導監督体制も適切であるとし、取締役に上記義務違反はないと判示しています。

2　必要経費として申告したものが交際費であると否認された事例（東京地裁平成13年7月26日）

　税法に従って適切に申告し、追徴課税等を避けて、納税額を最低限にとどめるように取締役が留意するということは一般論として当然としつつ、税務申告

において所得を算定するに当たって、特定の収支が収入から控除されるべき費用に当たるかどうかについて、税務当局と申告者との間で判断を異にする場合があることは必ずしも少なくなく、追徴課税されたということから直ちに取締役に責めに帰すべき事由があると断定することはできないと判示し、取締役の義務違反を否定しています。

Ⅲ 事例に基づく理事の責任の解釈

　上記裁判例のように、追徴課税を受けた場合の理事の責任については、その実態に応じて個別具体的に判断する必要があると考えられます。

　例えば、理事自らが架空経費を計上する等違法な会計処理を立案し、経理担当者に指示して実行させた結果、追徴課税を受けたような場合には、当然、理事の責任が認められることになると解されます。

　これに対し、追徴課税が職員の不正行為に基づく場合には、前記裁判例に従えば、法人として職員に対する適切な指導監督体制を構築していれば、理事の責任は否定される可能性は高いと考えられます。

　指導監督体制が適切であるかどうかは、前述したように法人の業務形態、内容、規模、職員の数等を考慮して判断されるものと考えられるので、一概にどのような体制を構築すれば適切であるという判断は困難です。

　少なくとも、以前に同種の違法行為が行われていたにも関わらず何らの改善措置も講じていなかった場合や、同業他法人が行っている管理体制を採用していなかった場合等においては、適切な指導監督体制を構築していなかったと判断される可能性は高いと解されます。

　このように、追徴課税を受けた場合、理事は、善管注意義務及び忠実義務に違反したとして責任を追及される可能性がありますので、理事としては、常日頃より、法人運営において、職員に対する適切な指導監督体制を構築するなど、十分な注意が必要と考えられます。

Q079 理事の職員に対するパワー・ハラスメント

理事が職員に対してパワー・ハラスメントを行った場合、職員と法人との責任関係、職員と理事との責任関係、理事と法人との責任関係などはどのようになるのでしょうか。

A079

I 職員による責任の追及

1 被害職員に対する法人及び理事の直接の責任

　パワー・ハラスメント（以下「パワハラ」という。）とは、職権などのパワーを背景にして、本来の業務の範疇を超えて、継続的に人格と尊厳を侵害する言動を行い、就業者の働く関係を悪化させ、あるいは雇用不安を与えることをいうと解されています。うつ病などのメンタルヘルス不調の原因となることもあります。

　代表理事（会長・理事長）等の役付理事（主として常勤理事）の中には、その性格が粗暴の上、理事という立場を悪用して、職員の人格・尊厳を侵害する者がいます。こういう職場では、職員は精神的にもおかしくなり、退職するというケースも生じてきます。

　こういう性格の常勤の代表理事（会長・理事長）がいる場合、他の理事達は代表理事（会長・理事長）に言動に注意するように指摘することもできず、また理事会としても何らの措置を講じないことが多いと思われます。しかし、それでは理事会の責任が問われることになります。

　職員は、法人と雇用契約を締結し、法人は雇用契約における付随義務として、職員の安全に配慮する義務（労働契約法５条。使用者は、労働契約に伴い、労働者

がその生命、身体等の安全を確保しつつ労働することができるよう、必要な配慮をするものとする。）及び職員の職場環境に配慮する義務（労働安全衛生法3条1項。事業者は、快適な職場環境の実現と労働条件の改善を通じて職場における労働者の安全と健康を確保するようにしなければならない。）を負います。

そのため、理事が職員にパワハラを行った場合、職員は法人に対して、安全配慮義務・職場環境配慮義務という債務の不履行（民法415条）を理由に、パワハラによって被った損害を賠償するよう請求することができます。

これに対して、職員と理事との間には契約関係は何もありませんので、職員がパワハラを行った理事に対して債務不履行の責任を追及することはできず、一般不法行為責任（民法709条・710条）を追及することになります。

職員がパワハラを行った理事に一般不法行為責任を問う場合には、㋐理事が職員にパワハラを行ったこと、㋑理事がパワハラを行うにつき故意・過失があったこと、㋒職員が精神的苦痛その他の損害を被ったこと、㋓パワハラと損害との間に相当因果関係があることを職員が主張立証しなければなりません。

2　理事が責任を負うことに基づき法人が負うべき責任

法人の代表理事（会長・理事長）等の業務執行理事が一般不法行為責任を負う場合、業務執行権限を有する理事の業務上の行為は、法人の行為と同視されるので、法人及びその業務執行理事という「数人が共同の不法行為によって他人に損害を加えたとき」（民法719条1項）に該当し、法人及び法人の理事は、「各自が連帯してその損害を賠償する責任を負う」（民法719条1項）ことになります（共同不法行為責任。東京地裁平成21年8月17日。女子従業員が代表取締役からその好みのままに女性の身体の線を強調するようなスーツを試着させられるなどのセクハラを受けて抗議したところ、報復的な業務外しや転籍命令等のパワハラを受け、さらに被告会社が原告女性を解雇した行為について、会社及び代表取締役に対し、連帯して損害賠償〔慰謝料〕が認められた事案）。

また、一般不法行為責任を負うのが代表理事（会長・理事長）その他の代表

Q079 理事の職員に対するパワー・ハラスメント

者の場合、代表者の行為が外形上職務行為に属し（「その職務を行うについて」）、かつ、第三者が職務行為に属さないことにつき悪意又は重過失でないときは、法人は代表者が当該第三者に加えた損害を賠償する責任を負います（法78条・197条。この規定は、旧民法44条と同趣旨の規定です。旭川地裁平成9年3月18日参照）。

3 理事の責任と法人の責任のいずれも認められる場合の両責任の関係

パワハラを行った理事の責任と法人の責任とは、不真正連帯債務の関係になり、第三者はそのいずれか、または両者に対して損害賠償請求をすることができ、法人が賠償したときは、法人はパワハラを行った理事に求償することができます。

II 法人による責任追及

理事が本来の業務の範疇を超えて、継続的に職員の人格と尊厳（憲法13条）を侵害することは許されるものではなく、その行為は法人運営の受託者として負う善管注意義務及び忠実義務という任務を懈怠する行為となります。

したがって、理事がパワハラにより法人に損害を与えた場合、法人はパワハラを行った理事に対して任務懈怠に基づく損害賠償を請求することができます（法111条1項・198条）。

III 社員（会員）による責任追及

法人が理事に対する責任追及を怠る場合がありますので、一定の要件を満たす社員（会員）は、法人に対し理事の責任を追及するよう提訴請求をすることができます（法278条1項）。

Q080 子法人に融資した貸付金が返済されなかった場合の理事の責任

親法人が子法人に資金融資をする場合、理事会の承認を得て行われますが、親法人Ａの理事Ｂが子法人Ｃの理事を兼任している中で、Ａ法人がＣ法人に対して行った貸付金が返済されなかった場合、理事Ｂの責任はどうなるのでしょうか。

A080

I　理事の法人に対する責任

　理事は、その職務執行において、善管注意義務（法64条、172条１項、民法644条）と忠実義務（法83条・197条）を尽くさねばならず、このような義務に違反し、任務を懈怠した結果法人に損害を与えた場合には、当該理事は法人に対し、その損害を賠償する責任を負わなければなりません（法111条１項・198条）。

　そして、この場合の理事が任務を懈怠したか否かの判断は、理事は不確実な状況で迅速な決断を迫られることに鑑み、事後的な評価ではなく、行為当時の状況に照らし合理的な情報収集・調査・検討等が行われたか、また、その状況と理事に要求される能力水準に照らし不合理な判断がなされなかったかを基準として行われます。

　判例においても、行為当時の状況下で事実認識・意思決定過程に不注意がなければ、理事には広い裁量の幅が認められることを判示しているものが多く見受けられます（東京地裁平成14年４月25日、最高裁平成22年７月15日など参照）。

345

Q080　子法人に融資した貸付金が返済されなかった場合の理事の責任

Ⅱ　利益相反取引と理事の責任

1　法人と理事との利益が相反する取引

　法人と理事との利益が相反する取引については、類型的に理事が法人の利益の犠牲において、自己又は第三者の利益を図るおそれがあります。そこで一般法人法においては、利益相反取引を行う場合には、親法人の理事会の承認（理事会設置一般社団法人・一般財団法人）を必要とすることとしています（法84条1項・197条、92条1項）。

　さらに、利益相反取引により法人に損害が発生した場合には、子法人の代表者を兼務する親法人理事等一定の理事について、任務懈怠が推定されることを規定しています（法111条3項・198条）。

2　親法人の理事が子法人の理事を兼任している場合の取引と利益相反取引

　本事例（親法人Aの理事Bが子法人Cの理事を兼任している状況において、A法人がC法人に対して行った資金融資としての貸付金が返済されなかった事例）の場合において、理事Bがその任務を懈怠したかどうかを判断する際には、まず、親法人Aによる子法人Cへの資金融資という直接取引（以下「当該取引」という。）が、利益相反取引に当たるか否かを検討することとなります。この場合、理事Bが子法人Cを代表して当該取引を行った場合はもちろん、理事Bが親法人Aを代表した場合にも利益相反取引に該当する（最高裁昭和39年8月28日参照）ため、当該取引から親法人Aに損害が発生したときは、利益相反取引によりA法人に損害が発生したことになり、理事Bについて任務の懈怠が推定されることになります（法111条3項1号・198条）。

　したがって、当該取引に基づく貸付金が返済されない場合、理事Bは、任務懈怠が自らの責に帰すべきことができない事情によるものであったことを立証しない限り、親法人Aに発生した損害を賠償しなければなりません（法111条1

項・198条)。

3　理事Ｂが親法人Ａの理事会の承認を得ずに当該貸付を行った場合

理事Ｂが、当該取引が利益相反取引に当たる場合において、親法人Ａの理事会の承認を得ずに当該取引を行った場合には、親法人Ａの理事会の承認を得なかったこと自体に理事Ｂの任務懈怠が認められます。

したがって、この場合には、理事Ｂは当該取引による資金貸付金が返済されないことにより親法人Ａに発生した損害について、賠償責任を負うことになります（法111条1項・198条）。

4　理事Ｂが親法人Ａも子法人Ｃについても代表していない場合

当該取引において、理事Ｂが親法人Ａも子法人Ｃについても代表していない場合には、当該取引は利益相反取引に該当しません。したがって、責任を追及する側において、理事Ｂが任務を懈怠したことを立証しない限り、理事Ｂは親法人Ａに発生した損害の賠償責任を負いません。

なお、理事Ｂに対し責任追及を行う代表理事（会長・理事長）等は、当該取引当時の状況に照らし、理事Ｂが合理的な情報収集・調査・検討等を行っていなかったという事実、あるいはその状況と理事に要求される能力水準に照らし、不合理な判断がなされたという事実を立証することが必要になると解されます。

5　子法人Ｃが親法人Ａの完全子法人である場合

子法人Ｃが親法人Ａの完全子法人である場合には、Ａ法人とＣ法人の利益は相反することはないという視点から、当該取引が形式的には利益相反取引に該当する場合であっても、例外的に一般法人法84条1項（法197条）の利益相反取引に該当しないとする見解もあります（東京地裁平成7年9月20日参照）。

ただし、この場合においても、上記4と同様に、理事Ｂに任務懈怠が認められる場合にあっては、損害賠償責任が肯定されることになると解されます。

Ⅲ　理事Bに対する責任追及の方法

　親法人Aは、理事Bが当該取引について、任務を懈怠したと判断した場合には、当該取引による資金貸付金が返済されないことにより親法人Aに発生した損害について、理事Bに対し、任務懈怠に基づき、損害賠償請求をしなければなりません（法111条1項・198条）。

　また、法人が理事Bに対する責任追及を怠ったような場合には、社員（会員）は、法人に対し理事Bの責任を追及するよう提訴請求をすることができるほか（法278条1項）、自ら訴訟を通じて責任追及を行うこともできます（法278条2項）。

Q 081 責任限定契約を締結している非業務執行理事によって損害が発生した場合の取扱い

法人との間で責任限定契約を締結している非業務執行理事に損害賠償責任が発生した場合、これについてどのように対応したらよいでしょうか。

A 081

I 責任限定契約の対象者である非業務執行理事等

責任限定契約の対象となる者は、非業務執行理事等に限られ、それ以外の者は含まれません。「非業務執行理事等」とは、次の者をいいます（法115条1項かっこ書・198条）。

① 次のi及びiiを除く理事
  i 業務執行理事（代表理事〔会長・理事長〕、代表理事〔会長・理事長〕以外の理事であって、理事会の決議によって当該法人の業務を執行する理事として選定された者及び当該法人の業務を執行したその他の理事）
  ii 当該法人の使用人
② 監事
③ 会計監査人

すなわち、現に当該法人において業務の執行を行っていなければ、非業務執行理事等となって責任限定契約の締結の対象者となります。

II 免責と理事会決議の有無

法人との間で責任限定契約を締結している非業務執行理事が、任務懈怠に

よって法人に損害を与えた場合、当該非業務執行理事の法人に対する損害賠償責任は、責任限定契約の内容に従って、一定の限度内で免除されることになります。

この免責に当たっては、理事会の決議や社員総会の決議・評議員会の決議など特別な手続きを経ることは必要ありません。すなわち、実際に非業務執行理事の任務懈怠により損害が発生した場合、当該非業務執行理事の責任を免除するか否かについて、あらためて社員（会員）・評議員の意向を問うことなく、当然に免責されることになります。

Ⅲ 責任限定の対象とならない責任

法人と理事との間で利益相反の関係が認められる取引（利益相反取引）の中でも、特に、理事が法人と直接取引（法84条1項2号・197条）を行い、その結果法人に損害が発生した場合、例外的に、当該理事は無過失であっても、法人に対して損害賠償責任を負うことになります（法116条1項・198条）。

しかし、このような理事の損害賠償責任については、非業務執行理事の場合も責任限定契約によって限定されません（法116条2項・198条）。

このような理事の責任については、総社員（総会員）の同意、総評議員の同意によって責任を免除するしか方法はありません（法112条・198条）。

Ⅳ 責任限度額

法人との間で責任限定契約を締結した非業務執行理事は、責任限定契約によって設定した限度額と一般法人法の定めにより算出される最低責任限度額とのいずれか高い方の金額を限度として、責任を負うことになります（法115条1項・198条）。

この場合の最低責任限度額は、次の①、②、③の各数値を「(①+②)×③」の計算式に当てはめて算出された額をいいます。

① 理事がその在職中に報酬、賞与その他の職務執行の対価として法人から受け、または受けるべき財産上の利益の額の事業年度（法施行規則19条1号イからハまでに掲げる場合の区分に応じ、当該イからハまでに定める日を含む事業年度及びその前の各事業年度に限る。63条）ごとの合計額のうち、最も高い額（法施行規則19条1号・63条）
② 非業務執行理事が法人から受けた退職慰労金を当該非業務執行理事がその職に就いていた年数で除して得た額（ただし、2年よりも短い場合は、2で除した額。法施行規則19条2号ロ(3)・63条）
③ 非業務執行理事の場合　2（法113条1項2号ハ）

V　社員総会・評議員会における情報開示

非業務執行理事と責任限定契約を締結した法人が、当該契約の相手方である非業務執行理事が任務を怠ったことにより、損害を受けたことを知ったときは、その後最初に招集される社員総会・評議員会において、次の事項を開示しなければなりません（法115条4項・198条）。

① 責任の原因となった事実及び賠償の責任を負う額（法115条4項1号、113条2項1号・198条）
② 責任を免除することができる額の限度及びその算定の根拠（法115条4項1号、113条2項2号・198条）
③ 当該責任限定契約の内容及び当該契約を締結した理由（法115条4項2号・198条）
④ 損害のうち、当該非業務執行理事が賠償する責任を負わないとされた額（法115条4項3号・198条）

なお、社員（会員）・評議員は、この開示された情報に基づいて、当該非業務執行理事の責任を免除するか否かを判断できるわけではありません。仮に社員総会・評議員会で当該非業務執行理事の免責を認めない旨の決議をしたと

しても、免責を回避することはできません。ここで理事に要求されている社員（会員）・評議員への情報開示は、個別の免責事案について社員（会員）・評議員がその適切さを判断するための前提情報として開示が要求されているわけではなく、責任限定契約の締結を認める定款規定の適切さについて、社員（会員）・評議員が判断するための前提情報として、開示が要求されているものと考えられます。

Ⅵ 退職慰労金の支給による脱法の防止

　責任限定契約に基づく非業務執行理事の責任の一部免除がなされた場合において、法人が当該一部免除後に、当該理事に対し退職慰労金その他の法務省令で定める財産上の利益を与えるときは、社員総会・評議員会の承認を受けなければなりません（法115条5項・113条4項・198条）。

　これは、責任限定契約に基づく責任の一部免除の後に、退職慰労金等の形で別途財産上の利益が理事に支給されるような場合には、最低責任限度額については理事に責任を負担させるという最低責任限度額の制度の脱法となってしまうからです。その意味において、一般法人法113条1項（法198条）に基づく理事の責任の一部免除の場合と同様であると言えます。

　そこで、責任限度契約の規定に基づく非業務執行理事の責任の一部免除の場合にも、一般法人法113条4項（法198条）の規定が準用されているのです。

Ⅶ 責任限定契約と登記

　非業務執行理事が負う責任の限度に関する契約の締結についての定款の定めがあるときは、その定めを登記しなければなりません（法301条2項12号・302条2項10号）。

Q 082 社員総会（評議員会）決議による理事の責任の一部免除

理事が任務懈怠により法人に対して損害を発生させた場合、社員総会（評議員会）の決議によるその責任の一部免除については、どのような手続き等により行うのでしょうか。ご教示下さい。

A 082

I 社員総会（評議員会）決議による免責

　理事の任務懈怠による法人に対する損害賠償責任については、総社員（総会員・総評議員）の同意がなければ免除することができないのが原則です（法112条・198条）。ただし、一定の限度内であれば、社員総会（評議員会）の決議によって、その責任を免除することができます（法113条1項・198条）。

　この場合、理事会の決議（理事会非設置一般社団法人の場合は、理事の過半数の同意。法114条1項・198条）によって理事の責任の一部を免除する場合や、責任限定契約（法115条1項・198条）によって非業務執行理事の責任の一部を免除する場合とは異なり、あらかじめ定款で定めておく必要はありません。

II 一部免除ができる条件

　理事の任務懈怠による法人に対する損害賠償責任を社員総会（評議員会）の決議（特別決議）により免除できるのは、当該理事が職務を行うにつき善意でかつ重大な過失がない場合に限られます（法113条1項・198条）。

　当該理事が当該任務懈怠について、悪意であったり、善意であっても重大な

過失があったりした場合は、社員総会（評議員会）の決議によって、その責任を免除することはできません。

Ⅲ 一部免除の対象とならない責任

　法人と理事との間で利益相反の関係が認められる取引（利益相反取引）の中でも、特に理事が法人と直接取引を行い、その結果法人に損害が発生した場合、例外的に、当該理事は無過失であっても、法人に対して損害賠償責任を負うことになります（法116条1項・198条）。

　この理事の損害賠償責任については、社員総会（評議員会）の決議によっても、その責任を免除することはできません（法116条2項・198条）。

　このような理事の責任については、総社員（総会員・総評議員）の同意によって責任を免除するしか方法はありません（法112条・198条）。

Ⅳ 責任の一部免除の限度額

　理事の責任免除の限度額は、当該理事が賠償すべき損害額から、次の①、②、③の各数値を「（①＋②）×③」の計算式に当てはめて算出される額（最低責任限度額）となります（法113条1項・198条）。

① 理事がその在職中に報酬、賞与その他の職務執行の対価（当該理事が法人の使用人を兼務している場合、使用人としての職務執行の対価を含む。）として法人から受け、または受けるべき財産上の利益の額の事業年度（法施行規則19条1号イからハまでに掲げる場合の区分に応じ、当該イからハまでに定める日を含む事業年度及びその前の各事業年度に限る。63条）ごとの合計額のうち最も高い額（法施行規則19条1号。63条）

② 理事が法人から受けた退職慰労金（使用人を兼務していた場合、使用人としての退職手当のうち兼務の期間の相当額との合計額）を理事がその職に就いていた年数で除した額（ただし、その職に就いていた年数が、代表理事〔会長・理

事長〕については6年、代表理事〔会長・理事長〕以外の理事については4年、非業務執行理事については2年よりも短い場合、それぞれ6、4、2で除した額。法施行規則19条2号)

③　代表理事（会長・理事長）の場合は6、代表理事（会長・理事長）以外の理事の場合は4、非業務執行理事は2（法113条1項2号イ～ハ）

V　監事の同意

　理事の責任の一部免除に関する議案を社員総会（評議員会）に提出するに当たっては、監事設置一般社団法人・一般財団法人においては監事（監事が2人以上ある場合にあっては、各監事）の同意が必要となります（法113条3項・198条）。

　その理由は、理事間の馴れ合いによって、免責議案が社員総会（評議員会）に提出されることを防ぐためです。

VI　特別決議

　理事の責任の一部免除に関する社員総会（評議員会）の決議については、特別決議が必要となります（法49条2項3号・189条2項2号）。

　すなわち、社員総会の場合には、総社員（総会員）の半数以上であって、総社員（総会員）の議決権の3分の2（これを上回る割合を定款で定めた場合にあっては、その割合）以上に当たる多数をもって議決することが必要となります。

　一方、評議員会の場合には、議決に加わることができる評議員の3分の2（これを上回る割合を定款で定めた場合にあっては、その割合）以上に当たる多数をもって議決することが必要となります。

VII　社員総会（評議員会）における情報開示

　理事の責任免除に関する決議を行う社員総会（評議員会）では、下記の事項を社員（会員・評議員）に開示しなければなりません（法113条2項・198条）。

Q082　社員総会（評議員会）決議による理事の責任の一部免除

　これは、当該理事の責任を免除することが適切か否かについて、社員（会員）・評議員が十分な情報に基づいて判断することができるようにするために、このような情報開示が要求されているものです。
　①　責任の原因となった事実及び賠償の責任を負う額（同条2項1号）
　②　責任を免除することができる額の限度及びその算定の根拠（同条2項2号）
　③　責任を免除すべき理由及び免除額（同条2項3号）

Q083 理事会決議による理事の責任の一部免除

理事が任務懈怠により法人に対して損害を発生させた場合、理事会の決議によるその責任の一部免除については、どのような手続き等により行うのでしょうか。ご教示下さい。

A083

I 理事会決議による免責

　理事の任務懈怠による法人に対する損害賠償責任については、総社員（総会員・総評議員）の同意がなければ免除することができないのが原則です（法112条・198条）。ただし、一定の限度内であれば、理事会の決議（理事会非設置一般社団法人の場合は、当該責任を負う理事以外の理事の過半数の同意）によって、その責任の一部を免除することができます（法114条1項・198条）。

II 定款の定めと登記

　理事会決議により理事の責任の一部を免除するには、社員総会（評議員会）決議による一部免除と異なり、あらかじめ定款に理事会で理事の責任を一部免除することができる旨を規定しておく必要があります（法114条1項・198条）。

　このような定款の定めは、一般社団法人にあっては、理事が2人以上ある法人であり、かつ監事設置法人でなければ設けることはできません。理事が2人以上必要な理由は、1人の理事が自己の責任免除を恣意的に判断することを防ぐためです。監事設置法人に限られる理由は、理事・理事会の恣意的な判断を防ぐため、監事の同意が法定の要件とされているためです。

　理事の責任の一部免除に関する定款変更議案を社員総会（評議員会）に提出

するには、監事の同意を得る必要があります（法114条2項・113条3項・198条）。また、法人が理事会の決議により理事の責任を一部免除できる旨を定款に規定した場合、その旨を登記しなければなりません（法301条2項11号、302条2項9号）。

Ⅲ　理事の責任を一部免除できる場合

　理事の任務懈怠による法人に対する損害賠償責任を理事会の決議により一部免除できるのは、当該理事が当該任務懈怠について善意でかつ重大な過失がない場合に限られます。当該理事が当該任務懈怠について悪意であったり、善意であっても重大な過失があったりした場合は、理事会の決議によってその責任の一部を免除することはできません。

　加えて、社員総会（評議員会）の決議により理事の責任の一部を免除する場合と異なり、理事会の決議により理事の責任を一部免除するためには、理事の責任の原因となった事実の内容、当該理事の職務の執行の状況その他の事情を勘案して、「特に必要と認めるとき」でなければなりません（法114条1項・198条）。

　理事会の決議による理事の責任の一部免除制度の趣旨は、社員（会員・評議員）からの授権に基づき、法人運営の専門家である理事の合議体である理事会が、当該損害賠償責任に係る経営判断の妥当性等の見地から責任の一部免除の当否を第一次的に判断することには、十分な合理性があるとされています。

　「特に必要と認めるとき」に当たるかどうかの判断基準については、当該理事のこれまでの法人に対する功績等が損害を十分埋め合わせるようなものであることや、一部免除がされるかどうかが不明であるという不安定な状態から、当該理事を早く解放する必要性の程度等を勘案し、大局的にみて、当該理事の責任を一部免除することが、法人の利益に合致するかどうかを判断することになります。

　万一、「特に必要と認めるとき」の要件を満たさないにもかかわらず、理事会で当該理事の責任を一部免除する旨を決議してしまった場合には、当該決議

は定款違反として無効となり、これに賛成した理事は法人に対して善管注意義務を負う可能性が考えられます。

IV 一部免除の対象とならない責任

法人と理事との間で利益相反の関係が認められる取引（利益相反取引）の中でも、特に理事が法人と直接取引を行い、その結果法人に損害が発生した場合、例外的に、当該理事は無過失であっても、法人に対して損害賠償責任を負うことになります（法116条1項・198条）。この理事の損害賠償責任については、社員総会（評議員会）決議による免責と同様、理事会の決議による責任の一部免除はできません（法116条2項・198条）。

したがって、このような理事の責任については、総社員（総会員・総評議員）の同意によって、責任を免除するしか方法がありません（法112条・198条）。

V 責任の一部免除の限度額

理事の責任の一部免除の限度額については、社員総会（評議員会）決議により理事の責任を減免する場合と同様です（354頁Q082の「IV 責任の一部免除の限度額」参照）。

VI 監事の同意

理事の責任の一部免除に関する議案を理事会に提出するに当たっては、監事（監事が2人以上ある場合にあっては、各監事）の同意が必要となります（法114条2項、113条3項・198条）。

その理由は、理事間の馴れ合いによって、免責議案が理事会に提出されることを防ぐためです。

Ⅶ 社員（会員・評議員）に対する情報開示

　理事会が定款の定めに基づいて理事の責任の一部を免除する旨の決議を行ったときは、理事は遅滞なく、次の事項を社員（会員・評議員）に通知しなければなりません（法114条3項・198条）。

　なお、④は異議申立てを行うか否かを、社員（会員・評議員）が十分な情報に基づき判断できるようにするために、次の情報の開示が要求されています。

① 責任の原因となった事実及び賠償の責任を負う額
② 免除することができる額の限度額及びその算定の根拠
③ 責任を免ずべき理由及び免除額
④ 上記①〜③の事項及び責任を免除することに異議がある場合には、一定の期間内（1か月を下らない。法114条3項ただし書・198条）に異議を述べるべき旨

Ⅷ 社員（会員・評議員）の異議申立手続

　総社員（総会員・責任を負う理事が社員〔会員〕である場合には、その者を除く。）の議決権の10分の1（これを下回る割合を定款で定めた場合にあっては、その割合）以上の議決を有する社員（会員）が上記①〜④の通知で指定された期間内に異議を述べた場合や、総評議員の10分の1（これを下回る割合を定款で定めた場合にあっては、その割合）以上の評議員が上記通知で指定された期間内に異議を述べた場合には、法人は、定款の定めによる理事の責任の一部免除を行うことはできません（法114条4項・198条）。

　なお、上記による適法な異議の申立てがあった場合でも、社員総会（評議員会）決議（法113条・198条）により理事の責任の一部免除することはできると解されています。

Q084 報酬を受給していない理事の最低責任限度額

報酬など理事の職務執行の対価として、財産上の利益を一切受けていない理事の最低責任限度額は、ゼロと考えることができますか、ご教示下さい。

A084

I 最低責任限度額

理事の責任の一部免除の限度額については、社員総会（評議員会）決議により理事の責任を減免する場合と同様です（354頁Q082の「Ⅳ　責任の一部免除の限度額」参照）。

したがって、理事が法人から報酬を受け取っていなくても、賞与や退職慰労金を付与されていた場合には、最低責任限度額の計算方法に従って、その額が算出されることになります。

Ⅱ 職務執行の対価を一切受けていない場合

法人によっては、法人から職務執行の対価としての財産の利益を一切受けていない理事が存在します（例えば、非常勤理事）。この場合の理事については、一般法人法113条1項2号（法198条）を形式的に解する限り、最低責任限度額はゼロということになります。

株式会社の取締役の第三者に対する責任に関する判例ですが、取締役としての任務懈怠につき、悪意又は重過失があったとはいえないとして責任を否定した要素の1つに「報酬も一切受けていない、全くの名目的取締役であること」を挙げる裁判例もあります（東京地裁平成3年2月27日参照）。

Q084　報酬を受給していない理事の最低責任限度額

　このような裁判例の価値判断を参考にすれば、実質的にも、法人から職務執行の対価としての財産上の利益（法89条・197条）を一切受けていない理事の最低責任限度額を０円と解しても、あながち不合理とはいえないと考えられます。

Q085 理事の競業避止義務違反による損害の額

理事が競業避止義務に違反して法人に損害を与えた場合、その損害の額は、どのように算定されるのですか。

A085

Ⅰ 競業避止義務と理事会（社員総会）の承認

1 理事の競業避止義務

法人と理事とは委任関係にあり（法64条、172条1項）、理事が職務を行うに際しては、善管注意義務（民法644条）さらには忠実義務（法83条）を負います。

したがって、理事は、法人の利益と自己又は第三者の利益が対立する場合、法人の利益を優先し、自己又は第三者の利益を優先してはならない義務を負うと解されていますが、理事は、法人の業務執行の決定に参画している立場上、事業運営上の機密に精通していることから、自己又は第三者のために法人の事業の部類に属する取引を自由に行えるとすると、法人の取引先を奪うなど、自己又は第三者の利益を優先してしまい、法人の利益を害するおそれがあります。

2 理事会（社員総会）の承認

そこで、一般法人法は、理事がこのような競業取引を行う場合には、その取引について重要な事実を開示して、理事会（理事会非設置一般社団法人の場合は社員総会）の事前の承認を得なければならないとしています（法84条・197条・92条1項）。

つまり、競業取引の規制は、前記忠実義務の履行を確保するために定められたものといえます。

3 理事会への事後報告

理事会設置一般社団法人・一般財団法人においては、競業取引を行った後も、理事会が適切な措置をとることができるように、当該理事は、遅滞なく、その取引の重要な事実を理事会に報告しなければなりません（法92条2項・197条）。

この報告義務は、事前に理事会の承認を得ていない競業取引についても適用があり、仮に、同報告により事後承認が得られたとしても、これにより事前に承認を得なかった義務違反の事実が消えることはなく、後述する損害賠償責任は免れません。

なお、一般法人法に定める競業取引の内容については、諸説がありますが、通常、「自己又は第三者のために」（法84条1項1号・197条）とは、「自己又は第三者の計算において」の意味であり（他には、「自己又は第三者の名において」と解する説があります。）、また「法人の事業の部類に属する取引」（法84条1項1号・197条）とは、「法人が事業の目的として行う事業と市場において取引が競合し、法人と理事との間に利益の衝突をきたす可能性のある取引」を意味すると解されています。

Ⅱ 違反の効果（損害賠償責任等）

前述のように、理事には競業避止義務が課せられていますが、理事が、この競業避止義務に違反した場合、当該理事は法人に対して損害賠償責任を負うことになります。

そして、その場合には、当該取引によって理事又は第三者が得た利益の額が、損害の額と推定されます（法111条1項・2項・198条）。

裁判例として、㋐当該取締役が競業会社の代表取締役として活動していた期間の競業会社の営業利益の額を損害と認定したもの（東京地裁平成2年7月20日参照。有限会社に関する事案）、㋑当該取締役が競業会社から得ていた役員報酬に加え、当該取締役の家族が同社から得ていた役員報酬の合計額のうち、50％を

損害額と認定したもの（名古屋高裁平成20年4月17日参照）等があります。

　なお、理事会（理事会非設置一般社団法人の場合は、社員総会）の承認を得た競業取引であっても、当該取引を行うこと自体又はその実行の方法に善管注意義務違反等があれば、理事は責任を負うことになります（承認には免責の効果はありません。）。ただし、その場合、手続上は理事会等の適法な承認を得ている以上、上述した損害額の推定の規定（法111条2項・198条）は適用されないと解されます。

　以上述べたように、理事が、事前に理事会等の承認を得ないなど、競業避止義務に違反して法人に損害を与えた場合には、当該理事は法人に対して損害賠償責任を負い、当該取引によって理事等が得た利益の額がその損害額と推定されることになりますので、理事としては十分な注意が必要と考えられます。

Q086 利益相反取引による理事の責任

理事が利益相反取引を行い法人に対し損害を与えてしまった場合、当該理事はどのような責任を負わなければなりませんか。

A086

I 利益相反取引の意味

利益相反取引とは、㋐理事が自己又は第三者のために法人と取引（直接取引）をし（法84条1項2号・197条）、または㋑法人が第三者との間で、法人と理事の利益が相反する取引（間接取引）をすることをいいます（法84条1項、3号・197条）。

例えば、直接取引としては、法人が理事から物を購入する取引をするような場合であり、間接取引としては、理事が金銭を借りている第三者に対し、法人が保証契約するような場合がこれに該当します。

いずれも、理事が法人への影響力を行使して、法人に不利益な契約をさせるおそれがあります。

II 理事が利益相反取引をする場合の手続き

理事会設置一般社団法人・一般財団法人において、理事が利益相反取引をするためには、取引について理事会に重要な事項を開示させた上、理事会の承認を必要とし、他の理事に利益相反取引の監視をさせることになっています（法92条1項、84条1項2号、3号・197条）。

なお、理事会非設置一般社団法人の場合には、上記の承認は社員総会の権限となっています（法84条1項2号・3号）。

Ⅲ 利益相反取引についての過失責任化

1 間接取引及び第三者のための直接取引

　法人との間接取引（法84条1項3号・197条）や第三者のための直接取引（法84条1項2号・197条）の形で、利益相反取引をした理事の責任は、任務懈怠責任となります（法111条1項・198条）。任務懈怠責任は、過失責任とされています。

　上記利益相反取引について、承認を受けた理事、取引をすることを決定した理事、取引に関する理事会の承認の決議に賛成した理事は、任務を怠ったものと推定されます（法111条3項・198条）。ただし、各理事は、自己に過失がないことを立証すれば、損害賠償責任を免れることは可能です。

　なお、通常の任務懈怠責任と同様、この責任には㋐一般法人法113条（社員総会・評議員会の特別決議による責任の一部免除。198条）、㋑同法114条（定款の定めによる理事会等の決議による責任の一部免除。198条）、㋒同法115条（法198条、責任限定契約）の責任の一部免除の規定の適用があります。

2 自己のための直接取引

　理事が法人と自己のために直接取引の利益相反取引をし法人に損害を与えた場合も、理事の責任の内容は、任務懈怠責任です。

　しかし、任務を怠ったことが理事の責めに帰することができない事由によるものであることをもって、責任を免れることはできません（法116条1項・198条）。この点は、任務懈怠の特則として、無過失責任とされています。その理由は、利益相反取引により法人に損害が発生しているのであれば、反射的に取引の相手方である理事自身に利益が生じていると考えられるからです。

　この責任には、㋐一般法人法113条（社員総会・評議員会の特別決議による責任の一部免除。198条）、㋑同法114条（定款の定めによる理事会等の決議による責任の一部免除。198条）、㋒同法115条（法198条、責任限定契約）の責任の一部免除の規定は適用されません（法116条2項・198条）。

なお、一般法人法116条（法198条）においては、同法112条の適用は否定されていません。したがって、理事の自己取引による損害賠償責任についても、総社員（会員）・総評議員の同意がある場合には、免除することは可能と解されます。

Q087 競業取引についての理事会の承認決議

理事会設置法人において、競業取引を行おうとする理事は、理事会の承認を得ることが必要とされていますが、その承認の手続きについてご教示下さい。

A087

I 理事会の事前承認の趣旨

　理事が自己又は第三者のために「法人の事業の部類に属する取引」(以下「競業取引」という。)をしようとするときは、理事会(理事会設置一般社団法人・一般財団法人の場合)において、当該取引につき重要な事実を開示し、その承認を受けなければなりません(法84条1項1号・197条、92条1項)。

　理事は、法人の業務執行の決定に参画している立場上、事業運営上の機密に精通していることから、競業取引を自由に行えるとすると、法人の取引先を奪うなど、自己又は第三者の利益を優先してしまい、法人の利益を害するおそれがあります。

　そこで、競業取引を行う場合には、事前に理事会の承認を得なければならないとされています。事前の承認については、一般法人法84条1項1号(法197条)上も「取引をしようとするとき」は承認を要するとしていますし、またそう解しないとこの場合の理事の責任(法111条1項・198条)の免除のために、総社員(総会員・総評議員)の同意を要求した法の趣旨(法112条・198条)を没却することになるからです。

Q087 競業取引についての理事会の承認決議

II　理事会での審議

　競業取引を行おうとする理事は、その承認を求める理事会決議においては、「特別の利害関係を有する理事」となります（法95条2項・197条）。したがって、競業取引を行おうとする理事は、議決権を行使することはできません。

　理事会での審議に当たっては、承認を求める理事は、競業取引に関して重要な事実を開示しなければなりませんから、理事会に出席できるだけでなく、審議に参加して利害事項に関して意見を述べることもできると解されます。

III　承認決議

　理事会での承認の決議は、当該特別利害関係人である理事を除く理事の過半数が出席し、その理事の過半数をもって決します（法95条1項・197条）。

　競業取引の理事の承認は、原則として具体的な取引について、個別的に与えられるべきです。その理由は、当該取引ごとに利害の有無を判断すべきだからです。しかしながら、理事会が承認すべきか否かの判断資料を提供するために要求されるところの「重要な事実」（法84条1項柱書・197条、92条1項）の開示（取引の種類、相手方、目的物、数量、取引時期と期間、予想利益、規制を受ける類型等）が可能であるならば、反復継続的に行われる競業取引については、個々の取引について逐一承認を行うことは必要がなく、合理的な範囲を定めてある程度、包括的な承認を行うことができると解されます。

　なお、特別利害関係人に当たる理事は、理事会の議長としての職権を当然に喪失すると解されています（東京高裁平成8年2月8日参照）ので、競業取引を行おうとする理事は理事会の議長になることはできません。

Q088 競業取引を行う場合の理事会での重要事実の開示と承認

競業取引を行おうとする理事(理事会設置一般社団法人・一般財団法人の理事)は、理事会において、当該取引につき重要な事実を開示し、理事会の承認を受けなければならないとされていますが、この規制の趣旨・重要な事実について説明して下さい。

A088

I　重要事実の開示と理事会の承認

　競業取引を行おうとする理事は理事会(理事会設置一般社団法人・一般財団法人の場合)において、当該取引につき重要な事実を開示し、その承認を受けなければなりません(法84条1項1号・197条、92条1項)。

　競業避止義務が理事に課せられている理由としては、理事は、法人の業務執行の意思決定に関与し、法人の事業運営上の秘密に通じているから、法人との競業を自由に行わせておくと、法人の利益を犠牲にして自己又は第三者の利益を図ることになるので、これは許されないからであると解されています。

　そのため、理事が競業取引を行おうとするときは、理事会において当該取引につき「重要な事実」を開示し、その承認を受けなければならないこととされているのです。

II　競業取引における「重要な事実」の開示

　理事会において開示すべき「重要な事実」とは、どのような内容のことを指

すのかについては、一般法人法上の規定はありません。

1 「重要な事実」の開示の趣旨

通常、「重要な事実」とは、理事会がその競業取引によって、法人が損害を受けないかどうかを判断するに当たっての必要な事実、その取引内容の中で法人の利益と対立すると考えられるような重要な部分等を意味すると解されています。したがって、理事会への「重要な事実」の開示の趣旨は、理事会が、当該競業取引の法人へ及ぼす影響を検討し、これを理事会が承認すべきか否かを判断するための資料を提供するために行われることになります。理事会の重要性の有無の判断も、この見地からなされる必要があります。

2 具体的な「重要な事実」

理事会が承認するか否かは、競業取引を行おうとする理事が開示する「重要な事実」をもとに判断されます。具体的には、㋐取引の相手方、㋑取引の種類、㋒目的物、㋓数量、㋔価額、㋕履行期、㋖取引の期間、㋗利益などが該当することになります。

なお、理事が他の法人の代表者に就任する前に、包括的に理事会の承認を受ける場合には、「重要な事実」として、当該他の法人の規模、事業の種類、商品・サービスの内容、取引の規模及び範囲等を開示することになると考えられます。

Q089 競業取引を行った理事の理事会への事後報告

競業取引を行った理事の理事会への事後報告の趣旨、報告の時期、報告の内容等について説明して下さい。

A089

Ⅰ 競業取引理事の理事会への報告義務の趣旨

　理事会設置一般社団法人・一般財団法人においては、競業取引を行った理事は、当該取引後、遅滞なく、当該取引についての重要な事実を理事会に報告しなければならないこととされています（法92条2項・197条）。この報告は、当該競業取引につき事前に理事会から承認を受けていたかに関係なく、行わなければなりません。競業取引理事のこの理事会への報告義務は、理事会が競業取引が行われた場合の事後的なチェックを行い、理事に対する責任追及その他の措置を適切に講じることができるようにするために定めているものです。

　理事会の承認を受けた競業取引であれば、実際に行われた競業取引が理事会の承認を受けた範囲内にとどまっているかどうかを明らかにするとともに、その競業取引が法人にどのような影響を及ぼすものであるかを評価して、対処策を検討する資料を理事会に提供することがその目的となります。

　理事会の承認のない競業取引であれば、競業取引の内容や取引に至る経緯などを報告させることにより、理事に対する責任追及や取引の無効の主張を行うかどうかの判断材料が提供されることになります。

　理事会への報告の対象となる事実の重要性は、このような報告義務の趣旨から判断されることになります。なお、理事の報告義務違反が法人の上記判断を誤らせ、法人に損害を及ぼしたときは、当該理事には損害賠償責任が生じるこ

とになります（法111条1項・198条）。

II　理事会への報告の時期

競業取引理事の理事会への報告の時期については、一般法人法92条2項（法197条）の報告義務は、個別的な取引を年頭において規定され、条文上も「遅滞なく」とされていることから、単独の競業取引の場合は、特段の事情がない限り、当該取引が終了し、報告が可能となった後、最初に開催される理事会において報告が行われるべきものと解されます。

しかし、競業法人の代表理事（会長・理事長）に就任する場合や、同種の取引を法人との間で反復継続的に行うなど、競業取引が包括的に承認される場合には、個々の取引が行われるたびに遅滞なく報告を行う必要はなく、報告はある程度のインターバルで定期的に行えば足りると解されています。

理事会への事後報告の回数については、ケース・バイ・ケースで判断することになりますが、一応の目安として、代表理事（会長・理事長）等の職務の執行状況の報告（法91条2項本文・197条）に準じて、3か月に1回程度ということも考えられます。

なお、包括的な承認がなされているようなケースにおいて、承認の際に開示した事実と同一性を損なう程度の変更が生じ得る場合には、先になされた包括的な承認の効力は、その後に及ばないことになる可能性がありますから、適時にその事実を報告し、必要に応じて新たな理事会への承認を受ける必要があります。

III　理事会への報告の内容

競業取引理事の理事会への報告の内容は、法文上「当該取引についての重要な事実」（法92条2項・197条）と規定されていることから、承認を受ける際に開示されたのと同程度の事項（取引の相手方、取引の種類、数量、価額、取引の期間

など）であり、開示された事項に変更がなければ、報告も「変更なし」という報告でよいことになります。

しかし、事後報告の際に事後承認を受けておく必要がある場合には、単に「変更なし」では不十分で、事前承認の際に開示すべき事項と同程度の事項を開示して事後報告し、他の理事から質問があれば相当の説明をして、理事会への承認を受けておく必要があります。

Ⅳ 理事から報告を受けた理事会の対応

競業取引理事から競業取引について報告を受けた理事会は、その取引が事前承認の範囲内に留まるものかどうか判断し、その結果承認を受けていない又は承認の範囲を超える取引であると判明したときは、損害賠償請求権の行使等の対応策を講じる必要があります。

理事は、その競業取引が法人に著しい損害を及ぼすおそれがあるときは、監事（監事設置一般社団法人・一般財団法人の場合）に報告する義務もあります（法85条・197条）。

社員（会員）・評議員は、競業取引により法人に損害が生じるおそれがある場合、その行為をやめるように請求することができます（法88条・197条）。

また、監事には業務監査権があるので、理事の職務の執行に対する監査権を適正に行使して、もし違法な競業取引がなされていることが理事から報告され、または自らの業務監査により明らかになったときは、理事会（理事会設置一般社団法人・一般財団法人の場合）に報告し（法100条・197条）、場合によっては差止請求権を行使する（法103条・197条）等の対応策を講じる必要があります。そして、その結果を監査報告書に記載し（法施行規則45条3号・64条）、社員総会・評議員会に報告すべきこととされています（法102条・197条）。

V 報告義務違反の制裁

競業取引を行った理事が遅滞なく報告せず、または虚偽の報告をしたときは、報告義務違反となり、100万円以下の過料の制裁があります（法342条14号）。

Q090 競業取引についての理事会の事後承認

競業取引についての理事会の事前承認は、事後に行うことはできませんか。また、事後承認の法的効果は認められますか。ご教示下さい。

A090

I 理事会の事後承認の可否

理事が自己又は第三者のために法人の事業の部類に属する取引をしようとするときは、理事会の承認（理事会設置一般社団法人・法84条・92条1項。一般財団法人・法84条・197条）を受けなければならないとされています。

「取引をしようとするとき」という文言から、一般法人法は競業取引を行う前に理事会の承認を受けることを必要としています。

競業取引に関する一般法人法84条の規制は、理事が理事会の構成員としてその地位によって得たノウハウ・情報等を利用して、法人の利益を犠牲にして自己又は第三者の利益を図ることを予防するのがその趣旨です。

競業取引においては、あらかじめ当該取引が行われる前に、法人としては「重要な事実」の開示を受けた上で、当該取引の承認の可否を判断するのでなければ、法人が当該取引を行う機会を失うことにもなりかねません。

競業取引理事による取引が開始された後では、法人が当該取引を行うことは困難であるため、競業取引においては、安易に事後承認を認めるべきではないと解されます。

また、特に競業取引については、法人（理事会）の承認を受けなかった場合、損害額の推定規定の定めとの関係において（法111条2項・198条）、事後承認に

よって当該規定の適用が容易に回避されるのは妥当ではないとされています。

したがって、競業取引規制においては、理事会の事前の承認が必要であり、事前の承認を欠いた場合には、事後に承認を受けたとしても、その瑕疵を治癒することはないと解されています。

なお、競業取引の場合、法人（理事会）の承認の有無にかかわらずその取引は有効と解されているため、取引の効力との観点から事後承認を認める意義はないと解されています。

Ⅱ 事後承認がなされる場合

前記Ⅰで述べたとおり、理事会の承認は事前になすことが必要です。

しかしながら、そもそも競業避止義務に該当するかどうかにつき疑問があり、該当しないと判断した場合や、競業避止義務について十分な知識がなく競業取引が行われた場合には、事後の承認も認められるとの判例（大審院大正7年7月10日〔合名会社の事例〕、東京高裁昭和34年3月30日参照）があり、これを支持する見解に従って、事前に承認を受けずに競業取引を行うことも実務上十分にあり得ると考えられます。

Ⅲ 事後承認の法的効果

理事会の事後承認は、何らの法的効果もない無意味なものなのかどうかについては、その効果ごとに考える必要があると考えられます。

① 競業取引承認手続は、競業取引の効力発生要件ではなく、取引の当事者ではない法人における内部的手続として行われます。したがって、一般法人法84条1項1号（法197条）に違反して理事の競業取引が行われても、相手方の善意・悪意を問わず当該取引は有効となります。

② しかし、上記の違反に係る任務懈怠の責任は免れることができず、法人に生じた損害につき、損害賠償責任を負います（法111条1項・198条）。

③ 理事会の承認がない場合の損害賠償推定規定（法111条2項・198条）の適用については、排除されないと解されています。
④ 理事会の事前の承認を受ける法律上の義務を怠ったのであるから、事後承認があっても、理事の解任の訴えの事由（法284条）も消滅しないと解されています。
⑤ 総社員（総会員）・総評議員の同意による承認は、事前・事後問わず、理事の任務懈怠責任を免除する効果を有します。

なお、以上に対し理事会の事後承認がなされた場合、一般法人法の下では、当該理事に対する損害賠償請求権（法111条1項・198条）を行使しないとの法人の意思が表示されたものと認めることができると解されています。

Q091 同業の他法人の理事就任

当法人の理事が、同じ事業を営む他の法人の理事に就任する場合、どのような問題がありますか。ご教示下さい。

A091

I 同業他法人の理事就任と競業との関係

理事が自己又は第三者のために、「法人の事業の部類に属する取引」（以下「競業取引」という。）をしようとするときは、理事会（理事会設置一般社団法人・一般財団法人の場合）において、当該取引につき重要な事実を開示し、その承認を受けなければなりません（法84条1項1号・92条1項・197条）。

理事は、法人の業務執行全般を担う重要な地位にあることから、法人の製品、取引先等の様々な情報、業務上の秘密に精通しています。

理事として得た情報、業務上の秘密を利用して取引先や取引の機会を奪ったりして、法人に損害を及ぼさないよう理事会の承認を要することとしています。

理事会設置一般社団法人・一般財団法人においては、経営の専門家である理事相互の合議により妥当な結論に至ることができますが、機動性に欠けて妥当でないことも多いことから、理事会の過半数の承認で足りるとされています（法92条1項、84条1項1号・197条）。

なお、このような規制を受けるのは、「取引」をすることであって、理事が他の同業法人の理事に就任すること自体は禁止されません。

II 「自己又は第三者のため」の意義

理事が競業避止義務を負うのは、「自己又は第三者のため」に取引をした場

合です。その意義については、次の2説があります。
① 自己又は第三者の「名」においての意味であると解する形式説（名義説）
② 自己又は第三者の「計算」においての意味であると解する実質説（計算説）
上記のうち、②の実質説（計算説）が多数説であり、これに従う裁判例（大阪高裁平成2年7月18日参照）もあります。

しかしながら、競業禁止の範囲自体は、上記2説のいずれを採るも著しい差異はなく、議論の実益は少ないと解されています。

前記Ⅰで述べたとおり、同業の他法人の理事（代表理事・会長・理事長）に就任すること自体は禁止されていませんが、その法人が事業を開始すれば、当然代表理事（会長・理事長）として「取引」をせざるを得なくなるので、競業避止規制を受けることになります。

したがって、法人の理事を同業法人の代表理事（会長・理事長）に就任させるためには、その法人が事業を開始する前に自法人の理事会において、包括的な承認を受けておくことが必要となります。

Ⅲ 同業他法人の事実上の主宰者

同業他法人の代表理事（会長・理事長）に形式的には就任していなくても、理事としてその法人の運営を事実上主宰している場合には「第三者のための取引」をすることに当たり、競業取引の規制を受けます。

それでは、どのような場合に事実上主宰しているといえるかについて、次のような裁判例（株式会社に関する事例）があります。
① 実質上同業他法人の株式全部を所有しているような場合（東京地裁昭和56年3月26日参照）
② 同業他法人の過半数株式の所有者でない場合でも、同法人内に当該取締役に対抗し得る他の株主が存在せず、他の株主は同法人の従業員ばかりで、当該取締役に逆らうような者がいない状況下にある場合（前掲大阪高裁平成

Q091　同業の他法人の理事就任

2年7月18日参照）

Ⅳ　子法人への理事の派遣

　同業の他法人が当該法人の100％出資の子法人（法2条4号）である場合は、親法人の理事が子法人の代表理事（会長・理事長）を兼任し、事業を開始しているときでも、競業避止の規制は受けません。それは、その取引の実質上・経済上の効果は、親法人に帰属するといってよいからです。

　ただし、100％出資の子法人ではなく、他の出資者が存在するときは、競業取引の規制を免れることはできません。何故ならば、子法人の理事には、総社員（総会員）等のために忠実に職務を行う義務があり、その取引の経済的効果は、他の社員（会員）等にも及ぶからです。

Q 092 利益相反取引についての理事会の承認決議

利益相反取引につき理事会の承認を受ける義務を負う理事は、法人に対しどういうことを行うことが必要となりますか。

A 092

Ⅰ 承認要求の申出

　利益相反取引についての理事会の承認手続は、一般的には、利益相反取引について理事会の承認を受けるべき義務を負う理事から、理事会の招集権者に対して、承認要求の申出がなされる（法93条2項・197条）ことによって開始されます。

　理事会の承認を受けるべき義務を負う理事とは、直接取引の場合にあっては法人の相手方となって取引を行おうとしている理事のことを、また間接取引の場合にあっては法人を代表してその取引を行うこととなる代表理事（会長・理事長）のことを指していいます。

　なお、上記の理事により承認要求の申出がなされることが一般的ですが、承認を受けるべき義務を負う理事以外の理事から、承認要求の申出がなされたとしても、無効となるわけではありません。

Ⅱ 理事会の招集・利益相反取引の判断

1 理事会の招集権を有する理事による判断

　理事会の招集権を有する理事は、まず承認を求められた当該取引が、一般法人法84条1項2号・3号（法197条）における利益相反取引に該当するか否かを

Q092 利益相反取引についての理事会の承認決議

判断します。

しかしながら、法人に不利益を与える可能性が全くなく、利益相反取引に該当しないことが明らかな場合には、理事会を招集する必要はなく、当該取引を行うことが認められます。

当該取引が利益相反取引に該当すると判断された場合には、その取引が法人にとって不利益なものであるかを検討し、明らかに不利益と判断され、当該取引が許容される余地がないような場合には、理事会を招集することなく、当該取引は許されないことになります。

当該取引が利益相反取引に該当すると判断された場合であっても、当該取引が法人にとって不利益ではなく、当該取引を行うことが法人にとっても適当であるとの判断がなされたときには、利益相反取引に該当する当該取引を議題として、理事会を招集することになります。

2 利益相反取引に該当するか否かの判断基準

本来、法人の日常的な取引行為については、法人の代表理事（会長・理事長）等が、自ら決定して行うことができると解されています。

しかしながら、利益相反取引については、法人と理事との間に利害の衝突があり、理事がその裁量によって法人の利益を犠牲にして、理事個人又は第三者の利益を図るおそれがあることから、理事会により理事の行動について十分な監督がなされるように、その承認決議が必要とされています。

したがって、理事会による承認決議を要する利益相反取引に当たるか否かは、その取引につき、法人と理事との間において、利害が衝突するおそれが認められるか否かによって判断がなされることになります。

① 利益相反取引に該当すると解される具体例
　ⅰ　理事が法人から財産を不当な廉価で買い取ること
　ⅱ　理事が法人に対して、自己の財産を高額で売却すること
　ⅲ　理事が法人から低利で金銭の貸付けを受けること

iv　理事が法人に対して高利で貸付けを行うこと
　v　法人が理事個人の債務の保証（連帯保証を含む。）をすること
　vi　法人が理事個人の債務を引き受けること
② **利益相反取引に該当しないと解される具体例**
　i　理事が法人に対して財産を贈与すること
　ii　理事が法人に対して、無利息・無担保で金銭の貸付けをすること
　iii　理事が個人として法人の債務を引き受けること
　iv　法人が理事に対して、債務を弁済すること
　v　理事が法人に対して、債務免除をすること
　vi　理事が法人の債務について保証すること
　vii　理事が法人の財産を競落すること
　viii　理事が法人に対して、相殺の意思表示をすること
　ix　理事に対する報酬等の決定
　x　定型的取引

Ⅲ　利益相反取引によって利益を受ける理事の扱い

　利益相反取引によって利益を受ける理事は、特別の利害関係を有する理事（法95条2項・197条）として議決権を有しないことになります。
　また、特別利害関係を有する理事が、理事会の議長として議事を主宰し、その進行に当たったことが承認決議の無効事由となると判断した裁判例（東京地裁平成7年9月20日参照）や特別利害関係を有する理事が議長を務め、議決に加わっていたことを理由に、その承認決議は重大な瑕疵があるとして、承認決議の効力を認めなかった裁判例（東京地裁平成16年8月25日参照）があることから、承認決議のための理事会においては、特別利害関係を有しない理事が、議長を務める必要があります。しかし、特別の利害関係を有する理事に対しても、理事会の招集通知は発送されるべきものと解されます。

Q 092　利益相反取引についての理事会の承認決議

ただし、当該理事が、理事会への出席権・意見陳述権を有するか否かについては、当然に認められているものではありません。

しかしながら、理事会において、理事から当該利益相反取引を行おうとする理事に意見等を求めることは自由であることから、また重要な事実の開示を行わせるためにも、理事会に出席させ説明をさせるべきであると解されます。

Ⅳ　理事会での重要な事実の開示

利益相反取引の承認を求める理事は、理事会において承認の可否を決する判断資料として、取引の相手方、種類、目的物、数量、価額、履行期等について開示をすることが求められます（法84条1項・197条、92条1項）。

Ⅴ　理事会の承認決議

1　承認の時期

利益相反取引の理事会での承認決議は、原則として、当該取引をする前に行わなければなりません。

理事会の承認を受けないで行われた利益相反取引は、原則的には無効となります。ただし、当該取引の後にでも理事会の承認が得られた場合には、追認があったものとして、その行為のときに遡って有効になると解されています。

2　決議における承認の方法

理事会において、議決に加わることができる理事の過半数（これを上回る割合を定款で定めた場合にあっては、その割合以上）が出席し、その過半数（これを上回る割合を定款で定めた場合にあっては、その割合以上）の賛成が得られれば、承認となります（法95条1項・197条）。

3　承認の対象

理事会での承認は、個々の取引について個別的になされることが原則とされており、概括的になされることは許されていません。

ただし、反復して行われる同種・同型の取引について、その種類、期間及び限度などを合理的な範囲内に限定した上での包括的な承認であれば、許容されると解されています。

Q093 利益相反取引についての理事会の事後承認

利益相反取引につき、事前に理事会の承認を受けないで、事後に承認を受けることができますか。事後承認がなされた利益相反取引は、有効ですか。

A093

I 理事会の事前承認を受けない利益相反取引の効力

　理事会の事前の承認を受けないで行われた利益相反取引の効力については、大別して、無効説、有効説、相対的無効説の3つの説があります。現在、実務上は判例（最高裁昭和43年12月25日参照）によって、相対的無効説にほぼ確定していると考えられます。

　相対的無効説とは、当該取引は本来無効ではあるが、取引の安全の見地から、これをもって善意の第三者に対しては、無効であることを主張することができないとするものです。

　すなわち、直接取引における法人の取引の相手となった理事に対しては、当該理事が当然、当該取引に理事会の承認を受けなかったことを知っていることから、その取引の無効を主張することができますが、第三者に対しては、当該取引について理事会の承認を受けなかったことのほか、相手方である第三者が悪意（当該取引について理事会の承認を受けていなかったことを知っていた）ということを主張・立証できてはじめて、その無効を主張することができることになります。

Ⅱ 理事会の事後承認の効果

　利益相反取引に該当すると考えられる取引において、理事会の事前の承認を受けていないような場合であっても、当該取引が法人にとって特段不利益となるものではないとの判断をなし得る場合にも、必ず無効としなければならないという理由はありません。

　そこで、利益相反取引において必要とされている承認については、事前承認だけでなく、事後承認でもよいと解されています。そして、事後承認がなされた場合、当該取引は、取引時に遡って有効になるとされています。

　ただし、理事会の事前の承認を受けることなく利益相反取引を行った理事については、任務懈怠による損害賠償責任（法111条・198条）を負い、また解任請求（法284条）の対象となることがあります。

Ⅲ 理事会の事後承認の期限

　理事会の事後承認の期限については、法律上の制約はありません。しかしながら、事前承認を受けることが原則であり、事後報告については「遅滞なく」行う（法92条2項・197条）と規定されていることからすれば、可及的速やかに行われるべきであると解されています。

　また、事後承認がなされるか否かが定かでなく、不安定な地位に置かれている取引の相手方には、取引の効力を確定させるための催告権（民法114条）が認められています。

　理事会の事前承認のない利益相反取引については、一種の無権代理行為と解することができることから、取引の相手方は、法人に対して、相当の期間を定めて、その期間内に事後承認をなすか否かの確答をすべき旨を催告し、その期限内に確答がなされなかった場合には、事後承認は拒絶されたものとみなすことができます。

この手続きが行われて、事後承認が拒絶されたとみなされた後には、改めて事後承認をなすことはできないこととなります。

Ⅳ　不承認決議の効果

利益相反取引について、これを承認しないとの理事会決議がなされた場合には、その利益相反取引は確定的に無効となります。これを覆して事後承認を行うことはできません。ただし、この無効は、善意の第三者に対しては、主張することができません。

Chapter 3　理事・理事会　2　理事会

Q094 緊急理事会の招集

緊急に理事会を招集し、承認を得たい事案が発生した場合、理事会の招集手続の省略の方法で対応したいと考えていますが、具体的にはどのような方法で行うのですか。その手続きを教えて下さい。

A094

I　理事会の招集通知の時期

　理事会の招集通知は、原則として開催日の1週間（これを下回る期間を定款で定めた場合にあっては、その期間）前までに、各理事及び各監事に対してその通知を発しなければならないとされています（法94条1項・197条）。この1週間の期間は、通知を発送した日の翌日から起算して理事会の開催日までに丸1週間あることを要します（初日不算入の原則。民法140条参照）。

　招集通知期間の短縮の定めは、理事会で定めることはできず、定款で定めなければなりません。1週間の期間要件は、各理事の理事会への出席の機会と熟慮の機会を確保する要請等に基づいて定められているものであり、これを短縮するには、社員総会・評議員会の特別決議（法49条2項4号・189条2項3号）による定款の定めが必要であると考えられます。

II　理事会の招集通知の方法

　理事会の招集の方法については、特に一般法人法には規定されていません。理事会設置一般社団法人の社員総会・一般財団法人の評議員会の招集通知のように書面又は電磁的方法による必要はなく（法39条2項2号・3項、182条1項・

391

2項参照)、適宜、理事等の関係者に対して、理事会の招集の通知をすればよいことになっています。したがって口頭による招集通知も認められます。

一般的には、定款又は理事会運営規則において、法人毎に合理的な招集通知の方法を定めることができます。

Ⅲ　理事会の招集手続の省略

1　理事会の招集通知の省略

一般法人法94条2項（法197条）は、理事会の開催に招集通知の送付を義務付ける本条1項の例外を認め、理事及び監事の全員の同意があるときは、招集の手続きを経ることなく開催することができることを定めています。

理事会の招集通知の発送は、理事会に出席し、意見を述べる職務権限ないし権利を有する関係者（理事・監事）に理事会へ出席する機会を確保することをその目的としています。

このため、これらの関係者が理事会の招集通知の省略に同意するときは、招集通知の発送の手続きを経ることなく開催することに問題ありません。

理事会の招集権者が、理事会承認の緊急の必要性が生じたとして、電話等において、関係者全員（理事・監事）の同意を得て、ただちに理事会を開催する場合などがその典型例となります。

なお、この場合の理事会の招集通知の発送の省略と、緊急の必要があるときの招集通知の発送期間の短縮とは区別する必要があります。

2　同意の取得方法

同意は、すべての理事及び監事から取得する必要がありますが、実際の理事会にこの全員が出席することを求めるものではありません。同意は、事前に「個別具体的な理事会」につきなされる必要があります。

同意を得る方式については、特に制限はありませんので、口頭、電話等でも可能です。招集手続の省略につき同意が得られれば、仮に当該理事会に出席で

きない理事がいても、定足数の要件を満たすだけの理事が集まれば、理事会を開催することができます。

なお、定例の理事会につき開催されるべき日時が定款や理事会運営規則で定められている場合には、その定めに従った定期的に開催される理事会については、個別の招集通知は省略可能との見解が有力とされています。実務的には、定款、理事会運営規則にこのような規定があっても、毎回招集通知をメール等で送付している法人が多いと考えられます。

3　同意書の書式例

理事会の招集手続の省略の場合、すべての理事及び監事の同意につき、必ずしも書面等による必要はありませんが、同意があったことを明確にするため、実務上の扱いとして、書面による同意書を徴している場合が多いと思われます。

この場合の同意書の書式例としては、下記のようなものとなります。

理事会の招集手続の省略についての同意書の書式例

平成〇年〇月〇日

公益（一般）社団（財団）法人〇〇協会　御中

理事（監事）〇〇〇〇　㊞

理事会に関する招集手続の省略の同意書

私は、下記により理事会を開催することについて同意いたします。

記

1　開催日時　平成〇年〇月〇日　午前（後）〇時
2　開催場所　当協会会議室
3　議　　題　(1)　代表理事（会長・理事長）〇〇〇〇の死去に伴う後任の代表理事（会長・理事長）の選定について
　　　　　　(2)　法人葬の執行について

4　理事会の招集手続の省略と議事録への記載

　理事会の招集手続の省略に関しては、理事会の決議の省略（法96条・197条）や理事会への報告の省略（法98条1項・197条）の場合（法施行規則15条4項・62条）とは異なり、招集手続の省略の手続きによって開催された理事会について、議事録に特別の記載等をすることは求められていません。

　しかしながら、理事会の招集手続の省略により開催された理事会の議事録には、その旨を記載すべきものと解されます。記載方法については、例えば、議長の開会の宣告後に、「本日開催の理事会は、一般法人法94条2項＜197条において準用する同法94条2項＞及び定款〇条〇項の規定に基づき、理事及び監事全員の同意を得て、招集手続の省略により招集されたものであります。」というように記載するのが適当と解されます。

Q095 理事会議事録の閲覧・謄写

社員（会員）、債権者、評議員には、一定の要件の下で理事会議事録の閲覧・謄写の請求が認められていますが、どの範囲で閲覧・謄写が認められているのでしょうか。

A095

I 社員（会員）による理事会議事録の閲覧・謄写請求

社員（会員）は、その権利を行使するため必要があるときは、裁判所の許可を得て、㋐議事録等が書面をもって作成されているときは、当該書面の閲覧又は謄写（以下「閲覧等」という。）の請求ができ、㋑議事録等が電磁的記録をもって作成されているときは、当該電磁的記録に記録された事項を法務省令（法施行規則91条7号）で定める方法により表示したものの閲覧等の請求ができます（法97条2項）。

1 社員（会員）の権利行使に必要があるときの意義

ここでいう「社員（会員）の権利」とは、およそ社員（会員）たる資格において有する権利であって、いわゆる自益権及び共益権のいずれであるかを問いません。

2 閲覧等の必要性

権利行使の目的が相当であっても、その目的を実現するために議事録等を閲覧等する必要がなければ、閲覧等請求をしても意味がないことから、閲覧等には必要性が要求されます。

なお、この必要性の判断は、閲覧等前に行われるものですから、実際の理事会議事録が権利行使に実際に役立つものであるかは判断時点では確実である必

要はなく、客観的に必要性が認められれば足りると解されています。

また、「権利を行使するため必要があるとき」には、権利の行使の要否を判断するのに必要な場面が含まれると解されています（東京地裁決定平成18年2月10日参照）。

3 閲覧等の対象となる議事録の特定

裁判所に理事会議事録の閲覧等の許可の申立を行うに当たり、議事録をどの程度特定することを要するかについて、閲覧等の必要性との関係で議論があります。

閲覧等を請求する者の側は、議事録の作成・所持に関与していないため、具体的な理事会議事録の内容を認識しておらず、閲覧等を求める理事会議事録を具体的に特定することは困難であることを総合的に考慮し、閲覧等の許可の申立てに当たっては、閲覧等の対象となる理事会議事録を特定する必要はあるものの、その程度は、当該申立てにかかる理事会議事録の閲覧等の範囲をそのほかの部分と識別することが可能な程度で足りるとする考え方が一般的と解されています（上記東京地裁決定参照）。

4 閲覧等の裁判所の許可が許されない場合

裁判所は、社員（会員）・債権者が理事会議事録等を閲覧等することにより、当該法人に著しい損害を及ぼすおそれがあると認めるときは、閲覧等の請求の許可をすることができないとされています（法97条4項・197条）。

「著しい損害を及ぼすおそれ」とは、典型例としては、法人の営業秘密に類する秘密が漏洩される場合ですが、何が著しい損害となるかは相対的な概念であり、権利行使の必要性（債権者については、責任追及をするための必要性）との関連において判断され、裁判所には相当の裁量の幅が認められるべきであるとされています。

Ⅱ 債権者の閲覧等請求

　債権者は、理事又は監事の責任を追及するため必要があるときは、裁判所の許可を得て、理事会議事録又は理事会の決議の省略における同意書面等の閲覧等の請求をすることができます（法97条3項・197条）。

　理事又は監事の「責任追及」の対象となる責任の典型例は、理事又は監事の第三者責任です（法117条・198条）。

　「理事又は監事の責任を追及するため必要があるとき」とは、その債権の満足を得るためにそれらの者の責任を追及する必要がある場合という意味です。したがって、法人から債権の弁済を受けることが明らかなときは、閲覧等の請求は許可されないと解されています。それは、必要性の要件が満たされないためです。

　理事又は監事の第三者責任のほか、理事又は監事の職務執行と関連する債権者に対する不法行為責任を追及するためにも、理事会の議事録等の閲覧等を請求できると解されています。

Ⅲ 評議員の閲覧等請求

　評議員は、当該法人の業務時間内は、いつでも、理事会の議事録等の閲覧等の請求をすることができます（法97条2項・197条）。

　評議員は、一般財団法人の機関であり、社員（会員）のように裁判所の許可を得て、閲覧等の請求をする必要はなく、当該法人の業務時間内であれば、いつでも閲覧等の請求ができることとされています。

　議事録等が書面をもって作成されているときは、当該書面の閲覧等の請求を、また議事録等が電磁的記録をもって作成されているときは、当該電磁的記録に記録された事項を法務省令で定める方法（法施行規則91条7号。電磁的記録に記録された事項を紙面又は映像面に表示する方法）により表示したものの閲覧等の請求をすることができます（法97条2項・197条）。

Q096 理事会での計算書類等の承認

定時社員総会・定時評議員会に提出等する計算書類等の理事会承認の手続きについて説明して下さい。

A096

I 理事会の決算承認

　理事会設置一般社団法人・一般財団法人においては、一般法人法124条1項又は2項の監査を受けた計算書類及び事業報告並びにこれらの附属明細書は、理事会の承認を受けなければなりません（法124条3項・199条）。

1 理事会による承認と計算書類等の監査の先後

　代表理事（会長・理事長）や計算書類の作成を直接担当した理事以外の理事の立場からすれば、監事や会計監査人による監査報告が付与されていない計算書類を理事会において審査し、承認することには無理があります。

　理事会での承認に際しては、監事及び会計監査人の監査報告を参照にしたことは、その任務を尽くしたことの有力な根拠事実となるはずです。

　そのことから、一般法人法においては、理事会設置法人において、設置する監査機関による計算書類等の監査を受けた後に、理事会が計算書類等を承認することとしているものです。

2 決算承認の理事会

　理事会設置一般社団法人・一般財団法人では、理事会の承認を受けた計算書類及び事業報告並びに監査報告が定時社員総会・定時評議員会の招集に際して社員（会員）・評議員に提供されます（法125条・199条）。

　会計監査人設置法人以外の法人では、計算書類及び事業報告を定時社員総

会・定時評議員会に提出し、計算書類については社員総会・評議員会の承認を受け、事業報告については社員総会・評議員会に報告します（法126条3項・199条）。

会計監査人設置法人においては、計算書類が次の要件に該当する場合は、計算書類は理事会の承認によって確定します。この場合には、理事は、計算書類の内容を定時社員総会・定時評議員会に報告すれば足り、定時社員総会・定時評議員会の承認を受ける必要はありません（法127条・199条）。

① 会計監査人の監査報告の内容に無限定適正意見が含まれていること（法施行規則48条1号・64条）
② ①の会計監査報告に係る監査報告の内容として、会計監査人の監査の方法又は結果を相当でないと認める意見がないこと（同条2号）
③ 監事が通知期限までに監査結果を通知しないために、監査を受けたものとみなされたものでないこと（同条3号）

Ⅱ 決算承認理事会と定時社員総会・定時評議員会の招集の決定

定時社員総会・定時評議員会の招集日は、決算承認理事会の開催日と重要な関係があります。

一般社団法人・一般財団法人は、計算書類等（各事業年度に係る計算書類及び事業報告並びにこれらの附属明細書〔法124条1項又は2項・199条の規定の適用がある場合にあっては、監査報告又は会計監査報告を含む。〕）を、定時社員総会の日の1週間（理事会設置一般社団法人にあっては2週間）前の日（法58条1項の場合にあっては、同項の提案があった日）・定時評議員会の日の2週間前の日（法194条1項の場合にあっては、同項の提案があった日）から5年間、その主たる事務所に備え置かなければならないと規定されています（法129条1項・199条）。

例えば、5月30日に定時社員総会・定時評議員会を開催するためには、5月15日開催の決算承認理事会において、計算書類等の承認が行われ、備置きがなされることが必要となります。

以上のことから、定時社員総会・定時評議員会の招集の日程を決める場合には、決算承認理事会の日と相関関係にあるので、十分注意する必要があります。

その意味において、決算承認理事会の議題は、①平成〇年度決算承認の件、②平成〇年度定時社員総会・定時評議員会の招集決定の件（招集日時・場所・会議の目的事項等）となります。

なお、決算承認理事会を先に開催し、後日、定時社員総会・定時評議員会の招集決定のための理事会を開催する方法もありますが、一般的には、決算承認理事会において、定時社員総会・定時評議員会の招集の決定の決議も行うこととしています。

Ⅲ　決算理事会での承認対象書類

理事会が承認すべき書類は、次のとおりです（法124条3項）。

1　監事設置法人の場合

監事設置一般社団法人・一般財団法人においては、監事の監査を受けた計算書類及び事業報告並びにこれらの附属明細書（法124条1項・199条）。

2　会計監査人設置法人の場合

会計監査人設置一般社団法人・一般財団法人においては、次の書類。

①　監事及び会計監査人の監査を受けた計算書類及びその附属明細書（法124条2項1号・199条）

②　監事の監査を受けた事業報告及びその附属明細書（法124条2項2号・199条）

Q097 理事会と社員総会(評議員会)の同日開催

理事会と社員総会(評議員会)の同日開催については、できる場合とできない場合があると聞きましたが、どういう場合にできないのか、またできるのか説明して下さい。

A097

I 定時社員総会(定時評議員会)に関する計算書類等の備置きと決算承認理事会との関係

1 決算理事会を開催する場合

　理事会設置一般社団法人・一般財団法人は、一般法人法124条1項又は2項の監査を受けた計算書類及び事業報告並びに附属明細書は、理事会の承認を受けなければなりません(法124条3項・199条)。

　また、一般法人法129条1項及び2項は、理事会設置一般社団法人・一般財団法人において、法人が理事会の承認した計算書類等を定時社員総会(定時評議員会)の2週間前から主たる事務所・従たる事務所(計算書類等の写し)に備え置かなければならないと規定しています。

　したがって、計算書類等を承認する決算理事会と定時社員総会(定時評議員会)とを同日に開催することは、一般法人法129条で定める定時社員総会(定時評議員会)の2週間前からの計算書類等の備置きができないため、理事会と定時社員総会(定時評議員会)は同日に開催することができないというのが一般法人法の前提です。

2 決算承認理事会を決議の省略により開催しない場合

　一般法人法96条(法197条)は、定款に定めることにより、理事が理事会の決

議の目的である事項について提案をした場合において、当該提案につき議決に加わることができる理事の全員が書面又は電磁的記録により同意の意思表示をしたときは、監事が当該提案について異議を述べたときを除き、当該提案を可決する旨の理事会の決議があったものとみなすことができると規定しています。

　この手続きによれば、実際に決算理事会を開催することなく決算書類等を承認し、計算書類等の備置きをしてから２週間経過後の日に定時社員総会（定時評議員会）を開催するとともに、理事会を開催することも可能です。

　しかしながら、決算承認理事会を理事会の決議の省略の方法で処理することの是否の問題が残ります。

3　定時社員総会（定時評議員会）を決議の省略で行う場合

　一般法人法58条１項は、理事又は社員（会員）が社員総会の目的である事項について提案した場合において、当該提案につき社員（会員）の全員が書面又は電磁的記録により同意の意思表示をしたときは、当該提案を可決する旨の社員総会の決議があったものとみなすと規定しています。これは、いわゆる社員総会の決議の省略です。

　一方、一般法人法194条１項は、理事が評議員会の目的である事項について提案をした場合において、当該提案につき評議員（当該事項について議決に加わることができるものに限る。）の全員が書面又は電磁的記録により同意の意思表示をしたときは、当該提案を可決する旨の評議員会の決議があったものとみなすと規定しています。これは、いわゆる評議員会の決議の省略です。

　そして、一般法人法129条１項かっこ書（法199条）は、一般法人法「58条１項・194条１項の場合にあっては、同項の提案があった日」と定め、社員総会（評議員会）の決議の省略を提案した日から計算書類等を備え置くことを定めています。したがって、この制度を利用して、計算書類等の承認に関する理事会（法124条３項・199条）終了後、社員（会員・評議員）に対し理事が提案し、その事項についてその場で、書面又は電磁的記録により社員全員（会員全員・

評議員全員）の同意が得られる場合には、計算書類等を承認する理事会と別日程で定時社員総会（定時評議員会）を開催することは必要がないことになります。

Ⅱ　決算承認理事会以外の場合

決算承認に関する理事会以外の場合には、次のような手続きにより、社員総会（評議員会）と同日に開催することが可能です。

1　社員総会（評議員会）の招集を理事会の決議の省略で決定する案

①　社員総会（評議員会）の招集の決定（法38条2項・181条1項）を理事会の決議の省略（法96条・197条）で行います。

②　社員総会（評議員会）の招集通知を所定の期日までに発送します（法39条1項・182条1項）。

③　社員総会（評議員会）と同日に開催する理事会の招集通知を所定の期日までに発送します（法94条・197条）。なお、これを理事会の招集手続の省略（法94条2項・197条）で行うこともできます。

2　理事会を開催した日に社員総会（評議員会）を招集手続の省略により開催する案

①　理事会を所定の手続きにより招集します。

②　①で開催した理事会において、当日の社員総会（評議員会）の招集を決定し、かつ招集手続の省略の方法（法40条・183条）により、社員総会（評議員会）を開催します。

以上のような手続きにより、理事会と社員総会（評議員会）とを同日に開催できますので、必要な場合には、これも合理的な法人運営の1つと解することができます。

Q098 外国語で作成された理事会議事録の扱い

当公益財団法人は、理事の構成がすべてドイツ人であり、日本語が殆ど分かりません。そのため、代表理事（理事長）はドイツ語の議事録には署名しますが、日本語の議事録には署名してくれません。議事録は、外国語ではダメなのでしょうか。

A098

I 理事会議事録は、外国語ではダメか

法人の理事構成が、殆ど外国人という法人もかなり存在しています。この場合、理事会の議事録につき、日本語で作成すべきか、または外国語で作成すべきかの問題があります。日本語で議事録を作成しても、代表理事（会長・理事長）は日本語が分からないということで、署名をしてくれない法人もあるようです。

公益法人の場合、公益法人認定法22条1項の規定による同法21条1項に関する事業計画書、収支予算書等の書類の行政庁への提出に際しては、理事会の承認を受けている場合には、当該理事会の議事録を添付することとされています（認定法施行規則37条）。

この場合、作成される理事会議事録については、例えば、理事全員が外国人（ドイツ人）である場合には、外国語（例えば、ドイツ語）で作成され、外国人である代表理事（会長・理事長）、監事が署名することになると考えられます。

これについての行政庁の扱いについては定かではありませんが、㋐理事会の議事録は、日本語で記載したものでなければ認めない、㋑外国語で作成された

理事会議事録に、日本語に翻訳したものを添付すること、などの方法が考えられます。

Ⅱ 登記申請に添付される外国語で作成された理事会議事録の取扱い

　外国語で作成された理事会議事録を添付してなされた登記申請は、登記所において受理されるかですが、これについては、外国語で作成された取締役会議事録を添付した登記申請の受否に関する登記先例（昭和60年7月8日民四第3,951号民事局第四課長回答）があります。

　この登記先例は、内国会社の変更の登記申請において、外国文字で作成された取締役会議事録が添付された登記申請は受理されないことを明らかにしたものです。

　この登記先例は、会社法の施行前のものですが、現行においても同様の取扱いがなされています。

　なお、外国語で作成された取締役会議事録が否定される理由として、内国会社は、債権者など会社外部の日本における利害関係人の利益を考慮すべきであるといったことが挙げられています。

　外国語で作成された取締役会議事録に、たとえ代表取締役による翻訳文が添付されていたとしても、登記は受理されないとされています。ただし、日本文字と外国文字が併記されている取締役会議事録については、その他の要件を満たしている限り適格性を有するものと解されています。

　以上は、外国語で作成された取締役会議事録を添付してなされた登記申請は受理されないという登記先例の概要ですが、この扱いは、一般法人・公益法人の場合にも適用されるものと考えられます。

　したがって、一般法人・公益法人において、理事会議事録が登記申請の添付書類として必要な場合には、外国語で作成されたものは登記所に受理されないことになるので注意が必要となります。

Q098　外国語で作成された理事会議事録の扱い

　なお、外国文字をもって作成された株主総会議事録を添付した登記申請の受否の登記先例としては、「昭和60年7月8日法務省民四第3,952号民事局第四課長回答」があります。
　この登記先例も、外国文字をもって作成された社員総会・評議員会議事録を添付した登記申請の受否につき、参考になるものと思われます。

Chapter 3　理事・理事会　2　理事会

Q099　理事会での白票、棄権者の取扱い

理事会において代表理事（会長・理事長）の選定を行ったところ、次のような結果となった場合、これを有効と扱うのか、または無効と扱うのでしょうか。

① 在任理事総数　43人
② 出席理事数　　42人
③ 投票の結果　　甲氏　21票
　　　　　　　　乙氏　19票
　　　　　　　　白票　 1票
　　　　　　　　棄権　 1票
④ 議長の投票権　議長は投票権を行使した。

A099

I　解釈上の問題点

1　白票・棄権者は出席者と認めない考え方

この考え方は、理事会に参加している理事は、理事会決議に当たり適法なる議決権を有する者であって、議決に加わらなかった白票を投じた者及び棄権者を除いたその他の議決権者を出席理事と解する説です（高松高裁昭和28年9月25日参照）。

2　白票・棄権者も出席者と認める考え方

この考え方は、議決の際に理事会において、適法に議決権を行使できる者は、すべて出席理事に該当します。議決の際に特別の利害関係を有する理事は除かれますが（法95条2項・197条）、棄権者、白票を投じた者は議決権を有するので

あるから、出席理事に含まれると解します。また、白票や棄権者を否決の意思表示として取り扱いません。

II 上記Iの1又は2の考え方に基づく結論

1の結論

まず1の考え方からは、白票・棄権者は出席理事に算入されませんから出席理事は40人となります。

したがって、その過半数は21票ですから、代表理事（会長・理事長）候補者甲氏の選定決議は有効に成立したことになります。

2の結論

これに対して2の考え方では、白票・棄権者は出席理事に含まれることから、出席理事は42人となります。したがって、その過半数は22票ですから、甲氏の代表理事（会長・理事長）の選定は成立しないことになります。したがって、甲氏を代表理事（会長・理事長）として選定しても無効と解することになります。

III 白票・棄権者の取扱いの結論

理事会の出席者数をどのような基準により判断するかということになりますが、これについては、白票・棄権者も出席者数に含まれるとする2の考え方が正当と解せられることから、結論としては、この考え方により、本事例の場合、甲氏の代表理事（会長・理事長）の選定決議は、無効と解すべきものと考えられます。

Q100 コーポレートガバナンス・コードとは何か

東京証券取引所の上場会社には、平成27年6月から「コーポレートガバナンス・コード」を取り入れた有価証券上場規程が施行されていますが、公益法人・一般法人については、理事会の実効性評価の方法との関係では、これをどのように考えるべきでしょうか。

A100

I コーポレートガバナンス・コードとは何か

1 コーポレートガバナンス・コードの制定経緯

「コーポレートガバナンス・コード」の策定は、平成25年6月に閣議決定された「日本再興戦略」（改訂平成26年）における「コーポレートガバナンスに関する基本的な考え方を諸原則の形で取りまとめることは、持続的な企業価値向上のための自立的な対応を促すことを通じ、企業、投資家、ひいては経済全体にも寄与する」との考えに基づくものです。

そして、東京証券取引所が金融庁との共催による有識者会議（コーポレートガバナンス・コードの策定に関する有識者会議・平成27年3月5日）がとりまとめた原案をほぼ踏襲した内容の「コーポレートガバナンス・コード～会社の持続的な成長と中長期的な企業価値の向上のために～」が策定されました。

このコーポレートガバナンス・コード（以下「ガバナンス・コード」という。）は、東京証券取引所の有価証券上場規程に採り入れられ、平成27年6月1日より施行されました（有価証券上場規程436条の3等）。

2 コーポレートガバナンスの定義・概要

ガバナンス・コードの原案において、「コーポレートガバナンス」とは、「会社が、株主をはじめ顧客・従業員・地域社会等の立場を踏まえた上で、透明・公正かつ迅速・果断な意思決定を行うための仕組み」と定義し、その実現に資する原則を示しています。具体的には、

① 株主の権利・平等性の確保
② 株主以外のステークホルダーとの適切な協働
③ 適切な情報開示と透明性の確保
④ 取締役会等の責務
⑤ 株主との対話

の5つの基本原則と考え方が掲げられ、その下に各基本原則の細目を定める30の原則と38の補充原則が定められています。

ガバナンス・コードは、会社に対しこれらの原則への「コンプライ・オア・エクスプレイン」を求めることで、会社に実効的なコーポレートガバナンス体制を実現させる構造になっています。

なお、「コンプライ・オア・エクスプレイン」とは、ガバナンス・コードで定められた原則のうち、会社の個別事情による実施（コンプライ）することが適切でないと考えるものについては、当該原則を「実施しない理由」を十分に説明（エクスプレイン）することがより実効的なガバナンス体制の構築に資するとして、原則の一部を実施しないことも許容するというものです。

当該会社において実施しない原則がある場合には、会社はコーポレート・ガバナンス報告書の「ガバナンス・コードの各原則を実施しない理由」欄に、実施しない原則を特定し、実施しない理由を記載しなければならないことになっています（有価証券上場規程436条の3）。

ガバナンス・コードの各原則は、それを実施することが実効的なコーポレートガバナンス実現に資するものとの考え方に基づいているので、各原則を実施

しない場合には、実施しない理由を説得的に示すことが必要になると考えられています。

Ⅱ　ガバナンス・コードの公益法人・一般法人への導入について

1　導入の必要性の有無

　株式会社のうち上場会社に適用されることになったガバナンス・コードは、わが国においてこれまで実施されてこなかった制度であり、制度の適用が始まってまだ日が浅く、各社はその取扱いにつき、原則を実施しない場合には、「実施しない理由」（エクスプレイン）を説明しているのではなく、当該法人の現況等を述べている例が多いようです。

　このような上場会社の現況から考えて、このガバナンス・コードを即刻公益法人・一般法人（以下「公益法人等」という。）に導入することには無理があると考えられます。公益法人等の法人規模は小さいものが多いため、人的・物的整備の状況から画一的に実施することは不可能であり、またその必要性も乏しいと考えられます。

　しかしながら、公益法人等の法人運営の実態から判断した場合、このガバナンス・コード制度に準じた制度を設けて、法人の適正運営を行うべきであることは当然と言わなければなりません。

　そこで本稿では、このようなことから、公益法人等において、最も重要な機関の1つである理事会の実効性の評価につき、これを採り上げ、検討することは有意義なことと考えられるため、検討することとします。

2　理事会の実効性評価の方法とガバナンス・コード

　理事会の実効性評価の方法として参考となるのは、ガバナンス・コードの基本原則第4の「取締役会等の責務」です。

　この基本原則は、次のような内容から構成されています。

①	原則4−1	取締役会の役割・責務(1)
②	原則4−2	同　　　(2)
③	原則4−2	同　　　(3)
④	原則4−4	監査役及び監査役会の役割・責務
⑤	原則4−5	取締役・監査役等の受託者責任
⑥	原則4−6	経営の監督と執行
⑦	原則4−7	独立社外取締役の役割・責務
⑧	原則4−8	独立社外取締役の有効な活用
⑨	原則4−9	独立社外取締役の独立性判断基準及び資質
⑩	原則4−10	任意の仕組みの活用
⑪	原則4−11	取締役会・監査役会の実効性確保のための前提要件
⑫	原則4−12	取締役会における審議の活性化
⑬	原則4−13	情報入手と支援体制
⑭	原則4−14	取締役・監査役のトレーニング

　以上の原則に対して、公益法人等は上場会社とは機関設計が異なるので、その機関設計に応じて所要の読替えを行うなどして、適用等を行うことが有用であると解せられます。

Ⅲ　公益法人等における理事会の実効性の評価における評価項目と評価基準

1　理事会の役割・責任

①　理事会は、理事会自身として何を判断・決定し、何を代表理事（会長・理事長）等の業務執行理事に委ねるのかに関連して、これらに対する委任の範囲を明確に定め、その概要を開示することが必要です。

② 理事会は、代表理事（会長・理事長）等の業務執行理事の選定・解職について、当該法人の業績等の評価を踏まえ、公正かつ透明性の高い手続きに従い、適切に実行すべきです。
　③ 理事会は、適時かつ正確な情報開示が行われるよう監督を行うとともに、内部統制やリスク管理体制を適切に整備すべきです。

2　理事の受託者責任

　理事及び代表理事（会長・理事長）等は、それぞれの社員（会員）等に対する受託責任を認識し、ステークホルダー（法人に利害関係を持つ人や組織）との適切な協働を確保しつつ、法人等の利益のために行動すべきです。

3　法人運営の監督と執行

　公益法人等は、理事会による独立かつ客観的な法人運営の監督の実行性を確保すべく、業務執行には携わらない、業務の執行と一定の距離を置く理事の活用について検討すべきです。

4　外部理事の役割・責任

　公益法人等は、外部理事（本書では、業務執行理事・内部理事を除く外部の非業務執行理事をいう。）には、特に以下の役割・責任を果たすことが期待されることに留意しつつ、その有効な活用を図るべきです。
　① 法人運営の方針や運営改善について、自らの知見に基づき、当該法人の持続的な成長を促し、中長期的な法人価値の向上を図る、との観点からの助言を行うこと
　② 代表理事（会長・理事長）等の選定・解職その他の理事会の重要な意思決定を通じ、法人の監督を行うこと
　③ 法人と代表理事（会長・理事長）等との間の利益相反行為を監督すること
　④ 代表理事（会長・理事長）等から独立した立場で、少数社員（会員）をはじめとするステークホルダーの意見を理事会に適切に反映させること

5　任意の仕組みの活用

　公益法人等は、一般法人法・公益法人認定法が定める法人の機関設計のうち、当該法人の特性に応じて最も適切な形態を採用するに当たり、必要に応じて任意の仕組み（例えば、各種委員会の設置など）を活用することにより、統治機能の更なる充実を図るべきです。

6　理事会の実効性確保のための前提要件

　①　理事会は、その役割・責務を実効的に果たすための知識・経験・能力を全体としてバランス良く備え、多様性と適正規模を両立させる形で構成されるべきです。また、監事には、財務・会計に関する適切な知見を有している者が1名以上選任されるべきです。

　②　理事会は、理事会全体としての実効性に関する分析・評価を行うことなどにより、その機能の向上を図るべきです。

7　理事会における審議の活性化

　理事会は、外部理事による問題提起を含め自由闊達で建設的な議論・意見交換を尊ぶ気風の醸成に努めるべきです。

8　情報入手と支援体制

　理事は、透明・公正かつ迅速・果断な法人の意思決定に資するとの観点から、必要と考える場合には、法人に対して追加の情報提供を求めるべきです。

　理事は、必要と考える場合には、法人の費用において外部の専門家の助言を得ることも考慮すべきです。

　公益法人等は、人員面を含む理事の支援体制を整えるべきです。理事会は、各理事が求める情報の円滑な提供が確保されているかどうかを確認すべきです。

9　理事のトレーニング

　新任者をはじめとする理事は、公益法人等の重要な統治機関の一翼を担う者として期待される役割・責務を適切に果たすため、その役割・責務に係る理解を深めるとともに、必要な知識の習得や適切な更新等の研鑽に努めるべきです。

このため、公益法人等は、個々の理事に適合したトレーニングの機会の提供・斡旋やその費用の支援を行うべきであり、理事会は、こうした対応が適切にとられているか否かを確認すべきです。

10　英国チャリティのガバナンス・コード

わが国の非営利組織におけるコーポレートガバナンスの在り方を検討するに当たっては、2017年7月に改訂された英国の「チャリティ・コード」が大いに参考になるものと考えられます。

この「チャリティ・コード」には、7つの原則、すなわち「原則1：チャリティの目的」、「原則2：リーダーシップ」、「原則3：誠実性」、「原則4：意思決定・リスク・統制」、「原則5：理事会の実効性」、「原則6：多様性」、「原則7：公開性と説明責任」が掲げられています（古庄修「英国チャリティの改訂ガバナンス・コード」『公益・一般法人』No.963、2018年4月15日号、6頁〜50頁。）。

Q101 チェックシートを用いた理事会の実効性評価の方法

理事会の実効性評価は、具体的にはどのような手続きにより行うのですか。ご教示下さい。

A101

Ⅰ 理事会の実効性評価の進め方

理事会の実効性評価は、理事会自身による自己評価が基本となります。評価に当たっては、理事会の構成員である理事全員の考え方を集約するため、一般的にはアンケートやインタビューを通じて行います。

1 理事会の実効性評価の実施主体

株式会社の上場会社には、一般株主保護のため、有価証券上場規程により、社外取締役よりも資格要件が厳しい独立役員（独立取締役又は独立監査役）を1名以上確保すべきことが義務付けられています（有価証券上場規程436条2）。また、取締役である独立役員を少なくとも1名以上確保するよう努めなければならないとしています（同規程445条の4）。

そして、取締役会評価は、独立社外取締役で構成される独立社外取締役会が主体となって行うものとしています。

しかしながら、法人規模の小さい公益法人等の場合には、法人事務局の補助体制の下に、理事会（内部理事を除く外部の非業務執行理事で構成される理事会）が実施主体となって行うことになるものと考えられます。

2 評価項目・評価基準・対象法人

評価項目・評価基準については、Q100のⅢの「公益法人等における理事会

の実効性の評価における評価項目と評価基準」に準じて行うのが適当と考えられます。

　理事会の実効性の評価の対象法人については、例えば、㋐大規模法人（法2条2号・3号）であること、㋑理事の員数7人以上、㋒監事2人以上等とするなど、一定規模以上の公益法人等とすることが必要と考えられます。

3　評価の実施方法・評価結果のとりまとめ

　公益法人等の理事会評価の方法については、「理事会評価に関する質問票」（チェックシート）により行うこととします。

　この方法に基づく評価結果については、評価が実施された後、法人事務局においてその結果をとりまとめ、実施主体の承認を経て、これを理事会に提出し、審議の上、理事会としての評価を確定することになると考えられます。

Ⅱ　理事会の実効性評価に関する規程の整備

　公益法人等の理事会の実効性の評価を実施するに際しては、「コーポレートガバナンス・コード」（有価証券上場規程445条の3別添）を参考としつつ、関係規程の整備を行うことになります。上記コードは、上場会社に適用されるものであることから、公益法人等への対応については、その実態に即して適用されるべきものと考えられます。

　以下、公益法人等の理事会の実効性評価に関する規程を参考例として記載します。

公益法人等の理事会の実効性評価に関する規程

理事会の実効性評価に関する規程

（目的）

Q101 チェックシートを用いた理事会の実効性評価の方法

第1条　この規程は、理事会の実効性についての分析・評価（以下「理事会評価」という。）の実施について、必要な事項を定める。この規程による理事会評価の結果に基づき、理事会の機能の向上を図るものとする。なお、この理事会評価は、個々の理事の報酬決定や個々の理事の再任の適否を直接の目的とするものでないことに留意する必要がある。

（理事会評価の実施主体）

第2条　この理事会評価は、非業務執行理事（法人内部の非業務執行理事を除く。以下同様とする。）で構成される非業務執行理事会が主体となって行うものとする。

2　非業務執行理事会は、理事会評価に関し以下の事項を行う。
　一　理事会評価に関するスケジュールの策定
　二　質問票の作成及び理事及び監事への質問票の配付並びに記入済の質問票の回収
　三　理事会評価の報告書の作成
　四　理事会における理事会評価の報告

3　非業務執行理事会が前項の理事会評価を行うに当たっては、法人事務局はこれに全面的に支援するものとする。

（質問票及び質問事項）

第3条　質問票の様式及び質問事項は、別紙のとおりとする。

2　各理事及び各監事は、非業務執行理事会が定める日までに、質問票に回答を記載の上、非業務執行理事会の事務局である法人事務局に提出しなければならない。

3　非業務執行理事会は、提出された各理事及び各監事の回答を記載した質問票を分析する。

（理事会評価の報告書の作成）
第4条　非業務執行理事会は、各理事及び各監事の質問票に記載された回答の結果を集計し、理事会評価の報告書を作成するものとする。

（理事会への報告）
第5条　非業務執行理事会は、理事会評価の結果に関する報告書の内容について、当該事業年度中に開催される理事会に報告するものとする。
2　理事会は、前項の報告に基づき、理事会全体の実効性についての結論を決定し、次事業年度の目標（アクション・プラン）を設定する。

（理事会評価の結果の概要の公表）※
第6条　理事会は、前条による理事会評価の結果の概要をできる限り公表するものとする。

（理事会評価の実施時期）
第7条　理事会評価は、原則として2年に1回当該事業年度の10月末までに実施するものとする。

（改廃）
第8条　この規程の改廃は、理事会の決議を経て行う。

（補則）
第9条　この規程に定めるもののほか、必要な事項は代表理事（会長・理事長）が別に定める。

> 附　則
> この規程は、平成○年○月○日から施行する。

※　第6条の「理事会評価の結果の概要の公表」は公益法人のみとし、一般法人の公表は任意とします。

別紙　質問票の様式・質問項目

1. 質問票の様式

質問票は、各質問に関して該当するものを選択して○を付けると共に、その理由や改善すべき点について記載します。

2. 質問事項に対する判断区分

判断区分は、A～Dの4区分とし、概ね次の考え方によります。

(1)　A

　①　（十分・非常に）適切である。十分確保されている。十分決定されている。

　②　十分審議（議論）されている。

　③　十分になされている。

(2)　B

　①　一応適切である。一応確保されている。一応決定されている。

　②　一応審議（議論）されている。

(3)　C

　①　適切でない。不十分である。

　②　少なすぎる。遅すぎる。

(4)　D

　①　全く適切でない。全く確保されていない。

　②　全く不十分である。全く与えられていない。全く審議（議論）されていない。

3. 質問票の記載例

判断区分＼質問事項	2. 理事会の開催頻度は適切ですか。	
Ⓐ	十分適切である。	理由・改善すべき点
B	一応適切である。	1. 代表理事（会長・理事長）等の業務執行理事の自己の職務の執行状況の報告に関しては、一般法人法91条２項ただし書を適用している。 2. 理事会は、必要の都度開催し、年間数回になることが多い。
C	不十分である。	
D	全く不十分である	

Ⅲ　理事会評価に関する質問事項

　理事会評価に関する質問事項としては、大別して、以下のような事項が考えられますが、各法人の実態に則してこれを定めることで差し支えありません。

1　理事会の構成に関する質問（質問事項）
　①　理事会の員数は、適切ですか。
　②　理事会の構成員（監事を含む。）は、多様性（知識・経験・能力・年齢など）が適切に確保されていますか。
　③　外部理事の人数・割合は適切ですか。
　④　外部理事は、業界や法人運営に関する知識・経験・能力が十分ありますか。
　⑤　外部理事の兼務状況は、適切ですか。
　⑥　外部理事の就任期間は適切ですか。

2　理事会の運営に関する調査
　①　理事会の年間スケジュール、予想される審議事項について事前に決定されていますか。
　②　理事会の開催頻度は、適切ですか。
　③　理事会に提出される資料は内容・分量の観点で適切ですか（分かり易い

か・網羅的か・十分整理されていますか。）。
④　理事や監事には、理事会に提出される資料を事前に検討する時間が十分与えられていますか。
⑤　理事会における審議時間は十分ですか（活発・充実した議論が行われていますか。）。
⑥　理事会議長の議事進行は、適切ですか。
⑦　理事会の審議中、外部理事・内部平理事が自由に発言できる雰囲気となっていますか（役付理事が外部理事等の意見を積極的に聞き入れる雰囲気となっていますか。）。
⑧　理事会において、監事が自由に発言できる雰囲気となっていますか。
⑨　理事会に提案される議案の範囲・分量は適切ですか（他の会議体に権限を委譲すべき事項がありますか。）。

3　理事会の議題に関する調査

①　理事会において、法人の事業運営の大きな方向性を示す議題は審議されていますか。
②　理事会の議題は適切ですか。
③　理事会の個々の議題に十分な審議時間が確保されていますか。
④　理事会における議題の提案時期は適切ですか。
⑤　理事会における審議事項と代表理事（会長・理事長）等に委任すべき判断事項との振分けは適切ですか。
⑥　理事会においては、代表理事（会長・理事長）の後継者の計画に関して適切に議論・監督がなされていますか。
⑦　理事会においては、代表理事（会長・理事長）等の報酬について、適切に議論がなされていますか。
⑧　理事会において、代表理事（会長・理事長）等の選定・解職について適切に議論されていますか。

⑨　理事会においては、中期経営計画について、十分な議論がなされていますか。

⑩　理事会においては、代表理事（会長・理事長）等による適切な「リスクテイク」（損害賠償責任を負うか否かの判断）となる議案が提出された場合、それを支える雰囲気となっていますか。

⑪　コンプライアンスや財務報告に係る内部統制に関する事項や先を見越したリスク管理体制の整備・運用について、十分議論されていますか。

⑫　理事会においては、法人の事業に影響する主要なリスクに関して十分理解し、議論がされていますか。

⑬　理事会においては、関連する当事者との間の利益相反が適切に管理されていますか。

4　理事会を支える体制に関する調査

①　すべての理事は、不明な点について、必要と考える場合には、法人に対して追加の情報提供を求める機会が適切に確保されていますか。

②　監事は、法令に基づく調査権限を行使することを含め、適切に情報入手を行う機会が確保されていますか。

③　理事・監事は、必要と考える場合には、法人の費用において外部の専門家の助言を得る機会が確保されていますか。

④　内部監査部門（監査室）と理事・監事との連携は確保されていますか。

⑤　外部理事・監事の指示を受けて法人の情報を適確に提供できるよう法人内部との連絡・調整に当たる者の選任など、外部理事や監事に必要な情報を的確に提供するための工夫はなされていますか。

⑥　個々の理事・監事に適合したトレーニングの機会の提供・斡旋や費用の支援が適切になされていますか。

⑦　理事・監事は、就任の際には法人の事業・財務・組織等に関する必要な知識を取得し、役員に求められる役割と責務（法的責任を含む。）を十分に

Q101 チェックシートを用いた理事会の実効性評価の方法

理解する機会が与えられていますか。

⑧ 理事・監事就任後においても、必要に応じ、上記⑥・⑦を継続的に更新する機会が与えられていますか。

Chapter4 監事・会計監査人

1　監事……………Q102～Q111

2　会計監査人………Q112～Q115

Q102 補欠監事選任の際の留意事項

監事の人数が足りなくなることに備えて、あらかじめ監事の補欠を選任する制度がありますが、どのようなものですか。

A102

I 補欠監事の必要性

　理事会設置一般社団法人及び会計監査人設置一般社団法人並びに一般財団法人は、監事を置かなければなりません（法61条、170条1項）。設置する監事の員数は、1人以上置けばよいこととされています。

　監事が死亡したり、辞任したりすると、その欠員を補充するため、臨時社員総会（臨時評議員会）を開催して監事を選任したり、裁判所に一時的に監事の職務を代行する者の選任を求める手続き（法75条2項・177条）をとらなければなりません。

　しかし、そのためには費用や手間がかかることから、法定や定款規定の監事の員数を欠いた場合に備え、あらかじめ補欠の監事を選任することができます（法63条2項・177条）。

　理事の場合も同様ですが、特に監事の場合は、法定の最低限ギリギリの員数（1人）しか監事を選任していない法人が多いことから、欠員が生じやすいという実務上の必要があります。

II 補欠監事の選任

　一般法人法では、定款に定めがなくても、補欠監事を含めた補欠の役員の選

任をすることができることとされています（法63条2項・177条）。この規定により選任された補欠監事は、欠員が発生するまでは、現実には監事に就任するわけではありませんので、監事としての業務をすることはなく、業務を負うこともありません。また、報酬も発生せず、選任の登記もされません。

欠員が生じた場合には、別に社員総会（評議員会）の決議等の手続きを経なくても、自動的に補欠監事が監事に就任することになります。

Ⅲ　補欠監事の選任決議の効力

社員総会（評議員会）の決議により補欠の監事を選任する場合には、次に掲げる事項も併せて決定しなければなりません（法施行規則12条2項・61条）。

① 当該候補者が補欠の監事である旨（法施行規則12条2項1号・61条）
② 当該候補者を1人又は2人以上の特定の監事の補欠の監事として選任するときは、その旨及び当該特定の監事の氏名（同項2号）
③ 同一の監事（2人以上の監事の補欠として選任した場合にあっては、当該2人以上の監事）につき2人以上の補欠の監事を選任するときは、当該補欠の監事相互間の優先順位（同項3号）
④ 補欠の監事について、就任前にその選任の取消しを行う場合があるときは、その旨及び取消しを行うための手続（同項4号）

Ⅳ　補欠監事の選任決議の効力を有する期間

補欠の監事の選任に係る決議が効力を有する期間は、定款に別段の定めがある場合を除き、当該決議後最初に開催する定時社員総会（定時評議員会）の開始の時までとなります。ただし、社員総会（評議員会）の決議によってその期間を短縮することもできます（法施行規則12条3項・61条）。

したがって、監事の欠員が生じないまま、次の定時社員総会（定時評議員会）が終了すると、補欠監事の選任の効力はなくなりますので、補欠監事を経

常的に置いておくためには、毎年補欠監事の選任をするか、補欠監事の選任の効力を延長する旨の定款の規定を置くことが必要になります。

なお、監事の選任議案を社員総会（評議員会）に提出するには、監事（監事が２人以上ある場合にあっては、その過半数）の同意が必要とされています（法72条１項・177条）。

補欠監事の選任は、条件付監事の選任ですので、同様に同意が必要となると解されます。

V 補欠監事の就任要件

補欠監事は、原則として、㋐監事が欠けたとき、㋑一般法人法又は定款で定めた員数が欠けた場合に就任します。例えば、定款に「監事は３人以内」とする旨の定めがある場合、１人又は２人辞任しても、なお１人の監事が存在しているので、定款に定める監事の員数を欠いたことにはならないことになります。

VI 補欠監事の任期の起算点

監事の任期については、就任時ではなく、その選任の時を起算点とするとされています（法67条１項・177条）。補欠監事の選任決議は、条件付選任決議に当たるため、一般法人法上の監事の任期に関する規律は、被補欠者が欠け、補欠監事が正規の監事に就任することになった場合であっても適用されます。

したがって、当該監事の任期については、就任の時ではなく、補欠監事として選任された時をもって起算点となります。

Q103 監事の欠員時における対応

当法人の監事は、法律上の最小員数の１人体制であるため、監事の辞任や退任、解任が発生した際に欠員状態になってしまいます。こうした場合に、臨時社員総会（臨時評議員会）を開催せずに、後任の監事を選任する方法はあるのでしょうか。

A103

Ⅰ 監事の欠員と辞任した監事の権利義務

　監事が法律上の最小員数の１人しか選任されていない法人で、当該監事が辞任、死亡したり、欠格事由が生じたり、または解任されることにより、その１人が欠けると、一般法人法に違反した状況になります。したがって、そのような法人は、速やかに臨時社員総会（臨時評議員会）を招集し、新たな監事を選任する必要があります。理事がこれを怠れば過料の対象となります（法342条13号）。

　監事が欠けた事由が任期の満了又は辞任の場合には、その退任した監事は、新たに選任された監事が就任するまでの間、なお監事としての権利義務を有します（法75条１項・177条）。そのため、次の定時社員総会（定時評議員会）で後任の監事が選任されるまで、その退任した監事が監事としての職務を行うことで一般法人法の規定を充足することが可能です。

　なお、監事が欠けた理由が任期の満了でも辞任でもない場合には、一般法人法75条１項（法177条）の適用はありません。この場合には、臨時社員総会（臨時評議員会）を開催し後任者を選任するか、後述の一時監事の選任を裁判所に求めるしかありません。

Ⅱ 一時監事の選任

　監事が欠けた場合、裁判所は、必要があると認めるときは、利害関係人の申立てにより、一時監事の職務を行うべき者を選任することができます（法75条2項・177条）。

　裁判所により一時監事が選任された場合には、裁判所書記官の嘱託によって、当該法人の主たる事務所及び従たる事務所の所在地において登記がなされます（法315条1項2号イ）。

　なお、一時監事は、後任の監事が社員総会（評議員会）で選任され欠員が解消されたときは、当然にその地位を失います。

Ⅲ 臨時社員総会（臨時評議員会）の開催と 一時監事選任制度との関係

　この点に関連して、株式会社の一時取締役の選任につき、「実務上は定時株主総会の6か月以上前に欠員を生じた場合は、臨時株主総会を開催して後任を選任すべきであり、3か月以内の場合には、欠員のまま定時株主総会において処理すればよく、一時取締役を選任するのはその中間の時期に欠員が生じた場合である」とする見解があります。

　しかしながら、欠員の時期によって処理を区分けする法的根拠はありません。一時監事の制度は、あくまで後任の監事を選任するまでの間、法人の運営を滞らせないようにするための救済制度です。そのため、臨時社員総会（臨時評議員会）を開いて欠員監事を補充することができる場合は、臨時社員総会（臨時評議員会）にて後任の監事を選任するのが原則であり、それができない事情がある等、選任の必要があるときに、一時監事の選任を求めることになります。

　ただし、定時社員総会（定時評議員会）までが短期間であり、かつ、大規模な法人の場合のように臨時社員総会（臨時評議員会）を招集するためにコスト

や事務的負担がかかって、開催が容易ではないこと等の事情があるときは、一時監事の選任の必要性が認められるものと考えられます。

Ⅳ 補欠監事の選任

　以上のように、法律又は定款に定めた監事の員数を欠いた場合には、法人は速やかに社員総会（評議員会）を招集して、後任の監事を選任するのが原則です。

　そこで、法人は、監事等役員が欠けた場合又は一般法人法若しくは定款で定めた役員の員数を欠くこととなるときに備えて、補欠の役員を選任することができることになっています（法63条2項・177条。Q102〔補欠監事選任の際の留意事項〕参照。）。

　この規定により補欠監事があらかじめ選任されていれば、1人だけの監事が欠けた場合には、補欠監事が直ちに後任の監事に就任するため、監事の員数を欠く事態は起こらないことになります。1人制の監事の場合には、補欠監事の選任をしておくことは有用なことと考えられています。

Q104 監事の競業に関する問題

監事が同業の他法人の役員に就任したり、競業関係にある法人を起こすことに問題がありますか。また、監事の退任に際して、一定期間は競業を認めないとする特約には問題がありますか。

A104

I 監事の兼任禁止の範囲

　監事は、当該法人の業務執行者（代表理事〔会長・理事長〕等）を監視することを主たる任務とすることから、監査の公正と実効性を図るため、業務執行者を兼ねたり、業務執行者の指図を受ける地位（子法人の理事）、または使用人を兼任することはできません（法65条2項・177条）。

　ここでいう「使用人」とは、典型的には、法人との雇用契約を基礎として、代表理事（会長・理事長）等の業務執行理事の指揮命令を受けて、法人に対して継続的に労務を提供する職員をいいます。

　このような職員は、代表理事（会長・理事長）等の業務執行理事の指揮命令を受ける以上、理事の職務の執行を監査する監事の地位と矛盾する立場にあることから、監事との兼任が認められない関係にあるためです。

　監事について、他の業務との兼任を禁ずる一般法人法の規定はないので、法人との間で競業に関する別段の合意がない限り、監事が同業の他法人の役員（代表理事〔会長・理事長〕）に就任することは許容されます。

Ⅱ　競業取引又は競業避止業務

　理事が自己又は第三者のために、法人の事業の部類に属する取引（競業取引）をしようとするときには、当該取引につき重要な事実を開示し、理事会の承認を受けなければなりません（法84条1項1号・197条、92条1項）。

　理事は、法人の職務以外に事業を行うことを禁止されるべきではありませんが、他方、上記の競業取引には、理事が法人のノウハウや顧客情報等を利用して法人の事業と競合する取引を行ったり、別の法人を代表して法人の事業と競合する取引を行う等、自己又は第三者の利益を図るために法人の利益を犠牲にする危険性があるため、上記のような規制が課せられています。

　しかし、以上のような競業取引の規制対象は、理事に限られており、監事はその対象となっていません。

　その理由は、次に述べる理事と監事の地位の違いに由来します。すなわち、監事は、理事と異なり、理事の職務の執行を監査する機関ですから、業務執行を行いませんし、業務執行の決定にも関与しません。したがって、業務執行という面に限れば、法人と監事個人の利害が衝突するという可能性がないからです。

　また、監事が法人の事業と競合する法人を起こしたとしても、法人との間で競業に関する別段の合意がない限り、上記の競業取引の規制を受けることはありません。

Ⅲ　監事が法人に対する責任を負う場合

　前述のように監事と理事の地位の違いから、一般法人法においては、監事に関して、理事のような法人との利害対立に関する細かい規定は設けられていません。

　しかし、それは予防的・形式的な規制がないというだけのことであって、監事が一切責任を負わないという意味ではありません。

Q104 監事の競業に関する問題

　法人と監事との関係は、委任に関する規定に従いますので、監事も理事と同様、法人に対して善管注意義務を負っています（法64条、172条1項、民法644条）。
　また、監事は、理事会への出席義務を負っていることから（法101条1項・197条）、法人の事業上の機密に触れる機会も少なくありません。そのため、監事が職務上知り得た法人の営業秘密等を利用して自己又は第三者のために競業取引を行おうとするおそれもあります。
　以上のことから、監事が職務上知り得た法人の営業秘密を利用して私利を図る等の行為により法人に損害を与えた場合には、善管注意義務違反として、法人に対して損害賠償責任を負うことになります（法111条1項・118条・198条）。

Ⅳ　監事在任中の競業避止義務

　監事は、個別的に法人に対し、在任中は競業しない旨の誓約書を差し入れることが、株式会社の監査役の場合にはありますが、一般法人・公益法人ではその例は極めて少ないと思われます。
　なお、誓約書を差し入れた場合には、監事と法人との間で競業避止の合意が成立しているものと解されます。また、法人において関係規則等に競業避止義務を定めている場合、監事は事前又は事後にその内容を承認の上、監事に就任し、その職務に従事しているものと推定されますから、この場合も、法人との間に競業避止の合意が成立しているものと解されます。
　したがって、法人との間に競業避止の合意がある場合には、監事が同業の他の法人の役員（代表理事〔会長・理事長〕を含む。）に就任したり、法人の事業に競業する法人を起こすことは、この競業避止の合意に違反することになります。

Ⅴ　監事の退任後の競業避止義務

　退任後の監事の競業避止義務については、在任中の競業避止義務と異なり、多くの問題があります。

監事は理事会に出席する等して法人の重要な機密に触れることが多いため、退任後に在職中に知り得た情報を用いて法人と競合する業務に従事すると、法人に損害を与える可能性があります。それゆえに、退任後といえども、競業避止義務を課す必要性は認められます。

　他方で、退任した監事も自ら生計を立てる必要性があり、そのためには過去の経歴や職歴から得られた知識や能力等を活かすことを禁ずる訳にはいきません。

　それ故に、退任後は同種の業界から一切関わることを禁ずるような内容の競業避止義務を課すことは、合理性を著しく欠くものです。このような特約は、監事の職業選択の自由（憲法22条1項）を不当に制限するものであることから、公序良俗違反として無効になると解されます（民法90条）。したがって、退任後の競業避止義務の特約においては、他の法令等の関係を考慮の上、定める必要があります。

Q105 顧問弁護士を監事に選任することの可否

当法人には顧問弁護士がいますが、監事の選任に際し、この顧問弁護士を監事に充てたいという考え方が法人内部にありますが、法的に何か問題がありますか。

A105

Ⅰ 監事の兼任禁止

監事は、一般社団法人・一般財団法人又はその子法人の理事又は使用人を兼ねることができません（法65条2項・177条）。

これは、理事の職務執行を監査することをその職務とする監事が同時に理事として法人の業務に関与すると、自らの職務執行を監査するいわゆる「自己監査」となり、公正な監査を期待し得なくなります。一般法人法が理事と監事とに機関を分け、それぞれに業務執行権限と監査権限とに分配した趣旨にも反することになるからです。

Ⅱ 法人と顧問弁護士の関係

顧問弁護士は、一般法人法が定める兼任禁止の対象に直接的にはあてはまらないと解されます。

1 使用人

顧問弁護士は、通常代表理事（会長・理事長）等の業務執行理事の指揮・命令の下にはなく、専門家として公正に職務を遂行する独立の立場にあることから、原則として「使用人」には当たらないと解されています。

2　法人の経営者との共通点の有無

　顧問弁護士は、一般的に法人と顧問契約を締結した上で、法人の様々な法的な問題点に関する相談その他の相談について、法人の利益を最大化する観点から法人にアドバイスする立場にあります。したがって、法人の利益を最大化する立場という意味において、法人の経営者と共通する点がありますから、監事という立場と矛盾する可能性があり得ます。

　具体的には、例えば、極端な事例として法人Ａのみと専属で顧問契約を締結しているような顧問弁護士は、法人の利益を最大化する立場という意味で法人の経営者（代表理事〔会長・理事長〕等）と共通する点が占める要素がかなり高いですから、そのような顧問弁護士を監事に選任することは、兼任禁止を定める一般法人法の趣旨に反することになると考えられます。

　他方で、例えば、当該弁護士が複数の法人と顧問契約をしている等、法人との顧問契約がなくなっても経営的にも問題がなく、経済的にも法人に従属していないといえる顧問弁護士の場合は、法人の利益を最大化する立場という意味で、法人の経営者と共通する点が占める要素は高くありませんから、そのような顧問弁護士を監事に選任することは、兼任禁止を定める一般法人法の趣旨に反しないと考えられます。

　しかしながら、監事の立場と顧問弁護士の立場とは、矛盾するおそれがあることから、顧問弁護士を監事に選任するに当たっては、慎重な検討を踏まえて行うべきものと考えられます。

Ⅲ　判例（弁護士である監査役の訴訟代理）

　株式会社の例（改正前商法276条・会社法335条２項、一般法人法65条２項相当）でありますが、最高裁昭和61年２月16日の判決では、「弁護士の資格を有する監査役が特定の訴訟事件につき会社から委任を受けてその訴訟代理人となることまでを禁止するものではないと解するのが相当である。」と判示しています。

この判決は、監査役の兼任禁止規定の趣旨を特に敷衍することなしに、結論を述べています。監査役による一時的・個別的受任行為は直ちに改正前商法276条違反になるわけではないという立場に立ち、さらに弁護士はもともと法律の専門家として職業的独立性を維持すべき存在であり、会社の訴訟代理人になったからといって、その会社の取締役の指揮命令に服することになるわけではないという点を重視すれば、弁護士である監査役の訴訟代理は改正前商法276条違反にならないと解されています。

ところで、改正前商法276条が定める監査役の兼任禁止規制は、若干の修正はされていますが、新しい会社法（335条2項）においても維持されていることから、同じ条文構成からなる一般法人法65条2項に関しても、この判決は意義を有するものと解されます。

Q106 理事の法令・定款違反行為を発見した場合の監事の対応

監事が理事の法令・定款違反行為を発見した場合、どのような対応が求められますか。

A106

I 監事の理事会への報告義務

　監事は、㋐理事が不正の行為をし、若しくは当該行為をするおそれがあると認めるとき、または㋑法令若しくは定款に違反する事実若しくは著しく不当な事実があると認めるときは、遅滞なく、その旨を理事会（理事会設置一般社団法人・一般財団法人の場合）に報告する義務を負っています（法100条・197条）。

　監事には、会計監査のみならず、業務監査を行う権限も付与されており（法99条1項・197条）、こうした業務監査権限に基づく具体的な職務権限の1つとして、理事会への報告義務が定められています。

　監事は、㋐いつでも、理事及び使用人に対して事業の報告を求め、または監事設置一般社団法人・一般財団法人の業務及び財産の状況の調査をすることができ（法99条2項・197条）、㋑その職務を行うため必要があるときは、監事設置一般社団法人・一般財団法人の子法人に対して事業の報告を求め、またはその子法人の業務及び財産の状況の調査をすることができます（法99条3項・197条）。

　監事は、こうした調査権限を行使することにより、理事会への報告義務の対象となる法令・定款違反等の事実を監査・検証することになります。

Q106 理事の法令・定款違反行為を発見した場合の監事の対応

Ⅱ　理事会への報告の対象

　理事会への報告義務の対象となるのは、㋐不正の行為、㋑法令違反、㋒定款違反、㋓著しく不当な事実です。

　㋐「不正の行為」とは、一般法人法100条（法197条）が、敢えて法令・定款違反行為と区別して規定していることから、直接的には法令・定款違反行為に該当しないものの、社会的に不当な行為をいうものと考えられます。㋑「法令違反」、㋒「定款違反」には、法令又は定款の具体的な規定に違反する場合のほか、善管注意義務（法64条・172条1項、民法644条）や忠実義務（法83条・197条）を定める一般的な規定に違反する場合も含まれると解されます。定款違反としては、法人の事業目的（法11条1項1号・153条1項1号）の範囲を超える行為を行う場合等が考えられます。

　㋓「著しく不当な事実」とは、法令・定款には違反しないものの、それを決定すること・行うことが妥当でない場合を指すものと解されています。「不正行為をするおそれ」がある場合を含めて、報告の範囲が相当広く設定されていることが特徴です。

Ⅲ　監事から報告を受けた理事会の対応・監事の理事会の招集請求権・招集権

1　理事会の対応

　監事から報告を受けた理事会は、報告の内容に応じて、検討し適切に対応しなければなりません。対応措置が不十分である場合には、理事は善管注意義務違反（民法664条）を問われ、法人又は第三者に損害が生じたときは、理事はその職務の遂行に当たり任務懈怠があったとして、損害賠償責任を負うことになります（法111条1項・117条1項・118条・198条）。

2 理事会の招集請求権・招集権

　監事は、理事の不正行為を知ったときは、遅滞なく、理事会に報告しなければなりませんが（法100条・197条）、理事会が開催されないと、報告義務を履行することができないおそれがあります。そこで、監事の報告義務の履行を確保するために、監事は理事会の招集を請求することができます（法101条2項・197条）。また、一定期間内に招集通知が発せられない場合は、自ら理事会を招集することができます（法101条3項・197条）。

　なお、監事は、その発見した理事の不正行為又は法令・定款違反等の事実を理事及び監事の全員に対して通知することによって、理事会への報告義務を履行することができます（法98条1項・197条）。

Ⅳ　監事の報告の時期・報告先・報告方法

1　監事の報告の時期・報告先

　監事の報告は、「遅滞なく」行われる必要がありますので、可能な限り迅速に報告することが求められます。

　監事の報告先は、理事会設置一般社団法人・一般財団法人の場合は理事会です。

　理事会に報告しなければならない監事は、理事の不正行為等を発見した監事です。監事が2人以上いる場合において、当該監事から事実を伝えられた他の監事も、報告義務が生じると考えられます。

2　監事の報告の方法

　監事の理事会への報告の方法については、特別の規制はないのでその方法は自由で、口頭又は書面で行うことも可能です。

　しかしながら、理事会設置一般社団法人・一般財団法人にあっては、監事の監査機能の実効性を確保し、かつまた、理事会の監督機能の活性化を図るため、監事は理事会に出席し、口頭で報告することが望ましいと考えられます。

Q107 理事が違法行為を行おうとしているときの監事の対応措置

理事が法人に損害を与えるような違法行為をしようとしています。監事はどのような対応措置をとる必要がありますか。

A107

I　監事による理事の違法行為の差止め

　監事は、理事が監事設置一般社団法人・一般財団法人の目的の範囲外の行為その他法令若しくは定款に違反する行為をし、またはこれらの行為をするおそれがある場合において、当該行為によって当該監事設置一般社団法人・一般財団法人に著しい損害が生ずるおそれがあるときは、当該理事に対し、当該行為をやめることを請求することができます（法103条・197条）。これを監事の「差止請求権」といいます。

　この差止請求権は、理事の違法行為及び法人の損害の発生・拡大を未然に防止する機能を持っています。違法行為であることに加えて、著しい損害が発生するおそれがあることが要件となっているのは、監事による業務執行に対する介入は、必要最小限度に留めるべきだとの考え方に基づくものです。

　理事に対する監事の違法行為差止請求権は、監事にとって極めて重要な権限です。この権限を行使せずに放置して、損害が発生した場合、監事は任務懈怠責任を問われるおそれがあります（法111条1項・198条）。

　監事は、理事の問題となる行為を認めたときは、まずその理事や関係者に説明を求め、事情をよく確認する必要があります。その上で、理事の行為が法

令・定款違反に該当するか、法人に著しい損害が生ずるおそれがあるかなどを詳しく検討して、差止請求権を行使するかどうかの判断をすることになります。

Ⅱ 監事の差止請求権の要件

1 対象となる行為

一般法人法103条（法197条）の差止請求権の対象となる行為は、「目的の範囲外の行為その他法令若しくは定款に違反する行為をし、またはこれらの行為をするおそれがある場合」です。

ここにいう「法令」には、一般法人法上の具体的な規定のみならず、善管注意義務（法64条・172条1項、民法644条）や忠実義務（法83条・197条）といった一般法人法上の一般的な義務も含まれるほか、各種行政法規や政令、条例等も広く含まれます。

また、法令・定款違反行為が現になされていなくても、なされる「おそれ」があれば差止請求権の対象となる行為にあたります。

2 法人に著しい損害が生ずるおそれがある場合

この場合の「損害」には、単なる金銭評価のみならず、信用の失墜などによる無形損害も含まれます。

次に「著しい」損害とは、その損害の質及び量において著しい損害であることを意味します。これを具体的に数量化することは困難であり、行為の内容、法人の規模等から社会通念に従い判断することになりますが、監事が行使する場合は濫訴の可能性が前提とされていないため、社員（会員）による差止請求権行使（法88条）の場合と異なり、損害の回復可能性の存在は要件とされていません。たとえ理事に対する損害賠償請求その他の措置により回復が可能でも、その損害の程度と法人の規模等によっては「著しい」損害に該当することになります。

なお、このような著しい損害が現に生じていなくても、生じる「おそれ」が

Q107 理事が違法行為を行おうとしているときの監事の対応措置

あれば監事は差止請求権を行使できます。

Ⅲ 差止請求権の行使方法

要件が備わった場合の権限行使の方法については、迅速かつ適切に損害発生を防止することが肝要であり、臨機応変の対応が必要です。その意味において、理事会に対する報告（法100条・197条）との先後関係はありませんし、訴え等によらず、まずは裁判外で行使することも可能とされています。

それでも理事が違法行為を止めない場合、監事としては仮処分命令の申立て（民事保全法23条2項）、差止請求訴訟の提起等のより強力な手段により進めることになります。

法的手段を選択する監事としては、迅速に損害発生を防止するため、通常は差止請求訴訟の提起よりも仮処分命令の申立てを検討することになると考えられます。

裁判所は、仮処分命令を出すときに、担保の提供求めることができます（民事保全法14条）。しかし、法人の機関として権限行使という背景に加えて、担保を要求することによって、監査費用の負担についての紛糾により、差止めが困難になることを防ぐため、裁判所は担保を立てさせないものとされています（法103条2項・197条）。

Ⅳ 差止請求権の行使の効果

① 監事からの差止請求に対し、理事がその行為を止めないと判断をした場合において、後に当該行為が法令・定款違反行為に該当することが確定したときは、理事は任務懈怠責任（法111条・198条）を負うことになります。
② 監事の差止請求を無視してなされた法令・定款違反行為の効力については、その行為自体がそもそも無効な行為である場合には、差止請求が無視されたか否かとは関係なく、無効となります。

これに対して、当該法令・定款違反行為がもともと有効な行為である場合には、差止請求の無視による効果は、当該行為の性質によって異なります。
③　裁判所による差止めの仮処分命令を無視して、理事が法令・定款違反行為を強行した場合の当該行為の効力については、多数説は、現行の民事保全法上、仮処分命令は理事による当該行為の遂行の権限を制限する効力を有しない（民事保全法58条1項・62条1項参照）と解する立場からは、仮処分はあくまでも法人に対する不作為義務を理事に課すものに留まり、仮処分の無視は当該行為の効力には影響しないと解しています。

Q108 監事の連帯責任

監事が、他の監事や理事と連帯責任を負う場合とはどんな場合ですか。

A108

I 監事が責任を負う場合

監事と法人との関係は、委任に関する規定に従う（法64条・172条1項）ので、監事は、法人に対して善管注意義務を負います（民法644条）。したがって、監事は具体的に一般法人法に規定されている義務や善管注意義務につき、故意又は過失によって違反した場合には、法人に対して損害賠償義務を負います（法111条1項・198条）。

また、監事は、その職務を行うにあたり悪意又は重大な過失があり、それによって第三者に対して損害を与えた場合には、当該第三者に対して損害賠償義務を負います（法117条1項・198条）。

このように、監事は、自己の故意又は過失（第三者に対する関係では故意又は重大な過失）のある行為によって生じた相当因果関係のある損害についてのみ責任を負うのが原則です。

ただし、一般法人法は、次の場合につき、法人若しくは第三者の利益保護の観点から、他の監事、会計監査人、理事と連帯責任、すなわち、自己の故意又は過失（第三者に対する責任の場合には悪意又は重大な過失。以下同じ。）の程度を問わず損害すべてについての責任を負うと定めています（法118条・198条、民法432条）。

Ⅱ　他の監事と連帯責任を負う場合

　法人には一般的に複数の監事がいますが、監事が法人又は第三者に生じた損害を賠償する責任を負う場合において、その複数の監事各々に故意又は過失による任務の懈怠がある場合には、各監事の故意又は過失の程度を問わず、故意又は過失のあった監事は、連帯して損害賠償責任を負います（法118条・198条、民法432条）。

　そして、監事は、相互に監視義務を負っているので、故意又は過失によって監視（報告を求めたり、情報を交換すること）を怠った結果、他の監事が故意又は過失によって任務懈怠をし損害を与えた場合には、他の監事と連帯して損害賠償責任を負うことになります。

Ⅲ　会計監査人と連帯責任を負う場合

　会計監査人設置法人においては、会計監査人は、監事とは独立して、各事業年度に係る計算書類及びその附属明細書について監査し、その結果を法定期限内に特定監事及び特定理事に対して、会計監査報告の内容を通知しなければなりません（法124条2項1号・199条、法施行規則41条1項・64条）。

　また、会計監査人も法人に対して善管注意義務を負っているので、職務遂行に際し、理事の職務の執行に関し不正の行為又は法令若しくは定款に違反する重大な事実があることを発見したときは、遅滞なく、これを監事に報告する義務を負っています（法108条・197条）。

　会計監査人が、これらの任務を故意又は過失で怠り（典型的なケースは、粉飾決算を看過するケース）、法人又は第三者に損害を被らせた場合には、法人又は第三者に対して損害賠償責任を負うことになります。

　特に、会計監査人が重要な事項につき監査報告に虚偽の記載又は記録をして第三者に損害を被らせた場合には、会計監査人自らがその職務を行うについて

の注意を怠らなかったことを証明しない限り、第三者に対する損害賠償責任を免れないとされています（法117条2項3号・198条）。

　上記の会計監査人が損害賠償責任を負う場合において、監事についても故意又は過失が認められるときには、監事も会計監査人と連帯して責任を負うことになります（法118条・198条、民法432条）。

　ただし、会計監査人がいる場合、監事の監査報告書の記載事項が、会計監査人がいない場合に比べて簡略化されていることからすると、監事としては、特段の事情がない限り会計監査人の監査結果を信頼してよく、会計監査人の監査結果を信頼したことにつき過失がなければ、監事に故意又は過失は認められず、連帯責任を負わないことになると考えられます。

Ⅳ　監事が理事と連帯責任を負う場合

　監事は、理事が不正の行為をし若しくは当該行為をするおそれがあると認めるとき、または法令若しくは定款に違反する事実若しくは著しく不当な事実があると認めるときは、遅滞なく、その旨を理事会（理事会設置一般社団法人・一般財団法人）に報告しなければなりません（法100条・197条）。

　同時に、それが社員総会・評議員会で議案となるような事項に関する場合には、社員総会・評議員会に対して、調査の上その結果を報告しなければなりません（法102条・197条）。

　また、そもそも監事は、理事の職務の執行を監査するのがその業務です（法99条1項前段・197条）。

　したがって、理事が法人又は第三者に対して損害賠償責任を負う場合に、監事に故意又は過失による任務懈怠がある場合には、当該監事は、その理事と連帯して責任を負うことになります（法118条・198条、民法432条）。

Q109 監事と理事会との意思疎通

監事は、その職務を適切に遂行するためには、理事会との意思疎通が必要とされていますが、具体的にはどのようなことが求められているのですか。

A109

Ⅰ 監事の理事会への出席義務と意見陳述義務

　理事会に付議される議案の審議や報告事項への質疑を通じて、理事の職務執行を監査するのが監事としての重要な職務です。そのため監事は理事会に出席し、必要があるときには、意見を述べることが義務付けられています（法101条1項・197条）。

　その議案が法人内規則に定められた適正な意思決定手続に基づいて提出されているか、定款や法律に違反することはないか、あるいはその内容が理事個人や特定の第三者の利益のためではなく、法人の利益に基づくものであるか等をチェックするのが主な役割となります。

Ⅱ 監事の理事会への出席率

　一般法人法は、前記のように監事に対し理事会への出席義務及び意見陳述義務を明確に規定していますが、どの程度の頻度で出席すれば義務を果たしていると解釈されるのでしょうか。この出席率についての明文の規定はなく、また出席率の低い場合の罰則規定等もありません。

　しかしながら、監事は理事の職務執行を監査するのが職務（法99条1項前段・197条）であり、そのために理事会への出席を義務付けられているのですから、出

席率が低い場合には監事としての任務懈怠責任を追及されないとも限りません。

したがって、理事会の日程は年度初めに基本的にすべてを決定し、理事や監事は決められた日程を最優先して出席すべきです。

Ⅲ　理事会議事録への監事の意見陳述内容の記載

理事会で審議される議案の決議内容や報告される内容に異議がある場合、若しくは定款や法律に違反することがある等の意見がある場合には、理事会において監事は意見陳述義務があることから、その旨の発言をし、かつ、その発言内容を理事会議事録に記載させることが必要です。

何故なら、後になって理事の職務執行内容に問題が発生したような場合に、監事としての任務懈怠責任を追及されることがあるからです。

すなわち、理事会でその議案が審議された際に、議事録に記載がないと、監事として理事の意思決定に異議を述べなかったと推定されてしまうからです。

Ⅳ　理事会提案議案についての事前の把握

理事会における審議は、法人として最終意思決定となるので、監事としてその議案内容を事前に把握し、疑問や異議があると思われる点について、あらかじめ質問項目や意見陳述の準備をしておくことが望ましいと考えられます。

議案の内容が特別の理由があるとのことで、法人事務局が議案を事前に配付することを拒否するようなことも考えられます。その場合には、監事の職務の一環であることを十分説明し、場合によっては代表理事（会長・理事長）を通じて、関係部門に指示してもらうことも考えられます。

また、議案の事前把握だけでなく、定期的に開催される常任理事会等の実質的な意思決定会議にも出席して意見を述べ、あるいは関係所管部門に意見聴取を行うなどして、理事と監事との意思疎通を図っていくことが重要と解されます。

Q110 監事と代表理事（会長・理事長）との定期会合

監事は、その職務を遂行するために、代表理事（会長・理事長）等と意思疎通を図り、監査環境の整備に努め、これに対して代表理事（会長・理事長）等は監事の職務執行に必要な体制の整備に留意しなければならないとされていますが、具体的にはどのような対応が求められているのですか。

A110

I 監事と代表理事（会長・理事長）との意思疎通の重要性

監事は、その職務を適切に遂行するため、代表理事（会長・理事長）を含む理事等と意思疎通を図り、情報の収集及び監査の環境の整備に努めなければならないとされ、これに対して理事等は、監事の職務の執行のための必要な体制の整備に留意しなければならないとされています（法施行規則16条2項・62条）。

法人としての事業の運営方針に従い事業を執行する代表理事（会長・理事長）と代表理事（会長・理事長）を含む理事の職務執行の状況を監査する監事というそれぞれの立場の違いはあっても、法人の健全で持続的な発展に資するという使命は共通であり、それを実現していくためにはお互いの意思疎通は非常に重要です。

II 定期会合による認識の共有化と相互の信頼関係の構築

代表理事（会長・理事長）と監事が本当の意味で意思疎通を図るためには、理事会や常任理事会等の公式な会議におけるやりとりだけでは困難と考えられます。日頃感じている疑問点や課題など認識している諸問題について、双方の

考え方をぶつけて、認識の共有化を図り、最終的には相互の信頼関係を構築していくためには、個別に会合を設定してじっくりと話し合いを行うことが重要と考えられます。

「日常からコミュニケーションは十分に取れているのに改めて会合を持つ必要はあるのか」と言われる可能性もありますが、例えば、四半期に1回程度、それぞれが疑問点や課題等を出し合って、それについて議論を深めることが重要であり、それによって普段思いつかないような新たな法人運営上のヒントが見つかるというようなことも考えられます。

多くの法人の実態は、監事が法人に顔を見せるのは理事会が開催されたとき、あるいは監事監査が行われたときくらいのもので、特別に代表理事（会長・理事長）と意見交換等は行われていないと思われます。理事会における監事の言動が理事会運営の障害になっている法人がありますが、このような法人にあっては、監事と代表理事（会長・理事長）とのコミュニケーション不足等が原因で問題が発生することが多いのではないかと考えられます。

Ⅲ　代表理事（会長・理事長）が監事との会合に積極的でない場合の対応

一方において、監事が常任理事会等と呼ばれている法人の運営上の重要会議に出席しているような法人の代表理事（会長・理事長）の中には、「監事は、理事会への出席は勿論、実質上の法人の意思決定機関でもある常任理事会等にもその都度出席しているのだから、別途監事との会合を持つ必要はない」、とする考え方もあります。

このような代表理事（会長・理事長）に対しては、監事としての年間監査活動の節目ごとに、例えば、日常の監査活動の中で気付いた問題点や懸念事項等、監査報告に直接記載されることのない事項について報告を行い、あるいは「本事業年度の監査活動での重点監査項目と考えている点等の説明を行いたいので、

代表理事(会長・理事長)としても意見を出してもらいたい」などと伝え、代表理事(会長・理事長)との会合に理解と協力を求めることなどが重要と考えられます。

Ⅳ 代表理事(会長・理事長)との会合での複数監事の役割

監事が複数選任されている場合、基本的には、全監事が出席すべきです。

監事は、そもそも独任制であって、各自が別の考え方や意見を持っていることも少なくありません。代表理事(会長・理事長)と監事とが率直に意見交換をするという趣旨からすれば、基本的には監事全員が出席すべきものと解されます。

一般法人・公益法人の監事は、殆ど非常勤で普段は法人にはいないので、法人内で起こっている事項に対する情報量は少ないことから、「法人外」であることの強みを生かして、代表理事(会長・理事長)に対して思い切った意見を伝えることが期待できます。

そのようなことから、監事全員の日程を調整した上で、全員が出席の上、意見を出してもらえるようにすることが大切と考えられます。

Ⅴ 代表理事(会長・理事長)との会合の議事録

監事と代表理事(会長・理事長)の会合において、最も重要なのは双方が積極的に意見交換をすることであり、法人事務局が説明資料を作り上げ、議事進行のシナリオまで用意しておく堅苦しい会合にしてしまっては、率直な意見効果は望めません。

したがって、説明資料等は一切用意せず、ざっくばらんに話ができることを最優先にすべきことです。

その意味において、正式な議事録は作成せず、備忘録程度に留めるなどして、実質的な話し合いの中身を大切にすることに重点を置くべきものと考えられます。

Q111 監事の法人における重要会議への出席・他機関との連携

監事にとって理事の職務執行状況を監査するため、理事会以外の重要会議に出席することが必要とされていますが、具体的にはどのように対応するのですか。また、他の機関との連携はどのようにするのですか。

A111

I 監事の理事会以外の重要な会議における役割

法人の事業運営上、すべての決定事項を理事会で審議することは、時間的制約や手続き上の問題から現実的ではないため、一定の事業規模以上の法人の場合には、理事会に付議若しくは報告する前に、例えば、常任理事会・経営会議というような名称の重要会議（以下「重要会議」という。）で、実質的な審議を行い事実上の意思決定を行っている法人があります。

このような実質的な意思決定機関である重要会議に監事として出席することは、理事の意思決定の過程や職務執行の状況を把握するために、また、理事との意思疎通を図る上でも非常に有効な方法と解されています。

監事は、これらの会議において、議決権を持たないのは理事会の場合と同様ですが、審議の内容について疑問点や問題と思われる部分については、遠慮なく意見を述べるべきと考えられます。

しかしながら、重要会議に監事の出席が認められているのは、常勤監事が置かれている法人のみであって、非常勤監事の場合には、重要会議に出席することは一般的にはないと考えられます。出席を認める場合には、理事会運営規則

等に規定されることになります。

Ⅱ　重要会議への出席が難しい場合の対応

　理事の職務執行の状況を監査することが監事の職務（法99条1項前段・197条）であるという観点からすれば、実質的な意思決定を行う重要会議だけでなく、リスク管理委員会、コンプライアンス委員会等の諸会議にも出席し、必要な場合には監事として意見を述べることができるようにすることが望ましいと解されます。

　これらの重要な会議に出席できない場合には、当該会議での配付資料や議事録を閲覧し、必要に応じて理事や法人事務局から説明を受けることが必要と考えられます。

Ⅲ　重要会議に出席した監事の役割

　一般法人、公益法人で常勤監事のいる法人は極めて少ないのが現状です（例えば、平成29年12月1日現在の公益法人9,493法人のうち、常勤監事のいる法人数は74、常勤監事数は86人です。「平成29年公益法人の概況及び公益認定等委員会の活動報告」平成30年9月内閣府、13頁表1－2－14常勤・非常勤別の監事数）。

　このため、非常勤の監事が理事会以外の重要会議に出席することは難しいと考えられます。常勤監事が複数いる場合には、出席する会議をあらかじめ分担しておくことも考えられます。この場合、重要会議に出席した監事は、会議での議論の内容や決定事項などを、関係資料とともに出席しなかった他の常勤の監事や非常勤の監事に説明することによって、理事の職務執行の状況について、情報を共有化しておくことが可能となります。

Ⅳ　監事が出席しない重要会議の議案の事前説明

　一定規模以上の法人では、理事会への付議又は報告の前に常任理事会等の重

要会議において実質的な意思決定をしている例があります。理事会での議決権を有しない監事にとっては、既に実質的検討を終えた案件に対して理事会の場でその意思決定を覆すことはできないと考えられます。

そのためには、監事は実質的議論の場である重要会議に出席し、必要に応じて意見を述べることが重要であり、何らかの事情により重要会議への出席が難しい場合には付議される議案については、その会議前に所管部門から監事に対して説明を行うよう協力を要請すべきと解されます。

どのような議案について事前説明を受けるかは、あらかじめ明確に決めておく必要がありますが、この事前説明の仕組みが正しく機能すれば、理事の業務執行に対する監事からの一種の牽制機能になると思われます。

V 監事が連携すべきその他の機関等

監事が、理事の職務の執行を監査するに当たっては、自らが監査活動を実施することが必要ですが、法人の構成する組織、すなわち内部監査部門、コンプライアンス所管部門、リスク管理所管部門、経理財務部門等及び会計監査人等の監査結果や評価結果について報告を受け、意見交換を行うことも必要と解されます。

Q112 監事監査と会計監査人監査との関係

監事と会計監査人を設置する法人においては、監事と会計監査人との監査権限が重なりますが、両者はどのような関係にあるのですか。また、両者の会計監査については、どのような点に留意する必要がありますか。

A112

I　監事と会計監査人の関係

　一般法人法上、大規模一般社団・財団法人（法2条2号・3号）は、会計監査人を置く必要があります（法62条・171条）。また、公益法人については、公益法人認定法5条12号・同法施行令6条に定める基準に該当する場合には、会計監査人を置くことが求められています。

　他方で一般社団法人にあっては、理事会設置一般社団法人及び会計監査人設置一般社団法人は、一般法人法上監事を置かなければなりません（法61条。一般財団法人については、法170条1項参照）。

　このような会計監査人設置法人においては、一般法人法・公益法人認定法上、会計監査人と監事の両方が機関として設けられることになります。

　そして、会計監査人設置法人においては、各事業年度に係る計算書類及びその附属明細書について、監事及び会計監査人の監査を受けなければなりません（法124条2項1号・199条）。この場合、会計監査人と監事との監査権限が重なることになりますが、両者はいかなる関係に立つかということです。

　法人の計算書類及びその附属明細書の監査については、第一次的には会計監査人が行います（法施行規則39条・64条）。会計監査人は、監査の方法及びその

Q112 監事監査と会計監査人監査との関係

内容や、計算関係書類が法人の財産・損益の状況をすべての重要な点において、適正に表示しているかどうかについての意見等を記載した会計監査報告を作成します（法施行規則39条1項・64条）。

監事は、その会計監査人の監査結果に基づいて、その監査の方法又は結果を相当でないと認めたときは、その旨及びその理由（法施行規則41条3項に規定する場合にあっては、会計監査報告を受領していない旨）等を監査報告書に記載することになります（法施行規則40条・64条）。

このように、法人の計算関係書類の監査については、会計監査人が第一次的に監査を行い、それを前提として監事が監査報告書を作成することになります。

Ⅱ 監事の会計監査人に対する権限

一般法人法は、監事が上記の職務を行うため、また会計監査人の独立性の確保のために、監事に対して、以下の各権限を与えています。

1 会計監査人の監事に対する報告

監事は、会計監査人に対して職務上の必要があるときは、その監査に関する報告を求める権限を有しています（法108条2項・197条）。

他方で、会計監査人は、その職務を行うに際して理事の職務の執行に関し不正の行為又は法令若しくは定款に違反する重大な事実があることを発見したときは、遅滞なく、これを監事に報告する義務があります（法108条1項・197条）。

これにより、監事は会計監査人から必要な報告を受けることができ、その監査に活かすことができます。なお、一般法人法施行規則においても、会計監査人は会計監査報告の内容やその職務遂行に関する事項について、特定監事に通知するものとされています（法施行規則41条、42条・64条）。

2 会計監査人の選任等に関する議案の内容の決定

一般法人法は、会計監査人の独立性を確保するために、会計監査人の選任及び解任並びに会計監査人を再任しないことに関する議案の内容について、監事

に対して決定権を与えています（法73条・177条）。

　会計監査人は、会計監査を行うという性質上、法人、特に理事からの独立を強く求められる立場にありますが、一般法人法は監事に対してこれらの権限を与え、理事の恣意を排除して会計監査人の独立性の確保を図っています。

　なお、他方で一般法人法は、監事に対して会計監査人の解任権を与え（法71条・177条）、社員総会・評議員会の決議を経ないで会計監査人を解任する権限を監事に認めています。

3　会計監査人の報酬等の決定に関する監事の関与

　理事が会計監査人の報酬等を定める場合には、一般法人法は、監事の同意を得なければならないとしています（法110条・197条）。

　会計監査人の報酬等について監事の同意を要することで、その報酬等の適正性を保ち、会計監査人の独立性を確保しています。

　監事と会計監査人との関係は、前記1から3までのように定められ、会計監査人の監査を前提として監事が監査報告書を作成する体制が整えられると同時に、監事を会計監査人の監督的立場に置き、監事の権限によって会計監査人の独立性を確保することとしています。

Ⅲ　監事と会計監査人との相互の連携

　監事と会計監査人の計算書類及びその附属明細書に対する監査権限は、対象を同じくするものであり、監事及び会計監査人も、法人の監査を行う機関である以上、合理的に権限を行使すべきであって、監査の品質向上、効率化のために、相互に連携することが求められます。

　また、連携により密接に情報や意見の交換をすることによって、監事の会計監査人に対する上記の各権限の適切な行使が期待でき、また会計監査人の独立性の確保に資することにもなります。

　監事と会計監査人の連携は、法人の規模や業種に応じて適宜の方法によるべ

Q112 監事監査と会計監査人監査との関係

きものですが、基本的には適時又は随時の時点で、協議や会合の場を持つことが有用と考えられます。

協議や会合のタイミングとしては、会計監査人の選任時や、監査契約更新時、監事の交代時、期末監査時等が考えられますが、内容としては、相互の監査体制や監査方針、監査計画についての確認や、意見交換等が考えられます。

Q113 虚偽記載に気付かず、会計監査報告に適正意見を付した会計監査人の責任

計算書類等の虚偽記載に気付かずに会計監査報告に適正意見を付した会計監査人は、法人や第三者に対してどのような責任を負うのでしょうか。

A113

Ⅰ 会計監査人の職務

大規模一般社団・財団法人（法2条2号・3号）は、会計監査人を置く必要があり（法62条・171条）、また公益法人については、公益法人認定法5条12号・同法施行令6条に定める基準に該当する場合には、会計監査人の設置が義務付けられています。

また、それ以外の法人も定款の定めによって、会計監査人を置くことができます（法60条2項・170条2項）。

そして、会計監査人は、計算書類及びその附属明細書を監査し、会計監査報告を作成しなければなりません（法107条1項・197条）。

Ⅱ 会計監査人の法人に対する責任

会計監査人と被監査法人との関係は、委任に関する規定に従うものとされており（法64条・172条1項）、その任務を怠った場合には、被監査法人に対して損害賠償責任を負い（法111条1項）、一般社団法人にあっては、社員（会員）は一般社団法人に対し、会計監査人に対する責任追及の訴えの提起を請求することができるとされています（法278条）。

Ⅲ 会計監査人の第三者に対する責任

　会計監査人がその職務執行について悪意又は重大な過失があった場合には、これによって第三者に生じた損害を賠償する責任を負うとされています（法117条1項・198条）。

Ⅳ 粉飾決算を見破ることができなかった会計監査人の責任

　会計監査人の任務懈怠が会計監査報告に記載すべき重要事項についての虚偽記載、すなわち、誤った監査証明を内容とする場合には、会計監査人において相当の注意を怠らなかったことを証明しない限り、第三者に対する損害賠償責任を免れないとされています（法117条2項・198条）。

　計算書類及びその附属明細書の虚偽記載に気付かず会計監査報告に適正意見を付した場合、会計監査人はそれだけで法人や第三者に対して、直ちに責任を負うわけではありません。

　しかしながら財務諸表（貸借対照表、正味財産増減計算書及びキャッシュ・フロー計算書）及び附属明細書並びに財産目録（公益法人の場合）に不自然な兆候が表れているにもかかわらず、これを安易に看過したと評価されるような場合等には、損害賠償責任を負うことがあり得ると考えられます。

Q114 会計監査人が意見を表明しない場合の法人の対応

会計監査人が期限までに意見を表明しない場合、法人としては、どのような対応をすべきでしょうか。

A114

Ⅰ 会計監査人の監査報告の内容

1 監査報告における意見

　会計監査人は、会計監査報告において、計算関係書類が法人の財産及び損益の状況をすべての重要な点において、適正に表示しているかどうかについての意見があるときは、以下の意見のいずれかを記載することになっています（法施行規則39条1項2号、3号・64条）。

① 無限定適正意見

　監査の対象となった計算関係書類が一般に公正妥当と認められる会計の慣行に準拠して、当該計算関係書類に係る期間の財産及び損益の状況をすべての重要な点において適正に表示していると認められる旨（法施行規則39条1項2号イ）

② 除外事項を付した限定付適正意見

　監査の対象となった計算関係書類が除外事項を除き一般に公正妥当と認められる会計の慣行に準拠して、当該計算関係書類に係る期間の財産及び損益の状況をすべての重要な点において適正に表示していると認められる旨並びに除外事項（同条1項2号ロ）

③ 不適正意見

　監査の対象となった計算関係書類が不適正である旨及びその理由（同条1項

Q114 会計監査人が意見を表明しない場合の法人の対応

2号ハ)

④ 意見差控え

上記①~③の意見がないときは、その旨及びその理由(同条1項3号)

2 会計監査報告の通知期限等

会計監査人は、次の①から③に掲げる日のいずれか遅い日までに、特定監事及び特定理事に対し、各事業年度に係る計算書類及びその附属明細書についての会計監査報告の内容を通知する必要があります(法施行規則41条1項・64条)。

① 当該計算書類の全部を受領した日から4週間を経過した日(同条1項1号)

② 当該計算書類の附属明細書を受領した日から1週間を経過した日(同条1項2号)

③ 特定理事、特定監事及び会計監査人の間で合意により定めた日があるときは、その日(同条1項3号)

しかし、法人と会計監査人との間で、会計処理の方針について意見の食い違いがある等が原因で、法定の期限までに、監査報告意見が表明されない場合も考えられますので、この場合、会計監査人から意見が表明される余地があるのであれば、定時社員総会・定時評議員会の延期・続行(法56条・192条)等により対処することも考えられます。

また、従前の会計監査人が辞任して、別の会計監査人を選任することにより意見を表明してもらえる可能性があるのであれば、一時会計監査人の選任(法75条4項・177条)と定時社員総会・定時評議員会の延期・続行という方法も考えられます。しかし、本事例の会計監査人が意見を不表明のままの場合についてはどう考えるのか、以下で検討します。

Ⅱ 法人の対応

1 みなし規定の適用

会計監査人が、会計監査報告を特定監事及び特定理事に通知をすべき日(法

施行規則41条1項・64条)までに、会計監査報告の内容を通知しない場合には、本来通知すべき日に、会計監査人の監査を受けたものとみなされます(法施行規則41条3項・64条)。

2 監事の対応

監事については、監査報告(会計監査人設置法人の監事の監査報告の内容。法施行規則40条・64条)において、一般法人法施行規則41条3項に規定する場合にあっては、会計監査報告を受領していない旨のみを記載すればよいことになります(法施行規則40条2号かっこ書・64条)。会計監査人設置法人における監事は、主に業務監査を担当するため、計算書類に関する監査については、基本的に会計監査人の監査の方法又は結果を相当でないと認めたときに、その旨及びその理由を記載すれば足り(法施行規則40条2号・64条)、計算書類が一般に公正妥当と認められる会計の慣行に従い(法119条・199条)、適正に作成されたものであるかを独自に判断することまでは求められていないからです。

3 理事会の対応

理事会設置一般社団法人・一般財団法人においては、理事は、定時社員総会・定時評議員会の招集の通知に際して、社員(会員)・評議員に対し、会計監査報告・監査報告を含む計算書類等を提供しなければなりません(法125条・199条)。

しかしながら、会計監査人の意見が表明されていない場合には、提供すべき会計監査報告がないことになります。

このような場合には、一般法人法施行規則41条3項の規定により会計監査人の監査を受けたものとみなされる旨の記載又は記録を提供することになると考えられます(会社法会社計算規則133条1項3号ニ参照)。

4 定時社員総会・定時評議員会

一般法人法127条の適用(法124条3項・199条の理事会の承認を受けた計算書類が、法令及び定款に従い法人の財産及び損益の状況を正しく表示しているものとして、法施

Q114 会計監査人が意見を表明しない場合の法人の対応

行規則48条・64条で定める要件に該当すること）がない場合には、計算書類は定時社員総会・定時評議員会の承認を受ける必要があります（法126条2項・199条）。

　そして、定時社員総会・定時評議員会においては、承認をせず計算書類を確定させないで、あくまで会計監査人の監査意見を求めるのか、それとも承認をして計算書類を確定させて、計算書類が確定しないことにより生じうる不都合を回避するのかについて、社員（会員）・評議員の判断に委ねることになります。

　計算書類を確定できない場合の不都合としては、税法・公益法人認定法等との関係での不都合、ひいては、法人の事業の遂行にも支障が生じるおそれが考えられます。

5　社員総会・評議員会の開催に関する留意事項

　定時社員総会・定時評議員会において、会計監査人の出席を求める決議があったときは、会計監査人は、定時社員総会・定時評議員会に出席して意見を述べなければなりません（法109条2項・197条）。

　しかし、会計監査人は、一般的には社員総会・評議員会の会場に待機していないので、監査意見が表明されない場合において、社員総会・評議員会において意見表明を求められる可能性がある場合には、あらかじめ会計監査人に対し、社員総会・評議員会開催日に会場で待機してもらうように依頼しておくことが必要となります。

6　代表理事（会長・理事長）等の責任

　仮に、社員総会・評議員会の決議により計算書類が確定したとしても、代表理事（会長・理事長）等の業務執行理事が、粉飾・重大な誤謬等のある計算書類の作成によって、利害関係者に与えた損害を賠償すべき責任（法117条・199条）を免れうるかどうかは、別の問題と考えられます。

Ⅲ　計算書類の公告

　一般法人法施行規則41条3項（法施行規則64条）の規定により、会計監査人が

41条1項の規定に基づき会計監査報告を通知すべき日までに、会計監査報告の内容の通知をしない場合に、通知すべき日に会計監査人の監査を受けたものとみなされた場合には、決算公告においてその旨を明らかにする必要があります（法施行規則49条2号・64条）。

Q115 一時会計監査人

会計監査人に欠格事由が生じるなどして、会計監査人が欠けてしまった場合、どのように対応する必要がありますか。

A115

I 一時会計監査人の選任

　会計監査人を設置しなければならない法人（法62条、171条、認定法5条12号・同法施行令6条）、定款で設置することもできる法人（法60条2項、170条2項）において、会計監査人が、辞任、死亡、解任、欠格事由の発生等によって、全て欠けたり、定款で定めた員数に欠けた場合には、法人は、遅滞なく、会計監査人を選任しなければなりません。

　しかし、会計監査人は社員総会決議・評議員会決議により選任されます（法63条1項・177条）が、間近に定時社員総会・定時評議員会の開催の予定がなく、わざわざそのためだけに臨時社員総会・臨時評議員会を開催することが困難な場合も多く、遅滞なく会計監査人を選任することが困難な場合も多くあります。

　そのため、一般法人法においては、遅滞なく会計監査人が選任されないときは、監事は、一時会計監査人の職務を行うべき者を選任しなければならないと規定しています（法75条4項・177条）。これが、一時会計監査人の制度です。なお、一時会計監査人を選任すべき場合であるのにこれを怠った場合には、100万円以下の過料の制裁規定があります（法342条13号）。

　また、この一時会計監査人の制度は、一時理事や一時監事の制度と同趣旨ですが、裁判所の選任ではなく、監事による選任である点で異なります（法75条2項・177条参照）。

Ⅱ 一時会計監査人の資格・地位

　一時会計監査人の資格（法68条・177条）・監事による会計監査人の解任（法71条・177条）は、正規の会計監査人の場合と同じです（法75条5項・177条）。

　また、職務権限についても、それを制限する旨の規定は存在せず、会計監査人の職務権限と全く同じです。

　なお、一時会計監査人はあくまで一時的なものであるとの性質上、任期については、会計監査人の任期に関する規定（法69条・177条）は適用されません。

Ⅲ 一時会計監査人選任後の手続き

　一時会計監査人はあくまでも一時的なものですので、一時会計監査人を選任した場合には、選任後最初に招集される社員総会・評議員会で、会計監査人を選任する手続きをとらなければなりません。

　そこで、会計監査人が選任されて欠員が補充された場合には、一時会計監査人は当然にその地位を失います。

　もっとも、その選任手続で一時会計監査人を、会計監査人に選任することも当然可能です。

【参考文献】

＜一般社団・財団法人法及び公益法人認定法に関する書籍＞

・伊藤文秀『改正対応　公益法人・一般法人の登記【完全版】』、全国公益法人協会、2017年
・稲葉威雄・鳥飼重和・中田ちず子監修『公益法人・一般法人のQ&A　運営・会計・税務（全訂版）』、大蔵財務協会、2017年
・熊谷則一『一般社団法人　公益社団法人の社員総会Q&A』、全国公益法人協会、2011年
・熊谷則一『一般財団法人　公益財団法人の評議員会Q&A』、全国公益法人協会、2011年
・熊谷則一『逐条解説　一般社団・財団法人法』、全国公益法人協会、2016年
・新公益法人制度研究会編『一問一答　公益法人関連三法』、商事法務、2006年
・鈴木勝治『実務からみた公益法人・一般法人の理事の役割と責任（第2版）』、公益法人協会、2015年
・太陽有限責任監査法人・太陽グラントソントン税理士法人編『一般法人・公益法人の制度・会計・税務』、同文舘出版、2015年
・鳥飼重和編著『新公益法人制度における公益認定と役員の責任』、商事法務、2009年

＜会社法等に関する書籍＞

・一般社団法人監査懇話会編集『最新監査役の実務マニュアル（全）』、新日本法規
・岩原紳作編『会社法コンメンタール　7（機関(1)）』、商事法務、2013年
・江頭憲治郎『株式会社法（第7版）』、有斐閣、2017年
・奥島孝康・落合誠一・浜田道代編『新基本法コンメンタール　会社法2』、日本評論社、2010年

- 落合誠一編『会社法コンメンタール　8（機関(2)）』、商事法務、2009年
- 会社法手続研究会編集『わかりやすい会社法手続マニュアル(1)』、新日本法規
- 新会社法実務研究会編集『Q&A新会社法の実務(1)』、新日本法規
- 第一東京弁護士会・新進会編集『最新取締役の実務マニュアル(1)・(2)』、新日本法規
- 野口葉子『実務家のための取締役の競業取引・利益相反取引規制』、商事法務、2013年

――著者プロフィール――

渋谷 幸夫（しぶや・ゆきお）全国公益法人協会特別顧問

神奈川県出納局長を経て、㈶神奈川県企業庁サービス協会理事長に就任。総務省「公益法人の効率的・自律的な事業運営の在り方等に関する研究会」委員等を歴任。著書に『増補改訂版　公益社団法人・公益財団法人　一般社団法人・一般財団法人の機関と運営』（全国公益法人協会）・『定款の逐条解説　公益社団法人・一般社団法人編』、『定款の逐条解説　公益財団法人・一般財団法人編』（全国公益法人協会）・『増補２訂版　一般社団・財団法人　公益社団・財団法人の理事会Q&A精選100』（全国公益法人協会）、『公益法人　一般法人の理事・監事・会計監査人になったらまず初めに読む本Q&A100』（全国公益法人協会）等。

公益・一般法人の法人運営Q&A実践編115　《検印省略》

2018年11月27日　　　初版発行　　　　　定価はカバーに表示してあります。

著　者	渋谷幸夫
発行者	宮内　章
発行所	全国公益法人協会

〒103-0027
東京都中央区日本橋3-2-14　日本橋K・Nビル５階
電話 03-3278-8471（代）　FAX 03-3278-8473（業務）
　　　　　　　　　　　　　　　 03-3278-8370（編集）
振替 00150-3-97187

印刷・製本／株式会社トラスト　　装幀　宗田　瞳
ＤＴＰ　　　座馬　智　　　　　　校正　尾中　昭三
　　　　　　　　　　　　　　落丁・乱丁はお取り替えします。

本書の内容の一部あるいは全部を無断で複写複製することは、著作権および出版社の権利の侵害となりますので、その場合は予め弊会あてに許諾を求めてください。

©Zenkoku Kouekihoujin Kyokai 2018　ISBN 978-4-915668-64-7 Printed in Japan

◇◇◇ 全国公益法人協会の本 ◇◇◇

改正対応 公益法人・一般法人の登記【完全版】
伊藤文秀 [著]

かつてない詳細さの公益・一般法人の登記実務書が遂に登場。全公協相談室顧問として指導した経験を踏まえた詳しい解説だけでなく、本文中で紹介された登記申請書、議事録、就任承諾書のあらゆる書式例をWORDデータで完全収録。

A5判 540頁 6389円

定款の逐条解説
公益社団法人・一般社団法人編（社団編）
公益財団法人・一般財団法人編（財団編）
渋谷幸夫 [著]

社団・財団法人の組織運営に不可欠な定款の正しい解釈を逐条で精解した実務書の決定版!!定款の雛型及び100本以上の内部規程・規則、その他書式を収録したCD-ROM付。

（社団編）A5判 1390頁 9334円
（財団編）A5判 1254頁 8667円

【増補改訂版】
公益社団法人・公益財団法人
一般社団法人・一般財団法人の機関と運営
渋谷幸夫 [著]

新公益法人運営のすべてをこの一冊に。ロングセラーの新制度対応版、遂に発刊。公益法人関係者必携。規程・規則入りのCD-ROM付。

A5判 1288頁 8572円

（価格は税抜）

◇◇◇ 全国公益法人協会の本 ◇◇◇

公益法人 一般法人の理事・監事・会計監査人になったら まず初めに読む本 Q&A 100

渋谷幸夫 [著]

法人の適法かつ適正な管理運営に不可欠な法令の正しい理解と実践をQ&A形式で分かりやすく解説。これから新たに理事、監事又は会計監査人になられる方々、または既になられた方々の座右に必須の書。

A5判 640頁 4537円

【増補2訂版】 公益社団・財団法人の理事会Q&A 精選100

渋谷幸夫 [著]

理事会の制度、権限から開催そして議事録作成等、理事会運営の全てをQ&A形式で網羅。改正一般法人法・登記規則も含めて解説を一新!!

A5判 464頁 3546円

一般社団法人 公益社団法人の社員総会Q&A

熊谷則一 [著]

新制度の一般社団法人・公益社団法人の社員総会を乗り切るノウハウをQ&A形式で網羅。招集手続はもちろん決議の省略まで対応する決定版。

A5判 342頁 3619円

一般財団法人 公益財団法人の評議員会Q&A

熊谷則一 [著]

新制度の評議員会に関して、よくある疑問点をQ&A方式で網羅し、議事運営の悩みに分かりやすく答える決定版。巻末には関連法規も収録。

A5判 292頁 3429円

(価格は税抜)